Politische Teilhaberechte
nationaler Minderheiten
in Serbien

Europäische Hochschulschriften

European University Studies

Publications Universitaires Européennes

Reihe II	**Rechtswissenschaft**
Series II	Law
Série II	Droit

Band/ Volume **6036**

Siniša Begenišić

Politische Teilhaberechte nationaler Minderheiten in Serbien

PETER LANG

Bibliografische Information der Deutschen Nationalbibliothek
Die Deutsche Nationalbibliothek verzeichnet diese Publikation in der Deutschen Nationalbibliografie; detaillierte bibliografische Daten sind im Internet über http://dnb.d-nb.de abrufbar.

Zugl.: Frankfurt (Main), Univ., Diss., 2017

D 30
ISSN 0531-7312
ISBN 978-3-631-76770-2 (Print)
E-ISBN 978-3-631-76781-8 (E-PDF)
E-ISBN 978-3-631-76782-5 (EPUB)
E-ISBN 978-3-631-76783-2 (MOBI)
DOI 10.3726/b14679

Peter Lang – Berlin · Bern · Bruxelles · New York · Oxford · Warszawa · Wien

Diese Publikation wurde begutachtet.

www.peterlang.com

Vorwort

Die Geschichte Südosteuropas ist von ungewöhnlich zahlreichen Territorialverschiebungen geprägt. In einigen Gebieten Serbiens, wie beispielsweise in der nördlichen Autonomen Provinz Vojvodina, leben aufgrund der wechselvollen Geschichte eine Vielzahl von Menschen mit unterschiedlichen ethnischen Hintergründen.

Die ethnisch vielfältige Struktur Serbiens stellt die serbische Rechtsordnung vor zentralen Herausforderungen. Die entscheidenden Fragen sind, warum und wie Vertreter nationaler Minderheiten angemessenes Gewicht im Rahmen des demokratischen Willensbildungsprozesses erhalten sollen. Denn was ist die Rechtsfertigung dafür, dass Parteien von Minderheiten von der ansonsten geltenden 5%-Hürde bei Wahlen zum serbischen Parlament befreit sind oder warum zahlenmäßig kleine nationale Minderheiten reservierte Sitze im Parlament erhalten sollen? Die Antwort erscheint ganz einfach. Vertreter nationaler Minderheiten fühlen sich angenommen und identifizieren sich mit dem Staat, in dem sie siedeln, wenn sie mitbestimmen können.

Nach dem demokratischen Umwälzungsprozess im Jahre 2000 ist Serbien dem Rahmenübereinkommen zum Schutz nationaler Minderheiten des Europarates beigetreten und verhandelt mit der EU über den Beitritt des Landes in die Staatengemeinschaft. Beide internationalen Organisationen fordern den Schutz nationaler Minderheiten. Daher lohnt eine rechtliche Analyse dahingehend, ob die serbische Rechtsordnung im Einklang mit völker- und europarechtlichen Vorgaben die politischen Teilhaberechte nationaler Minderheiten ausreichend berücksichtigt.

Danksagung

Zunächst möchte ich herzlich Herrn Professor Dr. Dr. Rainer Hofmann für die zahlreichen Gespräche, umfangreichen Hilfestellungen und nützlichen Anregungen in allen Phasen der Erstellung dieser Arbeit danken. Ferner bin ich Herrn Professor Dr. Kleinlein für das rasche Erstellen des Zweitgutachtens und die wertvollen Anmerkungen im Rahmen des Zweitgutachtens zum Dank verpflichtet. Schließlich möchte ich meiner Familie danken, ohne deren Unterstützung die vorliegende Arbeit nicht zustande gekommen wäre.

Wiesbaden, im Juli 2018

Inhaltsverzeichnis

Literaturverzeichnis

Agentur der Europäischen Union für Grundrechte: Respect for and protection of persons belonging to minorities, Luxemburg 2010, abrufbar unter: http://fra.europa.eu/sites/default/files/fra_uploads/1769-FRA-Report-Respect-protection-minorities-2011_EN.pdf [letzter Zugriff: 02.05.2016].

Agentur der Europäischen Union für Grundrechte: Handbuch zum europäischen Antidiskriminierungsrecht, Luxemburg 2011, abrufbar unter: https://fra.europa.eu/sites/default/files/fra_uploads/1510-FRA-CASE-LAW-HANDBOOK_DE.pdf [letzter Zugriff: 02.05.2016].

Alechkevitch, Dmitri: Das Kopenhagener Dokument und die Minderheitenrechte, in: OSZE-Magazin 2010, Heft 2, 20 Jahre Kopenhagener Dokument, Seite 29, abrufbar unter: http://www.osce.org/de/secretariat/81886?download=true [letzter Zugriff: 03.07.2015].

Alionescu, Ciprian-Calin: Parliamentary Representation of Minorities in Romania, Southeast European Politics, 5 (2004), Seiten 60–75.

Axt, Heinz-Jürgen: Hat Genscher Jugoslawien entzweit?, Europa-Archiv 1993, Seiten 351–360.

B92: Zvaničan broj Roma u Srbiji [Offizielle Zahlen der Roma in Serbien] vom 07.04.2009, abrufbar unter: http://www.b92.net/info/vesti/index.php?yyyy=2009&mm=04&dd=07&nav_id=354362. [letzter Zugriff: 20.02.2016].

Baer, Stephanie: Der Zerfall Jugoslawiens im Lichte des Völkerrechts, Frankfurt am Main 1995.

Baker, Thomas M.: The Slovene Minority in Carinthia, East European Monographs, 1984, Seiten 111–171.

Barać, Verica: Uredbom su povećana ovlašćenje granične policije [Mittels Verordnung sind die Befugnisse der Grenzpolizei erweitert], Politika vom 27.12.2012, abrufbar unter: http://www.politika.rs/scc/clanak/244338/Uredbom-su-povecana-ovlascenja-granicne-policije [letzter Zugriff: 20.02.2016].

Bartsch, Sebastian: Minderheitenschutz in der internationalen Politik. Völkerbund und KSZE/OSZE in neuer Perspektive, Opladen 1995.

Bašić, Goran: Političko organizovanje nacionalnih manjina u Srbiji [Die politische Organisation nationaler Minderheiten in Serbien], in: in: Stojiljković, Zoran/Spasojević, Đorđe (Hrsg.), Preporuke za izmenu izbornog zakonodavstva u Srbiji [Vorschläge zur Änderung der Wahlgesetzgebung in Serbien], Belgrad 2011, Seiten 129–136.

Bast, Jürgen: Grabitz, Eberhard/Hilf, Meinhard/Nettesheim, Martin (Hrsg.), Das Recht der Europäischen Union. EUV, AEUV, Artikel 5 EUV, 55. Auflage, München 2015.

Basta, Lidija R.: Nationalstaat und Minderheitenrechte in den neugegründeten jugoslawischen Staaten, in: Samardžić, Slobodan/Fleiner, Thomas (Hrsg.), Föderalismus und Minderheitenproblem in multiethnischen Gemeinschaften. Eine vergleichende Analyse über die Schweiz und Jugoslawien, Fribourg 1995, Seiten 214–225.

Batowski, Henryk: Die territorialen Bestimmungen von San Stefano und Berlin, in: Melville, Ralph/Schröder, Hans-Jürgen (Hrsg.), Der Berliner Kongress von 1878. Die Politik der Grossmächte und die Probleme der Modernisierung in Südosteuropa in der zweiten Hälfte des 19. Jahrhunderts, Wiesbaden 1982, Seiten 51–62.

Baumgart, Winfried: Vom Europäischen Konzert zum Völkerbund. Friedensschlüsse und Friedenssicherung von Wien bis Versailles, Darmstadt 1974.

Beljanski, Slobodan: Političko tumačenje ustava. Odluke Ustavnog suda o pokrajnskoj autonomiji [Die politische Deutung der Verfassung. Die Entscheidungen des Verfassungsgerichtes über die Autonomie der Provinz], Glasnik Advokatske Komore Vojvodine [Blatt der Rechtsanwaltskammer Vojvodina], 86 (2014), Seiten 535–548.

Beogradski centar za ljudska prava [Belgrader Zentrum für Menschenrechte]: Ljudska prava u Srbiji 2013 [Menschenrechte in Serbien 2013]. Pravo, praksa i međunarodni standardi ljudskih prava [Recht, Praxis und internationale Standards von Menschenrechten], Belgrad 2014, abrufbar unter: http://www.bgcentar.org.rs/bgcentar/wp-content/uploads/2014/04/Ljudska-prava-u-Srbiji-2013.pdf [letzter Zugriff: 20.07.2015].

Beogradski centar za ljudska prava [Belgrader Zentrum für Menschenrechte]: Ljudska prava u Srbiji 2010 [Menschenrechte in Serbien 2010]. Pravo, praksa i međunarodni standardi ljudskih prava [Recht, Praxis und internationale Standards von Menschenrechten], Belgrad 2011, abrufbar unter: http://bgcentar.org.rs/bgcentar/wp-content/uploads/2013/04/ljudska-prava-u-srbiji-2010-.pdf [letzter Zugriff: 20.07.2015].

Beogradski centar za ljudska prava [Belgrader Zentrum für Menschenrechte]: Ostvarivanje prava nacionalnih manjina. Sprovođenje preporuka nezavisnih institucija za zaštitu ljudskih prava u Srbiji [Die Verwirklichung von Rechten nationaler Minderheiten. Die Ausführung von Vorschlägen unabhängiger Institutionen zum Schutz von Menschrenrechten in Serbien], Belgrad 2013, abrufbar unter: http://bgcentar.org.rs/bgcentar/wp-content/uploads/2013/06/Ostvarivanje_prava_nacionalnih_manjina.pdf [letzter Zugriff: 20.07.2015].

Beratender Ausschuss zum Rahmenübereinkommen zum Schutz nationaler Minderheiten: Kommentar über die effektive Teilnahme von Personen, die zu nationalen Minderheiten gehören, am kulturellen, sozialen und wirtschaftlichen Leben und an öffentlichen Angelegenheiten, Straßburg 2008, abrufbar unter: https://www.coe.int/t/dghl/monitoring/minorities/3_fcnmdocs/PDF_CommentaryParticipation_de.pdf [letzter Zugriff: 18.04.2016].

Bieber, Florian: Serbia's Canidate Status Delay: Romania, the Vlachs of Serbia and the EU, abrufbar unter: http://florianbieber.org/2012/02/28/serbias-candidate-status-delay-romania-the-vlachs-of-serbia-and-the-eu/ [letzter Zugriff: 20.02.2016].

Boeckh, Katrin: Serbien Montenegro. Geschichte und Gegenwart, Regensburg 2009.

Boeckh, Katrin: Von den Balkankriegen zum Ersten Weltkrieg. Kleinstaatenpolitik und ethnische Selbstbestimmung auf dem Balkan, München 1996.

Calliess, Christian/Ruffert, Matthias: EUV, AEUV. Das Verfassungsrecht der Europäischen Union mit Europäischer Grundrechtecharta, 4. Auflage, München 2011.

Ceranić, Vedran: Političko predstavljanje nacionalnih manjina u ustavom poretku Republike Hrvatske. Odluka Ustavnog suda Republike Hrvatska br. U-I-3597/2010 I dr., br. U-I-3786/2010 I dr. I br. I-I-120/2011 I dr. [Die politische Vertretung nationaler Minderheiten in der verfassungsrechtlichen Ordnung der Republik Kroatien. Die Entscheidung des Verfassungsgerichtes der Republik Kroatien Nr. U-I-3597/2010 und andere, Nr. U-I-3786/2010 und andere und Nr. U-I-120/2011 und andere], Pravnik [Der Jurist] 2011, Seiten 165–177.

Constantin, Sergiu: Assessing the efficiency of EU conditionality in the area of minority protection, Europa Ethnica 64 (2007), Seiten 81–91.

Danas: Nikolić: Bunjevci nisu ni Srbi ni Hrvati [Nikolić: Bunjewatzen sinder weder Serben noch Kroaten], Zeitungsartikel vom 09.09.2014, abrufbar unter: http://www.danas.rs/danasrs/drustvo/nikolic_bunjevci_nisu_ni_srbi_ni_hrvati.55.html?news_id=288725 [letzter Zugriff: 20.02.2016].

De Schutter, Oliver: Die Anerkennung der Rechte von Minderheiten und die Gleichbehandlungsagenda der EU, EZAR 11 (2010), Seiten 25–37.

Déak, Francis: Hungary at the Paris Peace Conference. The Diplomatic History of the Treaty of Trianon, New York 1942.

Dimitrijević, Duško: Zahtevi pripadnika nekadašnje nemačke manjine za restituciju imovine u Srbiji [Die Ansprüche der Angehörigen der damaligen deutschen Minderheit auf Rückgabe von Immobilien in Serbien], Međunarodni problemi [Internationale Probleme] 63 (2011), Seiten 126–159.

Dobrivojević, Ivana: Kraljevina Jugoslavija u doba ličnog režima Kralja Aleksandra [Das Königreich Jugoslawien zur Zeit der persönlichen Regentschaft des Königs Aleksanders], Istorija 20. veka [Geschichte des 20. Jahrhunderts], 26 (2008), Seiten 109–130.

Dragnich, Alex N.: Serbs and Croats. The struggle in Yugoslavia, New York 1992.

Dragnich, Alex N.: The first Yugoslavia. Seach for a viable political system, Standford 1983.

Ehrke, Michael: Unruhe im Preševo-Tal. Zur wirtschaftlichen Dimension eines Minderheiten-Konflikts, Belgrad 2013, abrufbar unter: http://library.fes.de/pdf-files/id-moe/09670.pdf [letzter Zugriff: 19.02.2016].

Eide, Asbjørn: Locating the Framework Convention within the universal system of human rights, in: Weller, Marc (Hrsg.), The Rights of Minorities. A Commentary on the European Framework Convention for the Protection of National Minorities, Oxford 2006.

Ermacora, Felix: Nationalitätenkonflikt und Volksgruppenrecht, Band II, Ansätze-Hindernisse für Konfliktverständnis und Konfliktlösung in den Vereinten Nationen und im Europarat, München 1978.

Falke, Mike/Czauderna, Christoph: Serbien vor der Eröffnung von EU-Beitrittsverhandlungen. Herausforderungen an Rechts- und Justizreformen, WiRO 2014, Seiten 33–41.

Fink, Caroline: Defending the Rights of Others. The Great Powers, the Jews, and International Minority Protection 1878–1938, Cambridge, 2004.

Flachbarth, Ernst: System des internationalen Minderheitenrechtes. Geschichte des internationalen Minderheitenschutzes. Positives materielles Minderheitenrecht, Budapest 1937.

Forum za etničke odnose [Forum für ethnische Beziehungen]: Manjinska politika i integracija u Srbiji. Analize i preporuke za unapređenje manjinske politike I procesa integracije u Republici Srbiji [Minderheitenpolitik und Integration in Serbien. Analysen und Vorschläge für eine Förderung der Minderheitenpolitik und des Integrationsprozesses in der Republik Serbien], Belgrad 2014, abrufbar unter: http://www.fer.org.rs/uploads/sr/dokumenti/publikacije/analiza-i-preporuke-za-unapredjenje-manjinske-politike-i-procesa-integracije-u-republici-srbiji/Forum-1-2014-SRP-web.pdf. [letzter Zugriff: 20.07.2015].

Franke, Dietrich/Hofmann, Rainer: Nationale Minderheiten – Ein Thema für das Grundgesetz? Verfassungs- und völkerrechtliche Aspekte des Schutzes nationaler Minderheiten, EuGRZ 19 (1992), Seiten 401–409.

Friedrich-Ebert-Stiftung: Bulgarians in Serbia and Serbian-Bulgarian Relations in the Light of Serbia's European Integration, Belgrad 2013, abrufbar unter: http://library.fes.de/pdf-files/bueros/belgrad/10635.pdf [letzter Zugriff: 03.07.2015].

Frommer, Hartmut/Engelbrecht, Knut: Bundeswahlrecht. Kommentar für den Praktiker, Köln 2013.

Geiss, Imanuel: Der Berliner Kongress 1878. Protokolle und Materialien, Boppard am Rhein 1978.

Gligorijević, Branislav: Parlament i političke stranke u Jugoslaviji [Das Parlament und die politischen Parteien in Jugoslawien], Belgrad 1979.

Gojković, Nevena: Sistem zaštite manjina u Republici Srbiji [Der Schutz nationaler Minderheiten in der Republik Serbien], Belgrad 2009.

Graßl, Georg: Das Schulwesen der Deutschen in Südslawien, Nation und Staat 1 (1927/1928), Seiten 793–810.

Grgić, Andrea: Recognizing Formal and Substantive Equality in the *Oršuš* Case, EYMI 9 (2010), Seiten 327–366.

Gütermann, Christoph: Das Minderheitenschutzverfahren des Völkerbundes, Berlin 1979.

Haedrich, Martina: Integration durch völkerrechtlichen Minderheitenschutz?, ZAR 2012, Seiten 225–231.

Heintschel von Heinegg, Wolff: Europäisches Unionsrecht. EUV, AEUV und Grundrechte-Charta, Baden-Baden 2012.

Hilpold, Peter: Minderheitenschutz im Völkerbundsytem, in: Pan, Christoph/ Pfeil Sibylle (Hrsg.), Zur Entstehung des modernen Minderheitenschutzes in Europa. Handbuch der europäischen Volksgruppen in Europa, Band 3, Wien 2006 Seiten 156–189.

Hilpold, Peter: Minderheiten im Unionsrecht, AdV 39 (2001), Seiten 432–471.

Hilpold, Peter: Die Anerkennung der Neustaaten auf dem Balkan. Konstruktive Theorie, deklaratorische Theorie und anerkennungsrelevante Implikationen von Minderheitenschutzerfordernissen, AdV 31 (1993), Seiten 387–408.

Hoffmeister, Frank: Grundlagen und Vorgaben für den Schutz der Minderheiten im EU-Primärrecht, ZaöRV 68 (2008), Seiten 181–196.

Hoffmeister, Frank: Monitoring Minority Rights in the Enlarged European Union, in: Toggenburg, Gabriel N. (Hrsg.), Minority Protection and the Enlarged European Union. The Way forward, Budapest 2004, Seiten 87–105.

Hofmann, Rainer: Political Participation of Minorities, EYMI 6 (2010/2011), Seiten 5–17.

Hofmann, Rainer: Minority Protection in Europe: Standard-Setting by the Council of Europe and the OSCE, in: Thürer, Daniel/ Kędzia, Zdzisław (Hrsg.), Managing Diversity. Protection of Minorites in International Law, Zürich u.a. 2009, Seiten 31–77.

Hofmann, Rainer: The Framework Convention for the Protection of National Minorities: An Introduction, in: Weller Marc (Hrsg.), The Rights of Minorities. A Commentary on the European Framework Convention for the Protection of National Minorities, Oxford 2006, Seiten 1–24.

Hofmann, Rainer: Menschenrechte und der Schutz nationaler Minderheiten, ZaöRV 65 (2005), Seiten 587–613.

Hofmann, Rainer: Zur Überwachung der Umsetzung des Rahmenübereinkommens zum Schutz nationaler Minderheiten – Eine Bilanz nach fünf Jahre, Europa Ethnica 2004, Seiten 3–20.

Hofmann, Rainer: Der Schutz von Minderheiten in Europa, in: Weidenfelds, Werner (Hrsg.), Europa-Handbuch, 2. Auflage, Gütersloh 2002, Seiten 380–395.

Hofmann, Rainer: Minority Rights: Individual or Group Rights? A Comparative View on European Legal Systems, GYIL 40 (1998), Seiten 356–382.

Hofmann, Rainer: Minderheitenschutz in Europa. Völker- und staatsrechtliche Lage im Überblick, Berlin, 1995.

Hofmann, Rainer/Angst, Doris/Lantschner, Emma/Rautz, Günther/Rein, Detelv: Rahmenübereinkommen zum Schutz nationaler Minderheiten. Handkommentar, Baden-Baden 2015.

Höpfner, Hans-Paul: Deutsche Südosteuropapolitik in der Weimarer Republik, Frankfurt am Main 1983.

Hösch, Edgar: Geschichte der Balkanländer. Von der Frühzeit bis zur Gegenwart, 2. Auflage München 2002.

Hummer, Waldemar/Hilpold, Peter: Die Jugoslawien-Krise als ethnischer Konflikt, EA 1992, Seiten 87–96.

ICG: Peace in Presevo: Quick Fix or Long Term Solution? Balkans Report No. 116, 2001, Pristina/Belgrad/Brüssel, abrufbar unter: http://www.crisisgroup.org/~/media/%20Files/europe/Serbia%2017.pdf [letzter Zugriff: 19.02.2016].

ICG: Preševo-grievances and the Kosovo-Serbia talks, abrufbar unter: http://blog.crisisgroup.org/europe-central-asia/2013/02/01/presevos-grievances-and-the-kosovo-serbia-talks/ [letzter Zugriff: 21.02.2016].

Jackson Preece, Jennifer: National Minorities and the European Nation-States System, Oxford 1998.

Jackson Preece, Jennifer: Minority Rights in Europe. From Westphalia to Helsinki, Review of International Studies, 23 (1997), Seiten 75–92.

Jagodić, Miloš: The Emigration of Muslims from the New Serbian Regions 1877/1878, Balkanologie 2 (1998), Seiten 2–17.

Janjetović, Zoran: National Minorities in Yugosalvia 1928–1941, Review of Croatian History 8 (2012), Seiten 61–75.

Janjetović, Zoran: Deca careva, pastorčad kraljeva. Nacionalne manjine u Jugoslaviji 1918–1941 [Kinder des Zaren, Enkelkinder des Königs. Nationale Minderheiten in Jugoslawien 1918–1941], Belgrad 2005.

Janjetović, Zoran: Ethnopolitik und Föderalismus in Jugoslawien nach dem zweiten Weltkrieg, in: Salomon, Flavius/Zub, Alexandru, Südosteuropa im 20. Jahrhundert. Ethnostrukturen, Identitäten, Konflikte, Konstanz 2004, Seiten 181–187.

Janjetović, Zoran: Pitanje zaštite nacionalnih manjina u Kraljevini SHS na konferenciji mira u Parizu 1919–1920 [Fragen zum Schutz nationaler Minderheiten im Königreich SHS auf der Friedenskonferenz in Paris 1919–1920], Istorija 20. veka, [Geschichte des 20. Jahrhunderts], 18 (2000), Seiten 31–43.

Janković, Dragoslav/Mirković, Mirko: Državnopravna istorija Jugoslavije [Die Staatsrechtliche Geschichte Jugoslawiens], 3. Auflage, Belgrad 1987.

Jelavich, Barbara: Russia's Balkan entanglements 1806–1914, Cambridge 1991.

Jelavich, Charles/Jelavich, Barbara: The Establishment of the Balkan National States, 1804–1920. A History of East Centraal Europe, 4. Auflage, Seattle/London 2000.

Jovanović, Milan: Narodna Skupština-Deformacija teritorialnog predstavljanja [Die Volksvertretung- Die Zersplitterung der territorialen Vertretung], Fakultet političkih nauka, Godišnjak 2008 [Das Jahrbuch der politikwissenschaftlichen Fakultät 2008], Seiten 117–132.

Kaiser, Angela: Minderheiten in der Europäischen Union. Eine Untersuchung des "doppelten Standards" des Minderheitenschutzes unter besonderer Berücksichtigung der Europäischen Grundrechtecharta, Frankfurt am Main, 2005.

King, Roland F./Marian, Cosmin Gabriel: Minority representation and reserved legislative seats in Romania, East European Politics and Societies 26 (2012), Seiten 561–588.

Klein, Eckart: Das Verhältnis des Europäischen Gerichtshofes zum Europäischen Gerichtshof für Menschenrechte, in: Merten, Detelf/Papier, Hans-Jürgen (Hrsg.), Handbuch der Grundrechte in Deutschland und Europa, Band VI/1. Europäische Grundrechte I, Seiten 1269–1320.

Korhecz, Tomas: Vojvodina – The struggle for autonomy. Omnibus Law on Vojvodina – A specific legislative step towards decentralization in post-Milosevic Serbia, Helsinki Monitor 4 (2002), Seiten 285–298.

Krivokapić, Boris: Zaštita manjina između dva svetska rata – osvrt na neke posebene slučajeve [Minderheitenschutz zwischen zwei Weltkriegen- Eine Betrachtung einiger Besonderheiten], Međunarodni problemi [Internationale Probleme] 57 (2005), Seiten 100–120.

Krivokapić, Boris: The Federal Law on the Protection of Rights and Freedoms of Minorities (2002) in the Light of the Standards Established by the Framework Convention for the Protection of National Minorities, Yugoslav Law 30 (2002), Seiten 7–39.

Krivokapić, Boris: Serbia and Montenegro. The New Legal Framework for the Protection of Ethnic Minorities, RQDI 16 (2003), Seiten 61–100.

Krivokapić, Boris: Ethnic Minorities in the Federal Republic of Yugoslavia and their Rights, Yugoslav Law 22 (1995), Teil 2, Seiten 3–21.

Krivokapić, Boris: Ethnic Minorities in the Federal Republic of Yugoslavia and their Rights, Yugoslav Law 21 (1994), Teil 1, Seiten 63–71.

Lantschner, Emma: Soft jurisprudence im Minderheitenrecht. Standardsetzung und Konfliktbearbeitung durch Kontrollmechanismen bi- und multinationaler Instrumente, Baden-Baden, 2009.

Lantschner, Emma/Kmezić, Marko: Political Participation of Minorities in Central Europe: Is it Effective or Just Window-Dressing? in: Lantschner, Emma/Constantin, Sergiu/Marko, Joseph (Hrsg.), Practice of Minority Protection in Central Europe, Baden-Baden 2012, Seiten 223–257.

Lederer, Ivo J.: Yugoslavia at the Paris Peace Conference. A Case Study in Frontiermaking, New Heaven 1963.

Lončar, Jelena: Izborna formula i reprezentacija manjina [Die Wahlformel und die Repräsentanz von Minderheiten], in: Stojiljković, Zoran/Spasojević, Đorđe (Hrsg.), Preporuke za izmenu izbornog zakonodavstva u Srbiji [Vorschläge zur Änderung der Wahlgesetzgebung in Serbien], Belgrad 2011, Seiten 137–151.

Lubenoff, Georg: Die Verfassung Jugoslawiens vom 3. September 1931, ZaöRV 3 (1933), Seiten 402–444.

Lyon, James: Serbia's Sandžak under Milošević: Indentity, Nationalism and Survival, Human Rights Review 2008, Seiten 71–92.

Malcolm, Noel: Bosnia. A Short History, 2. Auflage, New York 1996.

Marko, Joseph: The Council of Europe Framework Convention on the Protection of National Minorities and the Advisory Committee's Thematic Commentary on Effective Participation, in: Weller, Marc/Nobbs, Katherine (Hrsg.), Political Participation of Minorities. A Commentary on International Standards and Practice, Oxford 2010, Seiten 222–255.

Marko, Joseph: Die rechtliche Stellung der Minderheiten in Serbien, in: Frowein, Jochen Abr./Hofmann, Rainer/Oeter, Stefan (Hrsg.), Das Minderheitenrecht europäischer Staaten, Teil 2, Berlin 1994.

Marko, Joseph/Lantschner, Emma: European Integration and its Effects on Minority Protection in South Eastern Europe, in: Lantschner, Emma/Marko,

Joseph/Petričušić (Hrsg.), European Integration and its Effects on Minority Protection in south Eastern Europe, Baden-Baden 2008, Seiten 359–379.

Marković, Ratko: Ustav Republike Srbije iz 2006 - Kritični pogled [Die Verfassung der Republik Serbien aus 2006 - Ein kritischer Blick], Anali pravnog fakulteta [Analen der Rechtsfakultät], 54 (2006), Seiten 5–46.

Marsal, Stéphanie/Croft, Jennnifer: The Acitvities of the OSCE High Commissioner on National Minorities January 2011 to December 2011, EYMI 10 (2011), Seiten 487–501.

Meier, Viktor: Bosnien und seine Muslime als Sonderproblem des Vielvölkerstaates, in: Schönfeld, Roland (Hrsg.), Nationalitätenprobleme in Südosteuropa, München 1987, Seiten 125–132.

Mesić, Milan: Pojam nacionalnih manjina i njihovo političko predstavljanje: slučaj Hrvatske [Der Begriff der nationalen Minderheiten und deren politische Vertretung: Der Fall Kroatiens], Politička misao [Politische Wissenschaft] 50 (2013), Seiten 107–131.

Meyer, Jürgen (Hrsg.): Charta der Grundrechte der Europäischen Union, 4. Auflage, Baden-Baden 2014.

Meyer-Ladewig, Jens: EMRK. Europäische Menschenrechtskonvention. Handkommentar, 3. Auflage, Baden-Baden 2011.

Milosavljević, Bogoljub: Pokrajinski statut i organizacija pokrajinske vlasti prema Ustavu Republike Srbije [Das Provinzialstatut und die Organisation der Provinzialgewalt in der Verfassung der Republik Serbien], Pravni zapisi [Rechtliche Aufzeichnungen] 4 (2013), Seiten 467–475.

Mitrović, Andrej: Jugoslavija na konferenciji mira 1919–1920 [Jugoslawien auf der Friedenskonferenz 1919–1920], Belgrad 1969.

Müller, Stephan: European Framework for National Roma Policies and the Roma in the Western Balkans, EYMI 10 (2011), Seiten 397–410.

Nowak, Manfred: U.N. Covenant on Civil and Political Rights. CCPR Commentary, 2. Auflage, Kehl 2005.

Olović, Slaviša/Lončar, Jelena/Spasojević, Dušan/Dragana Đ. Radojević (Hrsg.): Poboljšanje demokratskih performansi Narodne Skupštine Republike Srbiije. Preporuke [Zur Verbesserung der Leistung des Parlaments der Republik Serbien. Vorschläge], Belgrad 2012.

Orlović, Slaviša: Političko predstavljanje nacionalnih manjina- Srbija u komparativnoj perspektivi [Die politische Vertretung nationaler Minderheiten- Serbien aus einer vergleichenden Perspektive, Migracija i etničke teme [Migration und ethnische Themen] 27 (2011), Seiten 393–417.

Orlović, Slaviša: Re-Dizajniranje političkih institucija [Die Wiedergestaltung der politischen Institutionen], in: Pavlović, Vukašin (Hrsg.), Kvalitet političkih institucija [Die Qualität politischer Institutionen], Belgrad 2010, Seiten 65–99.

Orlović, Slaviša: Političke posledice izbornog sistema u Srbiji [Die politischen Konsequenzen des Wahlsystems in Serbien], Fakultet političkih nauka, Godišnjak 2008 [Das Jahrbuch der politikwissenschaftlichen Fakultät 2008], Seiten 19–36.

OSZE: Support for the Integration of Roma, Belgrad 2011, abrufbar unter: http://www.osce.org/serbia/35884?download=true [letzter Zugriff: 03.07.2015].

OSZE: Ukraine, Human Rights Assessment Mission: Report on the Human Rights an Minority Rights Situation, March-April 2014, Den Haag/Warschau, 2014, abrufbar unter: http://www.osce.org/odihr/118476?download=true [letzter Zugriff: 15.02.2016].

OSZE: Ethnic Minorities in Serbia. An Overview, Belgrad 2008, abrufbar unter: http://www.osce.org/serbia/30908?download=true [letzter Zugriff: 03.07.2015].

OSZE: Die Bozen-Empfehlung über nationale Minderheiten innerhlab zwischenstaatlicher Beziehungen, Den Haag 2008, abrufbar unter: http://www.osce.org/hcnm/33633?download=true [letzter Zugriff: 15.02.2016].

OSZE: Die Lund-Empfehlung über die wirksame Beteiligung nationaler Minderheiten am öffentlichen Leben samt Erläuterungen, Den Haag 1999, abrufbar unter: http://www.osce.org/de/hcnm/32247?download=true [letzter Zugriff: 20.07.2015].

OSZE: Die Oslo-Empfehlung über die sprachlichen Rechte nationaler Minderheiten, Den Haag 1998, abrufbar unter: http://www.osce.org/hcnm/67531?download=true [letzter Zugriff: 15.02.2016].

OSZE: Die Den Haag-Empfehlung über die Erziehungsrechte nationaler Minderheiten, Den Haag 1996, abrufbar unter: http://www.osce.org/hcnm/32180?download=true [letzter Zugriff: 15.02.2016].

Pajvančić, Marijana: Novi ustav i autonomija Vojvodine [Die neue Verfassung und die Autonomie der Vojvodina], in: Centar za regionalisam [Zentrum für Regionalisierung], Alternative nacionalne strategije decentralizacije [Alternative nationale Strategien zur Dezentralisierung], Novi Sad 2012, Seiten 7–46.

Pajvančić, Marijana: Komentar ustava Republike Srbije [Kommentar der Verfassung der Republik Serbien], Belgrad 2009.

Pan, Christoph: Schutz und Rechte der europäischen Minderheiten im vereinten Europa, in: Hafer, Gerhard/Matschner, Franz/Schmalenbach, Kirsten (Hrsg.), Völkerrecht und die Dynamik der Menschenrechte. Liber Amicorum Wolfram Karl, Wien 2012.

Pan, Christoph: Die Minderheitenrechte in Rumänien, in: Pan, Christoph/Pfeil, Beate Sibylle (Hrsg.), Minderheitenrechte in Europa. Handbuch der europäischen Volksgruppen, Band 2, Wien 2006, Seiten 400–419.

Paunović, Milan: Nationalities and Minorities in the Yugoslav Federation and in Serbia, in: Packer, John/Myntti, Kristian (Hrsg.), The Protection of Ethnic and Linguistic Minorities in Europe, 1993, Seiten 145–165.

Pavković, Aleksandar: The Fragmentation of Yugoslavia: Nationalism and War in the Balkans, 2. Auflage, Basingstoke 2000.

Pavlović-Križanovic, Tatijana: Pravni okvir nadležnosti nacionalnih saveta i preporkue [Der rechtliche Rahmen für die Zuständigkeit der nationalen Räte und Vorschläge], in: Centar za regionalizam [Das Zentrum für Regionalismus], Evalucija rada pet nacionalnih saveta u Srbiji [Die Evaluierung der Arbeit von fünf nationalen Räten in Serbien], Novi Sad 2012, Seiten 7–30.

Pavlowitch, Stevan K.: A History of the Balkans. 1804–1945, New York/London, 1999.

Pernthaler, Peter: Die Entstehung des völkerrechtlichen Menschen- und Minderheitenschutzes im 19. und 20. Jahrhundert, in: Pan, Christoph/Pfeil Sibylle (Hrsg.), Zur Entstehung des modernen Minderheitenschutzes in Europa. Handbuch der europäischen Volksgruppen in Europa, Band 3, Wien 2006, Seiten 4–41.

Pfeil, Beate Sibylle: Die Entwicklung des Minderheitenschutzes in Europa im Rahmen des Europarates und der KSZE/OSZE, in: Pan, Christoph/Pfeil, Beate Sibylle, Zur Entstehung des modernen Minderheitenschutzes in Europa. Handbuch der europäischen Volksgruppen, Band 3, Wien 2006, Seiten 442–486.

Pindić, Dimitrije: Manjinska problematika na Balkanu i Jugoslavija [Das Minderheitenproblem auf dem Balkan und in Jugoslawien], Međunarodni problem [Internationale Probleme] 40 (1988), Seiten 108–122.

Pippan, Christian: Minderheitenschutz als Teil des „Verfassungskerns" der Europäischen Union. Herkunft, normativer Gehalt und primärrechtliche Bedeutung des Wertes der „Wahrung […] der Rechte der Personen, die Minderheiten angehören" (Art. 2 EUV), in: Hafer, Gerhard/Matschner, Franz/Schmalenbach, Kirsten (Hrsg.), Völkerrecht und die Dynamik der Menschenrechte. Liber Amicorum Wolfram Karl, Wien 2012, Seiten 214–237.

Priebe, Reinhard: Beitrittsperspektive und Verfassungsreformen in den Ländern des Westlichen Balkans, EuR 2008, Seiten 301–320.

Pritchard, Sarah: Der völkerrechtliche Minderheitenschutz. Historische und neuere Entwicklungen, Berlin 2001.

Radan, Peter: Constitutional Experimentation and the National Question in Interwar Yugoslavia, Istorija 20. veka [Geschichte des 20. Jahrhunderts], 29 (2011), Seiten 225–238.

Radosavljević, Duško: Political Representation of Minorities and Preservation of Multiethnic Identity of Vojvodina, in: Heinrich Böll Stiftung Southeatern Europe (Hrsg.), Challenges of Multiculturalism, Belgrad 2012, Seiten 247–251.

Ramet, Sabrina: Die drei Jugoslawien. Eine Geschichte der Staatsbildung und ihrer Probleme, Oldenbourg 2011.

Rolfs, Christian/Kreikebohm, Ralf/Giesen, Richard/Udsching, Peter (Hrsg.): Becksch'scher Online-Kommentar zum Arbeitsrecht, Müchen 2015.

Rothschild, Joseph: East Central Europe between the two World Wars, Seattle 1992.

RTS: Manjinske stranke bez manjina [Minderheitenparteien ohne Minderheit], Meldung vom 14.06.2012, abrufbar unter: http://www.rts.rs/page/stories/sr/story/9/Politika/1121170/Manjinske+stranke+bez+manjina.html [letzter Zugriff: 20.02.2016].

Scheuermann, Martin: Minderheitenschutz contra Konfliktverhütung? Die Minderheitenpolitik des Völkerbundes in den zwanziger Jahren, Marburg/Lahn 2000.

Schreiber, Wolfgang/Hahlen, Johann/Strelen, Karl-Ludwig (Hrsg.): Bundeswahlgesetz. Kommentar, 9. Auflage, Köln 2013.

Schweizerische Flüchtlingshilfe: Serbien: Ausreisebeschränkungen für Roma und Ashkali. Auskunft der SFH-Länderanalyse, Bern 2015, abrufbar unter: https://www.fluechtlingshilfe.ch/assets/herkunftslaender/europa/serbien/150326-ser-ausreise-romaashkali.pdf, [letzter Zugriff: 31.10.2015].

Simović, Darko: Teritorijalna autonomija u svetlosti odluke Ustavnog suda Srbije [Die Territoriale Autonomie im Lichte der Entscheidungen des Verfassungsgerichts Serbiens], Sveske za javno pravo [Blätter für öffentliches Recht] 11 (2013) Seiten 75–87.

Sobolevski, Mihael: Nacionalne manjine u Kraljevini Jugoslaviji, [Nationale Minderheiten im Königreich Jugoslawien], in: Fleck, Hand-Georg/Graovac, Igor (Hrsg.), 6. Dijalog povjesničara-historičara [6. Dialog zwischen Historikern], Zagreb 2000, Seiten 395–410.

Stepanov, Radivoj: Ustanvi i politički triptih Vojvodine [Verfassungsrechtlicher und politischer Triptychon der Vojvodina], Glasnik advokatske komore Vojvodine [Blatt der Rechtsanwaltskammer der Vojvodina], 86 (2014), Seiten 573–592.

Stjepanović, Dejan: Samoodređenje i multietnički regionalizmi na post-jugoslovenskom prostoru [Selbstbestimmung und multiethnische Regionalismen auf dem postjugoslawischen Raum], Politička misao [Politische Wissenschaften], 52 (2015), Seiten 141–163.

Streinz, Rudolf: Vertrag über die Europäische Union und Vertrag über die Arbeitsweise der Europäischen Union. Kommentar, 2. Auflage, München 2012.

Streinz, Rudolf/Ohler, Christoph/Hermann, Christoph: Der Vertrag von Lissabon zur Reform der EU, 3. Auflage, München 2010.

Sundhaussen, Holm: Experiment Jugoslawien. Von der Staatsgründung bis zum Staatszerfall, Berlin 1993.

Suppan, Arnold: Jugoslawien und Österreich 1918–1938. Bilaterale Aussenpolitik im europäischen Umfeld, Wien 1996.

Svirčević, Miroslav: The Establishment of Serbian Local Government in the Counties of Niš, Toplica and Pirot after the Congress of Berlin, in: Yavuz, Hakan (Hrsg.), The Russo-Turkish War of 1877–1878 and the Treaty of Berlin, Salt Lake City, 2011, Seiten 144–164.

Thürer, Daniel/Dold, Beate: Rassismus und Rule of Law/Erstmalige Verurteilung wegen Rassendiskriminierung durch den Europäischen Gerichtshof für Menschenrechte. Gleichzeitig Besprechung des Urteils vom 26. Februar 2004-Nachova u.a. gegen Bulgarien, EuGRZ 32 (2005), Seiten 1–17.

Toggenburg, Gabriel N.: The European Union and Minorities in 2011, EYMI 10 (2011), Seiten 503–521.

Toggenburg, Gabriel N.: The Protection of Minorities at the EU-level: a Tightrope Walk Between (Ethnic) Diversity and (Territorial) Subsidiarity, in: Lantschner, Emma/Marko, Joseph/Petričušić (Hrsg.), European Integration and its Effects on Minority Protection in south Eastern Europe, Baden-Baden 2008, Seiten 83–115.

Toggenburg, Gabriel N.: Minority Protection in a Supernational Context: Limits and Opportunities, in: Toggenburg, Gabriel N. (Hrsg.), Minority Protection and the Enlarged European Union. The Way forward, Budapest 2004, Seiten 3–36.

Toggenburg, Gabriel N.: The Protection of Minorities at the EU-level: a Tightrope Walk Between the (ethnic) Diversity and (territorial) Subsidiarity, in: Lantschner, Emma/Marko, Joseph/Petričušić (Hrsg.), European Integration and its Effects on Minority Protection in south Eastern Europe, Baden-Baden 2008, Seiten 83–116.

Toggenburg, Gabriel N./Rautz, Günther: ABC des Minderheitenschutzes in Europa, Wien u.a. 2010.

Trifković, Srdjan: The First Yugoslavia and Origins of the Croatian Separatism, East European Quarterly 26 (1992), Seiten 345–370.

Várady, Tibor: Minorities, Majorities, Law and Ethnicity. Reflections of the Yugoslav Case, Human Rights Quarterly 19 (1997), Seiten 9–54.

Viefhaus, Erwin: Die Minderheitenfrage und die Entstehung der Minderheitenschutzverträge auf der Pariser Friedenskonferenz 1919. Eine Studie zur Geschichte des Nationalitätenproblems im 19. und 20. Jahrhundert, Würzburg 1960.

Vučić, Snježana: Serbia, in: Lantschner, Emma/Marko, Joseph/Petričušić (Hrsg.), European Integration and its Effects on Minority Protection in south Eastern Europe, Baden-Baden 2008, Seiten 275–296.

Vujačić, Ilija: Deset godina nove manjinske politike u Srbiji [Zehn Jahre neue Minderheitenpolitik in Serbien], Politička misao [Politische Wissenschaft], 49 (2012), Seiten 150–164.

Vujić, Aleksandra: The Rights to Education of Persons belonging to National Minorities in Vojvodina 1974–2004, EYMI 9, (2010) Seiten 305–326.

Waringo, Karin: Serbien – ein sicherer Herkunftsstaat von Asylsuchenden in Deutschland? Eine Auswertung von Quellen zur Menschenrechtssituation, Frankfurt am Main 2013.

Weber, Albrecht: Schutz und Förderung der Roma in der EU in menschenrechtlicher Perspektive, ZAR 2013, Seiten 188–196.

Wehler, Hans-Ulrich: Nationalitätenpolitik in Jugoslawien: die deutsche Minderheit 1918–1978, Göttingen 1980.

Wölfl, Adelheid: Südserbien – Im Land der Muftis, der Standard vom 13.11.2014, abrufbar unter: http://derstandard.at/2000008096804/Suedserbien-Im-Land-des-Muftis [letzter Zugriff: 19.02.2016].

Wolfrum, Rüdiger: Aspekte des Schutzes von Minderheiten unter dem Europäischen Menschenrechtsschutzsystem, in: Bröher, Jürgen (Hrsg.), Internationale Gemeinschaft und Menschenrechte. Festschrift für Georg Ress zum 70. Geburtstag, Köln 2005, Seiten 1106–1119.

Žolger, Ivan: Die Verfassung Jugoslawiens, JöR 11 (1922), Seiten 182–199.

Abkürzungsverzeichnis

AdV	Archiv des Völkerrechts
AEUV	Vertrag über die Arbeitsweise der Europäischen Union
AGG	Allgemeines Gleichbehandlungsgesetz
Art.	Artikel
AVNOJ	Antifašističko veće narodnog oslobođenja Jugoslavije [Antifaschistischer Rates der nationalen Befreiung Jugoslawiens]
Az	Aktenzeichen
B92	Serbischer Radiosender; unabhängiger Radiosender und Sprachrohr der serbischen Opposition während des Milošević-Regimes
BAMF	Bundesamt für Migration und Flüchtlinge
BMI	Bundesministerium des Innern
BR	Bundesrepublik
BT Drucks.	Drucksachen des Bundestages
BWG	Bundeswahlgesetz
CCPR	International Covenant on Civil and Political Rights
CDU	Christlich Demokratische Union Deutschlands
CSU	Christlich-Soziale Union in Bayern
EA	Europa-Archiv
EGMR	Europäischer Gerichtshof für Menschenrechte
EMRK	Europäische Konvention zum Schutze der Menschenrechte und Grundfreiheiten
EU	Europäische Union
EuGH	Europäischer Gerichtshof
EuGRZ	Europäische Grundrechte-Zeitschrift
EuR	Zeitschrift Europarecht
EUV	Vertrag über die Europäische Union
EYMI	European Yearbook on Minority Issues
FEO	Forum za etničke odnose [Forum für ethnische Beziehungen]
FES	Friedrich-Ebert-Stiftung e.V.
FNRJ	Federativna narodna republika Jugoslavija [Föderative Volksrepublik Jugoslawien]
FS	Festschrift
GYIL	German Yearbook of International Law
HRQ	Human Rights Quarterly

Hrsg.	Herausgeber
Hum Right Rev	Human Rights Review
ICG	International Crisis Group
JOR	Jahrbuch für Ostrecht
JÖR	Jahrbuch des öffentlichen Rechts
KAS	Konrad-Adenauer-Stiftung e.V.
Kraljevina SHS	Königreich der Serben Kroaten und Slowenen
KSZE	Konferenz für Sicherheit und Zusammenarbeit in Europa
MET	Migracija i etničke teme [Migration und ethnische Themen]
Nr.	Nummer
NRW	Nordrhein-Westfahlen
ÖMO	Österreichische Monatszeitschrift für den Orient
OSZE	Organisation für Sicherheit und Zusammenarbeit in Europa
OVG	Oberverwaltungsgericht
PACE	Parliamentary Assembly of the Council of Europe
RIK	Republička izborna komisija [Staattliche Wahlkommission]
Rn.	Randnummer
RQDI	La Revue québécoise de droit international
Rs.	Rechtssache
RTS	Radio televizija Srbije; öffentlich-rechtlicher Rundfunk Serbiens
RÜ	Rahmenübereinkommen zum Schutz nationaler Minderheiten
SPD	Sozialdemokratische Partei Deutschlands
u.a.	und andere
UN	United Nations
UNHCR	United Nations High Commissioner for Refugees
v	versus
VG	Verwaltungsgericht
VGH	Verwaltungsgerichtshof
ZaöRV	Zeitschrift für ausländisches öffentliches Recht und Völkerrecht
ZAR	Zeitschrift für Ausländerrecht und Ausländerpolitik

A.) Das Recht auf Mitbestimmung – Vergangenheit, Gegenwart und Zukunft von politischen Teilhaberechten nationaler Minderheiten in Serbien

Wie die weiter angespannte Lage in der Ukraine zeigt, bieten ethnische Konflikte in der Mitte Europas auch heutzutage noch Zündstoff, der in gewaltvollen Auseinandersetzungen münden kann.[1] Die Forderungen ethnischer Minderheiten nach mehr gesellschaftlicher Mit- und Selbstbestimmung kann durch verschiedene Mechanismen des Minderheitenschutzrechtes erfüllt werden. Denn neben dem Gebot der Gleichbehandlung nationaler Minderheiten zu Mitgliedern der Mehrheitsgesellschaft und dem Recht auf Bildung in der Sprache nationaler Minderheiten bildet die effektive Teilhabe nationaler Minderheiten am politischen Willensbildungsprozess ein Kernelement des modernen internationalen Minderheitenschutzrechtes.[2]

Hintergrund für die politische Teilhabe nationaler Minderheiten ist der gewünschte Effekt, dass Mitglieder nationaler Minderheiten ihren Aufenthaltsstaat als ihr Heimatland ansehen und im Ergebnis eine Integrationswirkung folgt.[3] Im Gegenzug erhofft sich der Heimatstaat durch die effektive Einbindung nationaler Minderheiten in den politischen Willensbildungsprozesses die Überwindung möglicher Illoyalität.

Die vorliegende Arbeit widmet sich den politischen Teilhaberechten nationaler Minderheiten in Serbien. Die Untersuchung von politischen Teilhaberechten

1 Eine gute Übersicht über die Lage in der Ukraine aus minderheitenrechtlicher Perspektive bieten folgende Berichte: Beratender Ausschuss, Advisory Committee on the Framework Convention for the Protection of National Minorities, ACFC(2014)001, abrufbar unter: https://rm.coe.int/CoERMPublicCommonSearchServices/DisplayDCTMContent?documentId=09000016800c5d6f; ebenso: OSZE, Ukraine, Human Rights Assessment Mission: Report on the Humans Rights and Minority Rights Situation, March-April 2014 (12.05.2014), abrufbar unter: http://www.osce.org/odihr/118476?download=true.

2 Beratender Ausschuss, Kommentar Art. 15 RÜ, Rn. 14, abrufbar unter: https://rm.coe.int/CoERMPublicCommonSearchServices/DisplayDCTMContent?documentId=09000016800bc7ec.

3 *Hofmann*, Political Participation of Minorities, EYMI 6 (2006/7), 5 (6); ebenso: *Weller*, Article 15, in: Weller (Hrsg.), The Rights of Minorities, 429 (430).

nationaler Minderheiten in Serbien bewegt sich an der Schnittstelle historischer Gegebenheiten und an der Einhaltung internationaler Mindeststandards des Minderheitenschutzrechtes anhand der Umsetzung dieser Standards in die serbische Rechtsordnung.

Alle Phasen der serbischen Staatlichkeit waren mit Fragen nationaler Minderheiten eng verzahnt, wobei die politische Teilhabe dieser Minderheiten in Serbien in den unterschiedlichen Epochen nicht einheitlich verwirklicht wurde. Schon die Verhandlungen über die staatliche Unabhängigkeit Serbiens auf dem Berliner Kongress, die Erweiterung des serbischen Staatsgebietes nach den Balkankriegen sowie die Schaffung eines gemeinsamen Staates mit anderen südslawischen Völkern hatten die Regulierung von ethnischen Konflikten im Blickfeld. Da ein umfassendes Verständnis für die heutige Lage der verschiedenen nationalen Minderheiten in Serbien ohne den jeweiligen historischen Gegebenheiten unvollständig wäre, beleuchtet der erste Teil der Arbeit die unterschiedlichen Epochen der serbischen Staatsrechtsgeschichte samt Blick auf nationale Minderheiten und deren Partizipation am politischen Leben.

Ferner ist auch nur aus historischen Gegebenheiten die heute vorherrschende multiethnische Struktur des Landes verständlich. Der serbische Staat erkennt insgesamt 20 verschiedene nationale Minderheiten an, die laut der aktuellsten Volkszählung aus dem Jahre 2011 auf dem serbischen Staatsgebiet siedeln und alle zusammen circa 16% der serbischen Gesamtbevölkerung ausmachen.[4] Aus dieser ethnographischen Tatsache ergibt sich eine Besonderheit dahingehend, dass in Serbien eine Vielzahl von zahlenmäßig kleinen nationalen Minderheiten leben, die regelmäßig weniger als 1% der Gesamtbevölkerung stellen. Diese zahlenmäßig kleinen nationalen Minderheiten stellen die serbische Rechtsordnung vor hohen Herausforderungen, wenn man auch diesen gesellschaftlichen Gruppen ein hohes Maß an politischer Mitbestimmung einräumen möchte.

Über die 1990er Jahre hinweg prägte das kriegerische Auseinanderfallen des gemeinsamen jugoslawischen Staates in die unterschiedlichen Nachfolgestaaten samt blutigen ethnischen Konflikten das Bild Serbiens im Ausland. Der jugoslawische Auflösungsprozess bildete die Anfänge des wiedererwachten Interesses der internationalen und europäischen Gemeinschaft zur Lösung von Minderheitenproblemen. Aus dieser Tatsache lässt sich herleiten, dass Minderheitenkonflikte

4 Republički zavod za statistiku [Statistisches Amt der Republik Serbien,] Popisni atlas 2011 [Zensus Atlas 2011], Seite 61, abrufbar unter: http://pod2.stat.gov.rs/ObjavljenePublikacije/Popis2011/Popisni%20atlas%202011.pdf.

auf dem Gebiet eines Staates einen länderübergreifenden Charakter haben können und damit letztendlich eine internationale Angelegenheit sind.[5]

Auch nach dem demokratischen Wandel in Form des Sturzes von Slobodan Milošević am 05.10.2000 rückten Fragen der staatlichen Unabhängigkeit des Kosovos in das Blickfeld der Weltöffentlichkeit, die wiederum eng mit Themen des Minderheitenschutzes oder der effektiven Gewährung von Autonomierechten nationaler Minderheiten zusammenhingen.

Da nun einerseits ein erheblicher zeitlicher Abstand zu den ethnischen Konflikten der jüngsten serbischen Vergangenheit gegeben ist und andererseits der Integrationsprozess Serbiens in die Europäische Union fortgeschritten ist, lohnt sich ein Blick auf die rechtlichen Strukturen in Serbien, die den jeweiligen nationalen Minderheiten die politische Teilhabe ermöglichen sollen.

Fragen rund um die politische Mitbestimmung nationaler Minderheiten in Serbien sind zurzeit sehr aktuell. Wie viele andere europäische Rechtsordnung sieht auch das serbische Wahlgesetz (*zakon o izboru poslanika skupštine Srbije*, im Folgenden Wahlgesetz) vor, dass Parteien nationaler Minderheiten von der 5%-Klausel befreit sind, die übliche Parteien überspringen müssen, um in das serbische Parlament einziehen zu können. Denn nach den vorgezogenen Parlamentswahlen vom 24.04.2016 übersprangen insgesamt drei Parteien nur knapp die oben beschriebene Hürde, während die Demokratische Partei Serbiens (*demokratska stranka Srbije, DSS*) nur knapp an der 5%-Hürde scheiterte. Bei den drei Parteien handelt es sich um Parteien, die allesamt für sich den Anspruch erheben, dass sie den proeuropäischen Reformkurs des ehemaligen serbischen Ministerpräsidenten Zoran Đinđić fortzuführen. Aus der politischen Übermacht der regierenden Serbischen Fortschittspartei (*srpska napredna stranka, SNS*) und der Zerstrittenheit der Oppositionsparteien untereinander bedarf es einer gründlichen Rechtfertigung für die rechtliche Privilegierung von Minderheitenparteien.

Bei den zu untersuchenden rechtlichen Strukturen ist entscheidend, dass neben den verfassungsrechtlichen Bestimmungen, die die Architektur des Staates wiedergeben, hauptsächlich einfache Gesetze die politischen Teilhaberechte nationaler Minderheiten in Serbien durchsetzen sollen. Besonderes Augenmerk soll dabei auf die konkrete Ausgestaltung der Selbstverwaltungsgarantie der Autonomen Provinz Vojvodina, des serbischen Parteien- und Wahlgesetzes sowie die Einrichtung von besonderen Kontaktmechanismen zwischen den nationalen Minderheiten und staatlichen Stellen gelegt werden, da derartige gesetzliche

5 *Hofmann*, Menschenrechte und der Schutz nationaler Minderheiten, ZaöRV 65 (2005) 587 (588).

Regelungen typischerweise die Förderung politischer Partizipation nationaler Minderheiten zum Gegenstand haben. Neben einer gesetzgeberischen Komponente nimmt die Rechtsprechung des serbischen Verfassungsgerichts zu verschiedenen Teilbereichen aus dem Themenfeld der politischen Teilhabe nationaler Minderheiten eine Schlüsselrolle ein, da es sich in diesem Bereich in der vergangenen Zeit besonders aktiv zeigte.

Die rechtlichen Vorgaben in Serbien werden hauptsächlich anhand von internationalen Übereinkünften und Empfehlungen des Europarates, der Organisation für Sicherheit und Zusammenarbeit in Europa (OSZE) sowie der Europäischen Union (EU) geprüft. Eine besonders herausragende Stellung bei der Überprüfung wird das Rahmenübereinkommen zum Schutze nationaler Minderheiten (RÜ) des Europarates einnehmen, da dieses Übereinkommen das bisher einzige und weitreichendste internationale Vertragswerk zum Schutz nationaler Minderheiten und Serbien seit dem 11.05.2001 Vertragspartner ist.[6] Das RÜ kennt in Art. 15 die Verpflichtung an, dass die Vertragsparteien die notwendigen Voraussetzungen für die wirksame Teilhabe von Angehörigen nationaler Minderheiten an öffentlichen Angelegenheiten, insbesondere denjenigen, die sie betreffen, schaffen. Die landesspezifischen Stellungnahmen des Beratenden Ausschusses über die Lage der Minderheiten liegen nunmehr in vierter Generation vor, sodass aus diese eine weitere Quelle zur Bestimmung von internationalen Standards dient.[7] Als weitere Interpretationshilfe wird auch die Rechtsprechung des Europäischen Gerichtshofes für Menschenreche (EGMR) herangezogen, soweit die Beschwerdeverfahren Fragen des Minderheitenrechts betrafen. Eine eigenständige Rechtsprechung des Europäischen Gerichtshofes für Menschenrechte zu Fragen des Minderheitenschutzrechts konnte sich nicht herauskristalisieren, da dem Straßburger Menschenrechtsgerichtshof keine explizite Überwachungsfunktion in diesem Feld übertragen wurde.[8]

Die Arbeit beginnt zunächst mit einem Überblick über die ethnische Struktur Serbiens (Abschnitt B). Hier werden einzelne nationale Minderheiten sowie Eckdaten zu deren Siedlungsgebieten, der Einräumung von Sprachenrechten sowie deren Wahlerfolge bei den vergangenen Parlamentswahlen vorgestellt. Im

---

6 Rahmenübereinkommen zum Schutz nationaler Minderheiten vom 01.02.1998; Ratifikationsstand abrufbar unter: http://www.coe.int/t/dghl/monitoring/minorities/1_AtGlance/PDF_MapMinorities_bil.pdf.

7 *Hofmann*, Das Rahmenübereinkommen zum Schutz nationaler Minderheiten. Einführung, Überblick, Würdigung, in: Hofmann u.a. (Hrsg.), Kommentar RÜ, Rn. 27.

8 *Pippan*, Minderheitenschutz als Teil des „Verfassungskerns" der Europäischen Union, in: FS Karl, 214 (223).

Anschluss daran wird in Abschnitt C die Stellung nationaler Minderheiten in der staatsrechtlichen Geschichte Serbiens untersucht. Der Hauptteil der Arbeit (Abschnitt D) untersucht, ob die serbische Rechtsordnung im Einklang mit dem internationalen Minderheitenschutzrecht bezüglich der Gewährung von politischen Teilhaberechten nationaler Minderheiten steht. Die Arbeit schließt im Abschnitt E. mit der Wirkung der Beitrittsverhandlungen Serbiens zur Europäischen Union (EU) ab und versucht zu klären, welche Wirkungen er angestrebte Beitritt Serbiens zur EU auf die Rechte von nationalen Minderheiten in Serbien hat.

B.) Die ethnische Struktur Serbiens im Überblick

Aus der letzten Volkszählung[9] aus dem Jahre 2011, die das Kosovo nicht miteinschließt, lässt sich folgern, dass sich von den insgesamt 7,1 Mio. Einwohnern 5,9 Mio. Einwohner als Serben bezeichnen. Daraus ergibt sich eine absolute Zahl von nahezu 1,2 Mio. Einwohnern in Serbien, die zu einer nationalen Minderheit gehören und in etwa 16% der Gesamtbevölkerung ausmachen. Beachtlich ist insbesondere, dass nach den Ergebnissen der aktuellsten Volkszählung 20 verschiedene nationale Minderheiten in Serbien ansässig sind. Die Spannweite der Größe der unterschiedlichen Minderheitengruppen weicht in einem sehr hohen Maße voneinander ab. So stellen beispielsweise die Ungarn mit etwas mehr als 250.000 Menschen und 3,53% der Bevölkerung die zahlenmäßig zweite stärkste ethnische Bevölkerungsgruppe dar, während lediglich nur noch ca. 4.500 Deutsche in Serbien leben, die 0,06% der Gesamtbevölkerung ausmachen. Neben der Größe der einzelnen nationalen Minderheiten ist das Vorhandensein eines Mutterlandes ein weiteres Wesensmerkmal einer nationalen Minderheit. Zu den nationalen Minderheiten mit einem Mutterland sind beispielsweise die Ungarn, Bulgaren, Rumänen und Slowaken zu zählen, wobei Mitglieder der Roma, der Goranen und Ruthenen nicht auf die Unterstützung eines Mutterlandes zurückgreifen können.

Natürlich stehen alle nationalen Minderheiten in Serbien vor vergleichbaren rechtlichen und tatsächlichen Problemen und Herausforderungen, jedoch gibt es Probleme, die typischerweise nur einige nationale Minderheiten treffen oder unter Angehörigen einer nationalen Minderheit besonders häufig auftreten.

Die nachfolgende Darstellung soll ein grobes Bild über die verschiedenen nationalen Minderheiten in Serbien wiedergeben, wobei auf eine detaillierte und vollständige Darstellung aufgrund der Vielzahl der verschiedenen nationalen Minderheiten in Serbien nicht eingegangen werden kann. Die folgende Aufzählung richtet sich nach dem Alphabet der deutschen Schreibweise der jeweiligen nationalen Minderheit. Diese Vorgehensweise bietet sich eher an, als eine Einordnung nach der tatsächlichen Größe einer Minderheit vorzunehmen, da keine genauen Zahlen bestehen. Die Gründe liegen darin, dass oftmals kontrovers die Zugehörigkeit einzelner Minderheitengruppen zu anderen Minderheiten

9 Republički zavod za statistiku [Statistisches Amt der Republik Serbien], Popisni atlas 2011 [Zensus Atlas 2011], Seite 61.

diskutiert wird und die Albaner die Volkszählung aus dem Jahre 2011 mehrheitlich boykottiert haben. Im Ergebnis ist somit bei den statistischen Zahlen der albanischen Minderheit ein Rückgriff auf die Ergebnisse des Zensus aus dem Jahre 2001 erforderlich.

Sobald eine gemeinsame Darstellung von Bevölkerungsgruppen erfolgt, soll dies nicht für eine gewisse Haltung des Autors sprechen, sondern dient nur einer kompakten Wiedergabe gewisser unterschiedlicher Ansatzpunkte. Bei einer gemeinsamen Darstellung von Bevölkerungsgruppen wird die zahlenmäßig stärkere Gruppe unter den zusammengefassten Minderheiten vorrangig dargestellt.

Das Hauptaugenmerk der Darstellung soll primär die Bevölkerungsstruktur, die Möglichkeiten der Schulbildung sowie die tatsächliche Teilhabe der jeweiligen Minderheit bei den beiden vergangenen vorgezogenen Parlamentswahlen vom 16.03.2014 und vom 24.04.2016 zum Gegenstand haben.

I.) Die Albaner

Die Beziehungen staatlicher serbischer Stellen auch zu der außerhalb des Kosovos lebenden albanischen Minderheit sind traditionell angespannt. Die serbische Mehrheitsbevölkerung nimmt laut Umfragen die Minderheit der Albaner am negativsten wahr.[10] Präzise statistische Angaben über die genaue Bevölkerungsstruktur sind nicht möglich, da die albanische Minderheit die Teilnahme am vergangenen Zensus mehrheitlich boykottierte.[11] Die Minderheit der Albaner siedelt in den Gemeindebezirken Preševo, Bujanovac und Medveđa, die an den östlichen Kosovo grenzen.

Die drei Gemeinden im Preševo-Tal stehen vor enormen ökonomischen Herausforderungen. Das Preševo-Tal ist der mit Abstand wirtschaftlich schwächste Teil Serbiens, der eine schlecht entwickelte Infrastruktur sowie einen kaum vorhandenen privatwirtschaftlichen Sektor aufweist. Schätzungen gehen davon aus, dass etwa 60% der Bevölkerung in keinem festen Beschäftigungsverhältnis stehen.[12]

Die Vorschläge zum Anschluss des Preševo-Tals an das Kosovo und einen Austausch mit dem serbisch dominierten Norden des Kosovos um die Stadt Mitrovica keimten im Jahre 2012 auf, als die albanische Bevölkerung eine Marmortafel zum Gedenken an gefallene Kämpfer der UÇPMB vor dem Rathaus in

10 Commissioner for protection of equality, Annual Report 2013, Seite 21.

11 *Ehrke*, Unruhe im Preševo-Tal, Seite 3, abrufbar unter: http://library.fes.de/pdf-files/id-moe/09670.pdf.

12 *Ehrke*, Unruhe im Preševo-Tal, Seite 3.

Preševo aufstellten. Die serbische Regierung reagierte nach dem Ablauf eines Ultimatums prompt und ließ die Marmortafel abbauen, um diese im Gerichtsgebäude von Niš zu verwahren, wo sich die Tafel bis heute befindet.[13]

In den drei Gemeindebezirken ist die Zahl der albanischsprachigen Schüler seit dem Schuljahr 2007/2008 konstant. In 17 Grundschulen der Gemeinden werden über 8.000 Schüler aufgeteilt in 416 Klassen unterrichtet.[14] Hier ist zu beachten, dass nach dem serbischen Bildungssystem die Grundschule die ersten acht Schuljahre umfasst und als Mindestmaß an Schulbildung der allgemeinen Schulpflicht umfasst.[15] Um Schulabsolventen der albanischen Minderheit ein Hochschulstudium zu ermöglichen, eröffneten die wirtschafts- und rechtswissenschaftlichen Fakultäten der Universität Niš im Studienjahr 2009 in Medveđa und die wirtschaftswissenschaftliche Fakultät der Universität Novi Sad im Studienjahr 2011/2012 in Bujanovac einen Ableger, an denen der Unterricht in albanischer Sprache erfolgt.[16] Als besonderes Prestigeprojekt gilt die Vergabe von Hochschulstipendien an Schulabsolventen der albanischen Minderheit für ein Studium an der Universität in Novi Sad.[17]

Insgesamt beanspruchen sechs albanische Minderheitenparteien politische Fürsprecher ihrer Minderheit in Serbien zu sein.[18] Bei den Parlamentswahlen vom 16.03.2014 konnte die Partei der demokratischen Handlung (*partija za demokratsko delovanje*) unter Führung von Riza Halimi insgesamt 24.301 Wählerstimmen auf sich vereinigen, was insgesamt 0,68% aller Wählerstimmen und zwei Mandate im Parlament sicherte.[19] Bei den aktuellen Parlamentswahlen vom

---

13 ICG, Preševo's Grievances and the Kosovo-Serbia talks, abrufbar unter: http://blog.crisisgroup.org/europe-central-asia/2013/02/01/presevos-grievances-and-the-kosovo-serbia-talks/.

14 3. Staatenbericht Serbien, ACFC/SR/III (2013)001, Seite 320, abrufbar unter: http://www.coe.int/t/dghl/monitoring/minorities/3_FCNMdocs/PDF_3rd_SR_Serbia_en.pdf.

15 3. Staatenbericht Serbien, ACFC/SR/III (2013)001, Seiten 321–321.

16 *Marsal/Croft*, The Activities of the OSCE High Comissioner, EYMI 10 (2011), 487 (500); ebenso: OSZE, Pressebericht vom 28.10.2008, abrufbar unter: http://www.osce.org/hcnm/84518.

17 Europäische Kommission, Fortschrittsbericht Serbien 2013 vom 16.10.2013, Seite 46 f.

18 Ministrastvo za državnu upravu i lokalnoj samoupravu [Ministerium für Staatsverwaltung und örtliche Selbstverwaltung], Izvod iz registra političkih stranaka [Auszug aus dem Register für die politischen Parteien], abrufbar unter: http://www.mduls.gov.rs/doc/dokumenta/pstranke/IZVOD%20IZ%20REGISTRA%2003022015.pdf.

19 Republička izborna komisija [Staatliche Wahlkommission], Ergebnisse der Parlamentswahlen vom 16.3.2014, abrufbar unter: http://www.rik.parlament.gov.rs/latinica/propisi_frames.htm.

24.04.2016 konnte die Partei der demokratischen Handlung unter Führung von Ardita Sinani nur noch 0,43% hinter sich vereinigen, was einen Sitz im serbischen Parlament entspricht.[20]

II.) Die Bosniaken

Die Bosniaken sind die Nachfahren der Slawen, die während der osmanischen Besatzungszeit zum Islam konvertierten. Zwischen der Mehrheitsgesellschaft und den Bosniaken entstehen immer wieder Spannungen. Zuletzt sorgte ein militärisch anmutender Aufmarsch junger Bosniaken in Novi Pazar für Aufsehen.[21] Die Bosniaken zählen zu einer der wenigen nationalen Minderheiten, die in der Zeitspanne zwischen den beiden letzten Volkszählungen ihren Bevölkerungsanteil in Serbien steigern konnten. Im Jahre 2012 lebten über 145.000 Menschen in Serbien, die sich als Bosniaken bezeichnen. Das macht einen Anteil von 2,02% der serbischen Gesamtbevölkerung sowie einen Zuwachs von 6% im Vergleich zu dem Zensus 2002 aus.[22] Als weitere Eigenschaft der Bosniaken ist der niedrige Altersdurchschnitt zu nennen. Während das Durchschnittsalter im Jahre 2012 landesweit bei knapp über 42 Jahren lag, waren die Mitglieder der bosniakischen Minderheit 33,48 Jahre alt. Damit sind die Bosniaken hinter den Mitglieder der Roma die jüngste Bevölkerungsgruppe.[23] Das Hauptsiedlungsgebiet der Bosniaken macht die historische Region des Sandžaks aus. Der Sandžak besteht aus elf Gemeindebezirken, wobei fünf davon auf dem Staatsgebiet von Montenegro liegen und die restlichen sechs zu Serbien gehören.[24] In den serbischen Gemeindebezirken um Novi Pazar, Tutin und Sjenica sind die Bosniaken die absolute Mehrheitsbevölkerung. Insbesondere in dem Gemeindebezirk Tutin stellen die Bosniaken mit über 90% der Bevölkerung die Mehrheit.[25]

---

20 Republička izborna komisija [Staatliche Wahlkommission], vorläufige Ergebnisse der Wahlen zum Parlament 2016, abrufbar unter: http://www.rik.parlament.gov.rs/doc/izbori-2016/Tabela1_privremena_bez_mandata.pdf.

21 *Wölfl*, Im Land des Muftis, Der Standard vom 13.11.2014, abrufbar unter: http://derstandard.at/2000008096804/Suedserbien-Im-Land-des-Muftis.

22 Republički zavod za statistiku [Statistisches Amt der Republik Serbien], Popisni atlas 2011 [Zensus Atlas 2011], Seite 63.

23 Republički zavod za statistiku [Statistisches Amt der Republik Serbien], Popisni atlas 2011 [Zensus Atlas 2011], Seite 64.

24 *Lyon*, Serbia's Sandžak Under Milošević, Hum Right Rev 2008, 71 (73).

25 Republički zavod za statistiku [Statistisches Amt der Republik Serbien], Popisni atlas 2011 [Zensus Atlas 2011], Seite 68.

In insgesamt vier Gemeindebezirken Serbiens besteht an 22 Grundschulen für 10.825 Grundschüler Unterricht in bosniakischer Sprache.[26] Die Universität in Novi Pazar ermöglicht ein Studium der bosniakischen Sprache, an dessen Kursangebot im Studienjahr 2011/2012 44 Studenten teilnahmen.[27]

Bei den serbischen Parlamentswahlen vom 16.03.2014 konnte die Partei des demokratischen Einsatzes für den Sandžak (*stranka demokratske akcije Sandžaka*) um den Bürgermeister von Novi Pazar, Sulejman Ugljanin, drei Parlamentssitze für sich verzeichnen.[28] Bei den aktuellen Parlamentswahlen konnte die Partei unter Sulejman Ugljanin nur noch zwei Parlamentssitze für sich erringen. Die Bosniakische Demokratische Vereinigung (*bošnjačka demokratska zajednica*, BDZ) konnte insgesamt 32.513 Stimmen für sich gewinnen und damit zwei Mandatsträger in die serbische Volksvertretung entsenden.

Weitere Mandatsträger bosniakischer Abstammungen sind sowohl im serbischen Parlament als auch in der Regierung vertreten. Zu einer dieser politischen Persönlichkeiten zählt Rasim Ljajić von der Sozialdemokratischen Partei Serbiens (*socijaldemokratska partija Srbije*). Laljić war von 2003 bis 2006 Minister für Grund- und Minderheitenrechte und ist zurzeit Minister für Handel, Tourismus und Telekommunikation.

III.) Die Bulgaren

18.543 Menschen in Serbien bezeichneten sich in der letzten Volkszählung in Serbien als Bulgaren. Somit macht die bulgarische Minderheit in Serbien 0,26% der einheimischen Bevölkerung aus. Die bulgarischen Bevölkerungsanteile nehmen beständig ab. Im Vergleich zu der vergangenen Volkszählung aus dem Jahre 2002 schrumpfte die bulgarische Minderheit um 10%.[29] Gründe für den Wegzug von Mitgliedern der bulgarischen Minderheit sind seit dem Beitritt Bulgariens die vereinfachte Niederlassung bulgarischer Staatsangehöriger in den übrigen Mitgliedstaaten der Europäischen Union sowie die staatliche Förderung

---

26 3. Staatenbericht Serbien, ACFC/SR/III(2013)001, Seite 320.

27 3. Staatenbericht Serbien, ACAF/SR/III (2013)001, Seite 333.

28 Republička izborna komisija [Staatliche Wahlkommission], Ergebnisse der Parlamentswahlen vom 16.3.2014, abrufbar unter: http://www.rik.parlament.gov.rs/latinica/propisi_frames.htm.

29 Republički zavod za statistiku [Statistisches Amt der Republik Serbien], Popisni atlas 2011 [Zensus Atlas 2011], Seite 63.

von Mitgliedern bulgarischer Minderheiten im Ausland für ein Studium in Bulgarien.[30]

Trotz des Bevölkerungsrückganges unter den Bulgaren stellen diese in den südöstlichen Gemeindebezirken Dimitrovgrad und Bosilegrad die relative Bevölkerungsmehrheit.[31] Der Unterricht in bulgarischer Sprache findet seit dem Schuljahr 2010/2011 nur noch an einer Grundschule statt. An dem bulgarischen Schulunterricht nehmen 98 Schüler unterteilt in 14 Klassen teil.[32] An der Universität Belgrad studierten im Studienjahr 2011/2012 41 Studenten an der sprachwissenschaftlichen Fakultät Bulgarisch.[33]

Zwar bestehen mindestens drei Parteien, die die bulgarischen Interessen in Serbien vertreten,[34] jedoch erhalten diese in einem nur begrenzten Maße Zuspruch der bulgarischen Wähler. Die Wahlergebnisse zeigen, dass die bulgarischen Wähler in Serbien mit einer überwältigenden Mehrheit etablierte Parteien der Mehrheitsgesellschaft unterstützen. Auch auf Ebene der kommunalen Selbstverwaltung treten die bulgarischen Parteien als Interessenvertreter der Bulgaren in Serbien in einem Listenzusammenschluss mit serbischen Parteien zur Wahl an.[35] Eine bulgarische Minderheit trat weder bei den vorgezogenen Neuwahlen vom 16.03.2014 noch bei den Wahlen vom 24.04.2016 an.

IV.) Die Deutschen

Aufgrund der Ereignisse nach dem Ende des zweiten Weltkrieges schrumpfte der Anteil der deutschen nationalen Minderheit in Serbien erheblich. Nach den Ergebnissen der Volkszählung 2011 lebten 4.063 Deutsche in Serbien, was einen Bevölkerungsanteil von 0,06% ausmacht. Lediglich an einer Vorschule in Subotica wird Deutsch in bilingualen Klassen gelehrt.[36] Eine deutsche Minderheitenpartei gibt es in Serbien nicht.

---

30 FES, Bulgarians in Serbia, Seite 28, abrufbar unter: http://library.fes.de/pdf-files/bueros/belgrad/10635.pdf.

31 Republički zavod za statistiku [Statistisches Amt der Republik Serbien], Popisni atlas 2011 [Zensus Atlas 2011], Seite 64.

32 3. Staatenbericht Serbien, ACFC/SR/ III(2013)001, Seite 321f.

33 3. Staatenbericht Serbien, ACAF/SR/III(2013)001, Seite 333.

34 Ministrastvo za državne uprave i lokalnu samoupravu [Ministerium für Staatsverwaltung und örtliche Selbstverwaltung], Izvod iz registra političkih stranaka [Auszug aus dem Register für die politischen Parteien], abrufbar unter: http://www.mduls.gov.rs/doc/dokumenta/pstranke/IZVOD%20IZ%20REGISTRA%2003022015.pdf.

35 FES, Bulgarians in Serbia, Seiten 35f.

36 3. Staatenbericht Serbien, ACFC/SR/III(2013)001, Seite 318.

V.) Die Kroaten und Bunjewatzen

Die Kroaten machten im Jahre 2011 mit 57.900 Menschen 0,81% der serbischen Gesamtbevölkerung aus. Das Hauptsiedlungsgebiet der Kroaten befindet sich in der autonomen Provinz Vojvodina, wobei in keinen der serbischen Gemeindebezirken eine absolute oder relative kroatische Bevölkerungsmehrheit anzutreffen ist.[37]

In dem Hauptsiedlungsgebiet der Kroaten um die nordserbische Stadt Subotica werden an fünf verschiedenen Grundschulen kroatische Grundschüler in ihrer kroatischen Muttersprache unterrichtet. In weiteren zehn Schulen in der Vojvodina können Eltern der Grundschüler zusätzlichen muttersprachlichen Unterricht für ihre Kinder wählen.[38]

Mehrere Parteien der kroatischen Minderheit sind in dem Parteienregister der Republik eingetragen.[39] Die demokratische Vereinigung der Kroaten (*Demokratska zajdnica Hrvata*) trat bei den Neuwahlen 2014 in dem Listenverbund Alle zusammen (*sve zajedno*) an, die wegen ihres geringen Stimmenanteiles den Einzug in das serbische Parlament verfehlte.[40]

Neben den Kroaten leben in Serbien 16.706 Menschen der bunjewatischen Minderheit, die somit 0,23% der Gesamtbevölkerung in Serbien stellen.

Die Bunjewatzen sind ein südslawisches Volk, das seinen Ursprung in dem dinarischen Gebirge im Grenzland zwischen Kroatien und Bosnien-Herzegowina hat. Die Bunjewatzen sind ebenso wie die Kroaten hauptsächlich katholischen Glaubens und sprechen den stokavisch-jakavischen Dialekt, der im Wesentlichen der kroatischen Standardsprache entspricht. Unter den Anhängern der Bunjewatzen selbst ist umstritten, ob sie sich als ein kroatisches Volk sehen oder eine eigene nationale Identität haben.[41]

Das Verhältnis von Kroaten zu Bunjewatzen führte in der Vergangenheit des Öfteren zu diplomatischen Eskalationen zwischen den Regierungen in Belgrad und Zagreb. Im September 2014 qualifizierte der damalige kroatische

37 Republički zavod za statistiku [Statistisches Amt der Republik Serbien], Popisni atlas 2011 [Zensus Atlas 2011], Seite 63.

38 3. Staatenbericht Serbien, ACFCIII(2013)001, Seiten 325f.

39 Ministrastvo za državne uprave i lokalnu samoupravu [Ministerium für Staatsverwaltung und örtliche Selbstverwaltung], Izvod iz registra političkih stranaka [Auszug aus dem Register für die politischen Parteien.

40 Republička izborna komisija [Staatliche Wahlkommission], Ergebnisse der Parlamentswahlen vom 16.03.2014.

41 OSZE, Ethnic Minorities in Serbia, Seite 11, abrufbar unter: http://www.osce.org/serbia/30908?download=true.

Staatspräsident Josipović das Verschenken von Schulbüchern, die in kyrillischer Schriftgedruckt waren, seitens des serbischen Präsidenten Nikolić an bunjewatzische Schulkinder als nicht korrekten Schritt. Der kroatische Staatspräsident befürchtet mit der Aufspaltung der bunjewatzischen von der kroatischen Minderheit in Serbien eine Schwächung der Minderheit an sich. Dabei sei die Assimilierung der kroatischen Minderheit wegen der engen Verwandtschaft der kroatischen Sprache zur serbischen besonders einfach zu gestalten.[42]

Die serbische Regierung beharrt auf ihren völkerrechtlichen Standpunkt, dass die Wahl zu einer nationalen Minderheit anzugehören durch das Individuum selbst erfolgt und frei ist. In der Erklärung der serbischen Regierung zur dritten Stellungnahme des Beratenden Ausschusses führt diese an, dass die serbischen Behörden sich stets neutral zu der Frage der nationalen Zugehörigkeit der Bunjewatzen und Kroaten gezeigt habe und dieses Vorgehen im Einklang mit Artikel 3 Abs. 1 RÜ stünde.[43] Demnach hat jede Person, die einer nationalen Minderheit angehört, das Recht, frei zu entscheiden, ob sie als solche behandelt werden möchte oder nicht. Dieses Selbstverständnisses ist in der serbischen Verfassung niedergelegt. Gemäß Artikel 47 Abs. 1 ist der Ausdruck zu einer nationalen Zugehörigkeit frei. Ferner bestimmt Artikel 47 Abs. 2, dass niemand verpflichtet ist, sich über seine nationale Zugehörigkeit zu äußern.

Bunjewatzische Schulkinder haben in Serbien keine Möglichkeiten Unterricht ausschließlich in ihrer Muttersprache zu genießen. Allerdings bestand für das Schuljahr 2011/2012 für 338 Grundschülern in zwei Gemeindebezirken der Vojvodina die Möglichkeit zusätzlichen Muttersprachenunterricht zu erhalten.[44] Zwei bunjewatzische Parteien existieren in Serbien.[45] Keine der beiden Parteien stellte sich bei den beiden vergangenen Parlamentswahlen zur Wahl auf.[46]

42 Danas vom 09.09.2014, Nikolić: Bunjevci nisu ni Srbi ni Hrvati [Nikolić: Bunjewatzen sind weder Serben noch Kroaten], abrufbar unter: http://www.danas.rs/danasrs/drustvo/nikolic_bunjevci_nisu_ni_srbi_ni_hrvati.55.html?news_id=288725.

43 Stellungnahme der serbische Regierung zur 3. Stellungnahme des Beratenden Ausschusses, GVT/COM/III(2014)003, Seite 5.

44 3. Staatenbericht Serbien, ACAFIII(2013)001, Seiten 321.

45 Ministrastvo za državne uprave i lokalnu samoupravu [Ministerium für Staatsverwaltung und örtliche Selbstverwaltung], Izvod iz registra političkih stranaka [Auszug aus dem Register für die politischen Parteien.

46 Republička izborna komisija [Staatliche Wahlkommission], Ergebnisse der Parlamentswahlen vom 16.3.2014.

VI.) Die Roma, Ägypter und Ashkali

Genaue Angaben über die Bevölkerungsstärke der Roma in Serbien sind nicht eindeutig ermittelt, da Mitglieder der Romagemeinschaft oftmals einem rechtlich unsicheren Status unterliegen. Der rechtlich prekäre Status bezieht sich auf die häufig illegal errichteten Häusersiedlungen der Roma an Rändern serbischer Großstädte und erstreckt sich bis hin zu der fehlenden rechtlichen Meldung von Roma. Offiziellen Zählungen zu Folge leben circa 147.604 Menschen der Romaminderheit in Serbien.[47] Das damals noch bestehende serbische Ministerium für Menschen- und Minderheitenrechten ging schon nach seinen Schätzungen im Jahre 2009 davon aus, dass circa 400.000 bis 500.000 Menschen mit Romahintergrund in Serbien leben. Weiterhin ging das Ministerium davon aus, dass mindestens 13% der Roma über keinerlei Ausweispapiere verfügen.[48] Nach weiteren Prognosen werden in Serbien 5% der neugeborenen Romakinder nicht von offiziellen Behörden registriert.[49] Ferner ist oftmals der Zugang zum staatlichen Gesundheitswesen für Mitglieder der Romaminderheit nicht gewährleistet.[50]

Staatliche Stellen und Nichtregierungsorganisationen stellen übereinstimmend fest, dass die Lage der Mitglieder der Romaminderheit in Serbien grundsätzlich schlecht ist. Die Mitglieder der Romaminderheit zählen mit Frauen und sexuellen Minderheiten zu den am meisten vor Diskriminierung bedrohten Gesellschaftsgruppen.[51]

Berichten von Romaverbänden zufolge sind Mitglieder der Romaminderheit regelmäßig Opfer von rassistischer Gewalt. Beklagt wird hierbei auch, dass die Polizei oftmals gar nicht oder nur zögerlich gegen Gewalttaten, die gegen Roma gerichtet sind, einschreitet.[52]

---

47 Republički zavod za statistiku [Statistisches Amt der Republik Serbien], Popisni atlas 2011 [Zensus Atlas 2011], Seite 63.

48 B92, Zvaničan broj Roma u Srbiji [Offizielle Zahlen der Roma in Serbien] vom 07.04.2009, abrufbar unter: http://www.b92.net/info/vesti/index.php?yyyy=2009&mm=04&dd=07&nav_id=354362.

49 US Department of State, Serbia Human Rights Report, Seite 23, abrufbar unter: http://www.state.gov/documents/organization/186612.pdf.

50 ECRI, Report on Serbia 2011, CRI(2011)21, Rn. 68ff abrufbar unter: http://www.coe.int/t/dghl/monitoring/ecri/Country-by-country/Serbia/SRB-CbC-IV-2011-021-ENG.pdf.

51 Commissioner for protection of equality, Annual Report 2013, Seite 7, abrufbar auf Englisch unter: http://www.ravnopravnost.gov.rs/en/reports/annual-report.

52 European Roma Rights Centre, Country Profil Serbia 2011–2012, Seite 23, abrufbar unter: http://www.errc.org/cms/upload/file/serbia-country-profile-2011-2012.pdf.

Die meisten Angehörigen der Romaminderheit leben unterhalb der Armutsgrenze. Das gesellschaftliche Leben der Roma ist von Arbeitslosigkeit und einer katastrophalen Wohnsituation geprägt. Hierbei gehört es zum Alltag der Angehörigen der Romaminderheit, keinen ausreichenden Zugang zu fließendem Wasser und Strom zu haben.[53] Auch die Quote der Arbeitslosigkeit ist unter den Mitgliedern der Romaminderheit überdurchschnittlich hoch. Schätzungen gehen davon aus, dass lediglich 6% der Roma in Serbien ein gesichertes Arbeitsverhältnis haben.[54] Üblicherweise werden Mitglieder der Romaminderheit als Saisonarbeiter in der Landwirtschaft oder im Bauwesen eingesetzt. Daraus resultiert die Tatsache, dass Roma nur 50% des landesweiten Durchschnittseinkommens verdienen.[55] Mit den schlechten Lebensbedingungen gehen gesellschaftlicher Ausschluss und alltägliche Diskriminierung einher.

Die Bildungsrate unter den Romaangehörigen ist überdurchschnittlich schlecht, da circa 27% der Mitglieder der Romaminderheit keine schulische Bildung erfahren haben. Der landesweite Durchschnitt von Menschen ohne jeglichen Schulabschluss liegt im Gegensatz dazu bei lediglich 6%.[56] Staatliche Stellen schätzen, dass die Zahl derjenigen Romaangehörigen, die einen höheren Bildungsabschluss haben, verschwindend gering ist. Schätzungen gehen hierbei von einer Abschlussrate von weniger als 1% aus.[57]

Die oftmals problematische Lage vieler Roma in Serbien fußt auf der Tatsache, dass viele Mitglieder der Romaminderheit im Zuge des kriegerischen Konfliktes im Kosovo im Jahre 1999 aus ihren ursprünglichen Heimatgebieten im Kosovo vertrieben worden sind und Zuflucht in den restlichen Landesteilen Serbiens gesucht haben. Die serbische Regierung geht nach eigenen Angaben davon aus, dass circa 37% aller Romakinder überhaupt keine Kenntnisse der serbischen Sprache haben, da sie zuvor in ihrer kosovarischen Heimat keine Berührungspunkte mit der serbischen Sprache hatten.[58]

---

53 US Department of State, Serbia Human Rights Report, Seite 28.

54 Europäische Kommission, Fortschrittsbericht Serbien 2010 vom 09.11.2010, Seite 17, abrufbar unter: http://ec.europa.eu/enlargement/pdf/key_documents/2010/package/sr_rapport_2010_en.pdf.

55 ECRI, Report on Serbia 2011, Rn. 45.

56 Serbische Regierung, Strategiepapier zur Integration der Roma 2010, Seite 13, abrufbar unter: http://www.inkluzija.gov.rs/wp-content/uploads/2010/03/Strategija-EN-web-FINAL.pdf.

57 UN Mission to Serbia, Realizing Roma Rights, Seite 4., abrufbar auch auf Englisch unter: http://rs.one.un.org/organizations/6/Kompletna-Ostvarivanje_prava_Roma.pdf.

58 Strategiepapier der serbischen Regierung zur Integration der Roma 2010, Seite 14.

Die oftmals prekäre Lage der Romakinder ist durch eine frühe Zwangsheirat und Kinderarbeit gekennzeichnet.[59]

Die serbische Regierung hat zur Verbesserung der Lebenssituation der Roma in jüngster Vergangenheit Reformwillen bewiesen.

Zu diesen Reformbemühungen zählt das Strategiepapier zur Integration der Roma aus dem Jahre 2010 (*Strategija za unapređenje položaja Romi u Republici Srbiji*)[60] und die Einführung eines allgemeinen Antidiskriminierungsgesetzes[61] im Jahre 2009 (*zakon o zabrani diskriminacije*) vom 26.03.2009.

Besondere Bedeutung misst die serbische Regierung im Strategiepapier den Bereichen Bildung, Wohnsituation und Gesundheit zu.

Um die schwierige Lage der Romakinder im Bildungssektor zu verbessern, wurden Hilfslehrer mit Kenntnissen in der Romasprache eingestellt, um einen angemessen Schulunterricht zu gewährleisten, der auch auf die Bedürfnisse von Romakindern eingehen kann.[62]

In dem Problemfeld der Wohnsituation der Roma wurde die Legalisierung schon bestehender Wohnobjekte auf Grundlage von Bebauungsplänen, soweit dies möglich war, vorangetrieben.[63]

Um das Phänomen der alltäglichen Diskriminierung mit rechtlichen Mitteln zu bekämpfen, verabschiedete das serbische Parlament am 31.3.2009 das Gesetz über das Diskriminierungsverbot (*zakon o zabrani diskriminacije*). Das Gesetz über das Diskriminierungsverbot dient der Umsetzung der europäischen Antidiskriminierungsrichtlinien. Dieses Gesetz führt gemäß Artikel 2 Nr. 1 die nationale Zugehörigkeit, die ethnische Herkunft sowie die Sprache und die Glaubenszugehörigkeit als mögliches Diskriminierungsmerkmal auf und bietet daher auch Angehörigen nationaler Minderheiten einen Schutz vor Diskriminierungen.

Die Europäische Kommission übte Kritik an dem serbischen Gesetz über das Verbot von Diskriminierungen. Nach Ansicht der Europäischen Kommission steht das Gesetz nicht vollständig im Einklang mit dem Europäischen Recht. Die Kritik der Europäischen Kommission bezieht sich im Wesentlichen auf die unzureichende Umsetzung der Begriffe der „mittelbaren Diskriminierung“ sowie der „Anweisung zur Diskriminierung“.[64]

---

59 US Department of State, Serbia Human Rights Report, Seite 23.

60 Serbische Regierung, Strategiepapier zur Integration der Roma.

61 Amtsblatt der Republik Serbien, Nr. 22/09.

62 OSZE, Integration of Roma, Seite 2, abrufbar unter: http://www.osce.org/serbia/35884?download=true.

63 Serbische Regierung, Strategiepapier zur Integration der Roma 2010, Seite 21.

64 Europäische Kommission, Fortschrittsbericht Serbien 2012 vom 10.10.2012, Seite 46.

Das Gesetz über das Verbot der Diskriminierung sieht in Artikel 28 bis 34 die Einrichtung eines Kommissars zum Schutz der Gleichbehandlung vor (*poverenik za zaštitu ravnopravnosti*). Die jeweils amtierende Kommissarin bzw. der jeweils amzierende Kommissar gibt jährlich einen Bericht zur Lage der Gleichbehandlung heraus. Der Bericht für das Jahr 2013 weist aus, dass insgesamt 12,1% aller bei der Kommissarin zum Schutz der Gleichbehandlung eingegangenen Beschwerden aufgrund einer Diskriminierung wegen der nationalen Zugehörigkeit oder der ethnischen Herkunft erfolgt sind. Unter den genannten Beschwerden ist die Anzahl der Beschwerden der Mitglieder der Roma mit Abstand am höchsten. Von den insgesamt 81 Beschwerden aufgrund einer Diskriminierung wegen der nationalen Zugehörigkeit und der ethnischen Herkunft gingen 34 Beschwerden von Roma ein. Im Vergleich dazu belegte die Minderheit der Bosniaken den zweiten Platz, indem sie bei der Kommissarin für das Berichtsjahr 2013 insgesamt zehn Beschwerden einlegten.[65]

Die bei der Kommissarin eingegangenen Beschwerden der Angehörigen der Romaminderheit zeigen deutlich, in wie weit Roma in Serbien beim Zugang alltäglicher Dienstleistungen diskriminiert werden. Die beiden folgenden Fallbeispiele sollen auch dazu dienen, die der Kommissarin für den Schutz der Gleichberechtigung gesetzlich eingeräumten Mittel zu erläutern.

Dem ersten Fallbeispiel lag der Sachverhalt zu Grunde, dass ein örtlicher Stromversorger Modernisierungsarbeiten an den Stromleitungen der Endverbraucher unternahm. Gegenstand der Modernisierungsmaßnahmen war die Verlegung der Stromleitungen in besondere Schächte, die die Endverbraucher vor fremden Entzug der elektrischen Energie schützen sollten. Von diesen Modernisierungsmaßnahmen wurden etwa 30 Romahaushalte herausgenommen. Auf Beschwerde eines Romainteressenverbandes bei der Kommissarin für den Schutz der Gleichberechtigung, wandte sich diese an den lokalen Stromversorger. Sie qualifizierte das Unterlassen der Modernisierungsarbeiten als eine Diskriminierung aufgrund der ethnischen Abstammung. Denn gemäß Artikel 38 des Gesetzes über das Verbot der Diskriminierung führt die Kommissarin gemeinsam mit den Parteien eine Mediation durch. In dieser Mediation kann die Kommissarin Empfehlungen an die Beteiligten richten.

Der betroffene Stromversorger nahm die Empfehlungen der Kommissarin auf und verlegte auch die übrigen Stromleitungen der betroffenen Romahaushalte in entsprechende Schächten.[66]

65 Commissioner for protection of equality, Annual Report 2013, Seite 68.
66 Commissioner for protection of equality, Annual Report 2013, Seite 48.

Werden die Empfehlungen der Kommissarin für den Schutz der Gleichbehandlung an den Adressaten nicht angenommen werden, kann diese auch in Prozessstandschaft für den Betroffenen Klage vor einem Zivilgericht auf Beseitigung der Diskriminierung klagen (Artikel 46 Abs. 1 des Gesetztes über das Verbot der Diskriminierung in Verbindung mit Artikel 43 und 41).

Eine solche Klage reichte die Kommissarin für den Schutz der Gleichberechtigung ein, nachdem einem Roma die Eröffnung eines Bankkontos unter Hinweis darauf, dass eine Gebühr zur Eröffnung zu zahlen sei, verweigert wurde. Im Gegensatz dazu verlangte kurze Zeit nach dem Vorfall der betreffende Bankmitarbeiter von einer serbischstämmigen Testperson keine Gebührenzahlung für eine entsprechende Kontoeröffnung. Da die betroffene Bank die Empfehlungen der Kommissarin für den Schutz der Gleichberechtigung nicht umgesetzt hatte, klagte die Kommissarin auf Beseitigung der Diskriminierung in Form einer Verpflichtung auf Unterlassen zukünftiger Diskriminierungen bei der Eröffnung eines Kontos. Ebenso umfasst der geltend gemachte Klageanspruch die Veröffentlichung des Falles in einer national erscheinenden Tageszeitung.[67]

In Serbien lebten im Jahre 2011 997 Menschen, die sich als Ashkali bezeichneten, und 1.183 Menschen ägyptischen Ursprungs. Sowohl die Ashkali als auch die Ägypter in Serbien haben starke ethnische Verbindungen zu den Roma und gelten im Allgemeinen als albanisierte Roma und sind hauptsächlich muslimischen Glaubens.[68] Besonderer Schulunterricht in den Sprachen dieser Minderheiten besteht nicht. Auf die Ausführungen der tatsächlichen und rechtlichen Lage der Roma kann verwiesen werden.

Vier Minderheitenparteien der Roma sind in Serbien aktiv. Die Demokratische Linke der Roma (*Demokratska levica Roma*) schloss sich mit anderen Parteien unter der Führung des ehemaligen serbischen Präsidenten Boris Tadić zu einem Wahlbündnis zusammen.[69]

VII.) Die Ruthenen und Ukrainer

Auch das Verhältnis zwischen der ethnischen Gruppe der Ruthenen und der der Ukrainer ist nicht eindeutig geklärt. Im Gegensatz zu der umstrittenen Frage der Zugehörigkeit der Bunjewatzen zu den Kroaten oder der noch später

---

67 Commissioner for protection of equality, Annual Report 2013, Seite 51.

68 OSZE, Ethnic Minorities in Serbia, Seite 8, abrufbar unter: http://www.osce.org/serbia/30908?download=true.

69 Republička izborna komisija [Staatliche Wahlkommission], Ergebnisse der Parlamentswahlen vom 16.3.2014.

zu behandelnden Frage der Zugehörigkeit der Walachen zu den Rumänen ist die getrennte Erfassung der Ruthenen von den Ukrainern weniger politisch aufgeladen.

Uneinheitlich wird beurteilt, ob die Ruthenen ein ursprünglich ukrainisches Volk oder ein eigenständiges Volk aus den Karpaten sind. Gesichert ist jedenfalls, dass die Ruthenen erstmals vor circa 250 Jahren auf dem Gebiet der nördlichen Vojvodina siedelten.[70] In der Volkszählung 2011 wurden insgesamt 11.340 Menschen registriert, die angaben, Ruthenen zu sein. Aus gesamtnationaler Sicht stellen die Ruthenen 0,20% der Gesamtbevölkerung.[71] Die ruthenische Bevölkerung in Serbien siedelt hauptsächlich in den Gemeindebezirken um Vrbas und Kula, wo sie jeweils circa 10% der hiesigen Bevölkerung ausmachen.[72] In diesen Gemeindegebieten wurden im Schuljahr 2011/2012 478 ruthenische Schüler in drei Schulen in ihrer Muttersprache unterrichtet.[73] Die überwiegende Mehrzahl der Ruthenen gehört der griechisch-katholischen Kirche an. Von den insgesamt 102 registrierten Parteien in Serbien vertreten die Partei Gemeinsam für die Vojvodina (*Zajedno za Vojvodinu*) sowie die Ruthenische Demokratische Partei (*rusinska demokratska stranka*) die Interessen der Ruthenen in Serbien.[74] Bei den beiden vergangenen Parlamentswahlen konnten die beiden ruthenischen Parteien keinen Vertreter in das Parlament entsenden.

Die Ergebnisse der letzten Volkszählung ergaben, dass sich 4.903 Menschen in Serbien als Ukrainer bezeichnen. Im Ergebnis macht dies einen Anteil von 0,07% der serbischen Bevölkerung aus.[75] Die Ukrainer in Serbien siedeln hauptsächlich in den Gemeinden Vrbas, Inđija, Novi Sad und Sremska Mitrovica, die allesamt zur Vojvodina gehören.[76] Ein allgemeiner Unterricht in ukrainischer Sprache wird in Serbien nicht mehr angeboten, jedoch konnten Schüler im Schuljahr 2011/2012 an zehn Schulen der Vojvodina Heimatunterricht in

70 OSZE, Ethnic Minorities in Serbia, Seite 22.

71 Republički zavod za statistiku [Statistisches Amt der Republik Serbien], Popisni atlas 2011 [Zensus Atlas 2011], Seite 63.

72 Republički zavod za statistiku [Statistisches Amt der Republik Serbien], Popisni atlas 2011 [Zensus Atlas 2011], Seite 70.

73 3. Staatenbericht Serbien, ACFCIII(2013)001, Seite 324.

74 Ministrastvo za državne uprave i lokalnu samoupravu [Ministerium für Staatsverwaltung und örtliche Selbstverwaltung], Izvod iz registra političkih stranaka [Auszug aus dem Register für die politischen Parteien], abrufbar unter: http://www.mduls.gov.rs/doc/dokumenta/pstranke/IZVOD%20IZ%20REGISTRA%2003022015.pdf.

75 Republički zavod za statistiku [Statistisches Amt der Republik Serbien], Popisni atlas 2011 [Zensus Atlas 2011], Seite 63.

76 OSZE, Ethnic Minorities in Serbia, Seite 24.

ukrainischer Sprache besuchen.[77] Eine Partei, die die Interessen der ukrainischen Minderheit in Serbien vertritt, besteht nicht.

VIII.) Die Slowaken

52.7590 Slowaken lebten 2011 in der Vojvodina. Somit machen die Slowaken 0,75% der gesamten serbischen Bevölkerung aus.[78] In den an Novi Sad angrenzenden Gemeindebezirk Bački Petrovac bilden die Slowaken die absolute Mehrheitsbevölkerung, während sie in dem Gemeindebezirk Kovačevica die relative Mehrheit stellen.[79] In zwölf Gemeindebezirken bestehen insgesamt 17 slowakischsprachige Grundschulen, an denen über 3.000 Grundschüler in slowakischer Sprache unterrichtet werden.[80] Drei Parteien treten hauptsächlich für die politische Fürsprache der Slowaken in Serbien ein. Dabei handelt es sich um die Slowakische Demokratische Partei (*Slovačka demokratska stranka*), die Slowakische Partei (*slovačka partija*) sowie die Grüne Partei (*zelena stranka*).[81] Bei den Parlamentswahlen vom 24.04.2016 konnte die Grüne Partei (*zelena stranka*) als Vertreterin der slowakischen Minderheit mit einem Stimmenanteil von 0,64% einen Sitz im neugewählten serbischen Parlament erringen.[82]

IX.) Die Ungarn

Wie bereits oben erwähnt stellen die Ungarn mit ca. 3,53% der gesamten Bevölkerung in Serbien die zahlenmäßig stärkste nationale Minderheit dar.[83] Ihr traditionelles Siedlungsgebiet befindet sich in der nördlichen Autonomen Provinz Vojvodina, die bis zum Ende des Ersten Weltkrieges zu Österreich-Ungarn

---

77 3. Staatenbericht Serbien, ACFCIII(2013)001, Seite 325.

78 Republički zavod za statistiku [Statistisches Amt der Republik Serbien], Popisni atlas 2011 [Zensus Atlas 2011], Seite 63.

79 Republički zavod za statistiku [Statistisches Amt der Republik Serbien], Popisni atlas 2011 [Zensus Atlas 2011], Seite 64.

80 3. Staatenbericht Serbien, ACFCIII(2013)001, Seite 324f.

81 Ministrastvo za državne uprave i lokalnu samoupravu [Ministerium für Staatsverwaltung und örtliche Selbstverwaltung], Izvod iz registra političkih stranaka [Auszug aus dem Register für die politischen Parteien].

82 Republička izborna komisija [Staatliche Wahlkommission], vorläufige Ergebnisse der Wahlen zum Parlament 2016, abrufbar unter: http://www.rik.parlament.gov.rs/doc/izbori-2016/Tabela1_privremena_bez_mandata.pdf.

83 Republički zavod za statistiku [Statistisches Amt der Republik Serbien], Popisni atlas 2011 [Zensus Atlas 2011], Seite 63.

gehörte. Damit sind die Ungarn in Serbien für europäische Verhältnisse eine klassische nationale Minderheit, da sie aufgrund von territorialen Grenzverschiebungen die Zugehörigkeit zu ihrem Mutterland verloren haben und ihr Siedlungsgebiet zwangsweise einem anderen Staat zugefallen war.

In insgesamt acht Gemeindebezirken im äußersten Norden Serbiens stellen die Ungarn die Mehrheitsbevölkerung dar. In fünf der acht Gemeindebezirke sind die Ungarn sogar die absolute Bevölkerungsmehrheit. Bei diesen fünf Gemeindebezirken handelt es sich um Kanjiža, Senta, Ada, Bačka Topola und Mali Iđoš.[84]

Im Vergleich zur vorherigen Volkszählung aus dem Jahre 2002 ist eine Bevölkerungsabnahme von ca. 14% zu verzeichnen.[85]

Bei den vorletzten Wahlen zum serbischen Parlament schaffte es die Allianz der Ungarn Vojvodinas (*Savez Vojvođanskih Mađara*, SVM) insgesamt 75.294 Stimmen und damit sechs Mandate zu erringen.[86] Bei den aktuellen Parlamentswahlen verringerte sich der Stimmenanteil der Allianz der Ungarn Vojvodinas auf 65.610 Stimmen. Damit konnnte die wichtigste politische Partei der ungarischen Minderheit nur noch vier Mandatsträger in die serbische Volksvertretung entsenden. Es sind noch fünf weitere ungarische Minderheitenparteien im Parteienregister der Republik Serbien eingetragen.[87]

In der gesamten Vojvodina gab es im Schuljahr 2011/2012 75 Grundschulen, die ihren allgemeinen Unterricht auf Ungarisch abhielten. Dabei handelt es sich um 15.350 ungarische Schülerinnen und Schüler, die, aufgeteilt auf 21 Gemeindegebieten, in der ungarischen Sprache unterrichtet werden. Weiterhin boten die philosophischen Fakultäten von Novi Sad und Belgrad ein Sprachstudium der ungarischen Sprache an. Daneben enthält das Hochschulangebot der Universität Novi Sad in ihren Fakultäten für Lehrerbildung in Novi Sad und Subotica ein Lehramtsstudium für die ungarische Sprache. Auch das Hochschulstudium der Wirtschaftswissenschaften kann an der ökonomischen Fakultät in Subotica auf Ungarisch absolviert werden, soweit eine ausreichende Anzahl an

84 Republički zavod za statistiku [Statistisches Amt der Republik Serbien], Popisni atlas 2011 [Zensus Atlas 2011], Seite 64.

85 Republički zavod za statistiku [Statistisches Amt der Republik Serbien], Popisni atlas 2011 [Zensus Atlas 2011], Seite 63.

86 Republička izborna komisija [Staatliche Wahlkommission], Ergebnisse der Parlamentswahlen vom 16.3.2014, abrufbar unter: http://www.rik.parlament.gov.rs/latinica/propisi_frames.htm.

87 Ministrastvo za državn uprave i lokalnu samoupravu [Ministerium für Staatsverwaltung und örtliche Selbstverwaltung], Izvod iz registra političkih stranaka [Auszug aus dem Register für die politischen Parteien].

interessierten Studenten sich hierfür einschreibt. Der sinkenden Zahlen an interessierten Wirtschaftsstudenten in ungarischer Sprache fiel das Studium in der wirtschaftswissenschaftlichen Fakultät in Sombor zum Opfer, das wegen mangelnder studentischer Nachfrage eingestellt werden musste.[88]

X.) Die Walachen und Rumänen

Bei der letzten Volkszählung gaben 35.330 Menschen an, Angehörige der walachischen Minderheit zu sein. In den Gemeindebezirken Kučevo, Žagubica und Boljevac stellt die walachische Minderheit zwar keine absolute oder relative Bevölkerungsmehrheit dar, jedoch einen Anteil von 22% bis 26% der Gesamtbevölkerung.[89]

Ein auf der walachischen Sprache etablierten Unterricht existiert in Serbien nicht. Die Regierung der Republik Serbien begründet die Tatsache damit, dass zu Zeit keine standardisierte walachische Schriftsprache vorhanden sei, jedoch der nationale Minderheitenrat der walachischen Minderheit im Jahre 2012 die Standardisierung der Sprache vorantreibe, womit ein auf der walachischen Sprache fußender Schulunterricht ermöglicht werden könnte.[90]

Eine sehr heikle Frage ist das Verhältnis der rumänischen Minderheit zu der Minderheit der Walachen in Serbien. Laut der Volkszählung 2011 in Serbien bezeichnen sich 35.330 Menschen als Walachen und machen damit 0,49% der serbischen Bevölkerung aus.[91] Die rumänische Regierung und Teile der walachischen Minderheit in Serbien qualifiziert die Walachen als Rumänen und sehen die walachische Sprache als eine Mundart der rumänischen Standardsprache an. Daher pochte die rumänische Regierung in jüngster Vergangenheit darauf, auch als Fürsprecher der walachischen Minderheit in Serbien auftreten zu können. Die Mehrheit der Mitglieder der walachischen Minderheit in Serbien sehen dagegen Serbien als ihr Mutterland an. Eine grundsätzliche Beantwortung der Frage, wie die rumänische zu der walachischen Minderheit steht, hat Einfluss auf nahezu alle Fragen des Minderheitenrechts. Hierbei ist beispielsweise entscheidend, ob die walachische Sprache getrennt von der rumänischen Sprache unterrichtet werden kann oder ob die Ausstrahlung besonderer Funk- und

88 3. Staatenbericht Serbien, ACFCIII(2013)001, Seiten 334–335.

89 Republički zavod za statistiku [Statistisches Amt der Republik Serbien], Popisni atlas 2011 [Zensus Atlas 2011], Seite 63.

90 3. Staatenbericht Serbien, ACFCIII(2013)001, Seiten 341.

91 Republički zavod za statistiku [Statistisches Amt der Republik Serbien], Popisni atlas 2011 [Zensus Atlas 2011], Seite 63.

Fernsehsendungen in walachischer Sprache erfolgen soll. Die unterschiedlichen Ansichten zur Einordnung der Walachen führte im Jahre 2012 dazu, dass Rumänien aus Sorge über die Lage der rumänischen und walachischen Minderheiten den weiteren Verlauf der Beitrittsgespräche zwischen der Europäischen Union und Serbien zu blockieren drohte.[92]

Die rumänische Minderheit in Serbien stellt mit 29.332 Bürgern 0,41% der serbischen Gesamtbevölkerung. In keinem der serbischen Gemeindebezirke stellen die Rumänen die absolute Bevölkerungsmehrheit dar. Ihr Hauptsiedlungsgebiet erstreckt sich auf den äußersten Nordosten des Landes. In dem Gemeindebezirk Alibunar bilden die Rumänen 24,2% der ansässigen Bevölkerung.

In insgesamt neun Gemeindebezirken wird an Grundschulen Rumänisch gelehrt. Dabei handelt es sich um zehn Schulen, in denen im Schuljahr 2011/2012 256 Grundschüler, aufgeteilt auf zehn Schulklassen, unterrichtet werden.[93] Zwei weiterführende Schulen bieten rumänischen Schulunterricht in Vršac und Kovačica an, die im Schuljahr 2011/2012 von 28 angenommen wurde.[94]

XI.) Weitere Minderheiten

Neben den oben aufgezählten Minderheiten leben noch eine weitere Anzahl verschiedener nationaler Minderheiten auf dem Staatsgebiet Serbiens. Zu diesen Minderheiten zählen beispielsweise die Tschechen, Griechen, Mazedonier, Russen und Juden. Eine detaillierte Darstellung der einzelnen Minderheiten würde den Rahmen dieser Arbeit sprengen.

---

92 *Bieber*, Serbia's Canidate Status Delay, vom 28.02.2012, abrufbar unter: https://fbieber.wordpress.com/2012/02/28/serbias-candidate-status-delay-romania-the-vlachs-of-serbia-and-the-eu/.

93 3. Staatenbericht Serbien, ACFCIII(2013)001, Seiten 323.

94 3. Staatenbericht Serbien, ACFCIII(2013)001, Seiten 329.

C.) Minderheitenrechte in Serbien – Ein historischer Abriss

Die Beantwortung der Frage, wie mit ethnischen und religiösen Minderheiten aus rechtlicher Sicht umgegangen werden soll, beschäftigte die serbische Rechtswissenschaft in allen Phasen ihrer Geschichte. Von der staatlichen Unabhängigkeit vom Osmanischen Reich über die Erweiterung des serbischen Territoriums während der Balkankriege bis hin zum gemeinsamen Zusammenschluss mit anderen südslawischen Völkern zu einem Staatsgebilde war die rechtliche Stellung der nationalen Minderheit eine der Hauptaufgaben für den serbischen Staat. Die rechtliche Lage nationaler Minderheiten konnte nicht autonom durch Serbien selbst festgelegt werden, sondern wurde vielmehr auf internationaler Basis vorherbestimmt. Die Regulierung minderheitenrechtlicher Fragen in Serbien bewegte sich daher in einem engen Rahmen. Auf diesem Rahmen wirkten mehrere Faktoren ein, beispielsweise diplomatische und damit zusammenhängende wirtschaftliche Fragestellungen sowie die Aspekte der Integration von Minderheiten und die Vermeidung von Parallelgesellschaften. Welche Minderheiten in den Genuss großzügiger Regelungen kamen und welche Minderheiten einem enormen Assimilierungsdruck ausgesetzt waren, war regelmäßig von den oben aufgezeigten Faktoren abhängig. Abschließend kann jedoch festgehalten werden, dass der Status nationaler Minderheiten und die daraus sich ergebenden Regelungen der heutigen serbischen Rechtsordnung ohne die Darstellung eines historischen Abrisses über die Achtung und den Schutz nationaler Minderheiten nicht angemessen verstanden werden kann.

I.) Auf dem Weg zum Berliner Kongress – Die Friedenverträge von Paris und San Stefano

Mit der Einnahme der ehemaligen serbischen Hauptstadt Smederevo 1459 durch das Osmanische Reich verlor Serbien seine staatliche Unabhängigkeit.[95]

Die serbische Bevölkerung blieb während der über vierhundert jährigen Besetzung durch das Osmanische Reich weitgehend homogen, da die Serben keiner massenhaften Islamisierung unterworfen waren. Hintergrund dieser Verschonung waren hauptsächlich steuerrechtliche Gründe, da nur Christen die so genannte

95 *Hösch*, Geschichte der Balkanländer, Seite 82.

„*Kopfsteuer*" zahlen mussten.[96] Sogar die serbisch Orthodoxe Kirche behielt ihren institutionellen Status und blieb bis zu einem gewissen Grad unabhängig.[97] Für einen Aufstieg im Staatsdienst oder im Militär des Osmanischen Reiches war ein Übertritt zum Islam jedoch unabdingbar.[98] Neben den Angehörigen des Militärs lebten hauptsächlich muslimische Großgrundbesitzer sowie jüdische Handelstreibende vornehmlich in den Städten des serbischen Territoriums.[99]

Nachdem das Osmanische Reich den Krim-Krieg gegen Russland verloren hatte, kam es am 30.03.1856 zum Abschluss des Pariser Friedensvertrages. Ein politisches Ziel Russlands war es, seinen politischen Machtraum auf dem Balkan zu erweitern und andere Konkurrenten, wie das Osmanische Reich oder Österreich-Ungarn, von einem weiteren Machteinfluss auf der Balkanhalbinsel fern zu halten.[100]

Die russischen Ziele wurden mit Abschluss des Pariser Friedensvertrages nur teilweise erfüllt. Im Ergebnis blieb Serbien ein Teil des Osmanischen Reiches, jedoch erlangte es den Status eines Fürstentums mit weitreichender Selbstverwaltungsgarantie.[101] Serbien wiederum wurden im Pariser Friedensvertrag Verpflichtungen auferlegt, gewisse Minderheitenrechte in Bezug auf die muslimische Bevölkerung zu gewährleisten.[102] Somit bildet der Pariser Friedensvertrag von 1856 den ersten Ausgangspunkt des Minderheitenschutzes in Serbien.

Aufgrund der weiteren Bestrebungen der Bevölkerung auf dem Balkan nach Selbstständigkeit und der Unterdrückung der christlichen Unter- und Mittelschicht kam es im Laufe der osmanischen Besatzungszeit immer wieder zu Aufständen gegen die osmanischen Besatzer. Im Sommer 1875 kam es in Bosnien-Herzegowina zu den heftigsten Aufständen. Serbien und Montenegro ahnten eine mögliche Schwächung des Osmanischen Reiches und erklärten daher gemeinsam dem Osmanischen Reich den Krieg, den beide jedoch im Ergebnis verloren.[103]

---

96 *Boeckh*, Serbien und Montenegro, Seite 35.

97 *Pavlowitch*, The Balkans, Seite 9.

98 *Boeckh*, Serbien und Montenegro, Seite 3; ebenso: *Meier*, Bosnien und seine Muslime als Sonderproblem des Vielvölkerstaates, in: Schönfeld (Hrsg.), Nationalitätenprobleme in Südosteuropa, 125 (128).

99 *Jelavich/Jelavich*, The Establishment oft he Balkan National States, Seiten 56 ff.

100 *Jelavich*, Russia's Balkan entanglement, Seite 148.

101 *Janković/Mirković*, Državnopravna istorija Jugoslavije [Staatsrechtliche Geschichte Jugoslawiens], Seite 191.

102 *Pernthaler*, Die Entstehung des modernen Menschen- und Minderheitenschutzes im 19. und 20. Jahrhundert, in: Pan/Pfeil (Hrsg.), Zur Entstehung des modernen Minderheitenschutzes in Europa, Band 3, Seite 28.

103 *Geiss*, in: Geiss (Hrsg.), Der Berliner Kongress 1878, Seite XV.

Da sich Russland weiterhin als Schutzmacht der unterdrückten Christen auf dem Balkan verstand, nahm Russland die Unterdrückung der slawischen Völker als Anlass im Jahre 1878 zu einem weiteren russisch-osmanischen Krieg. Diesen Krieg gewann Russland und legte im Wesentlichen die Bestimmungen des Friedensvertrages von San Stefano[104] vom 03.03.1878 mit dem Osmanischen Reich fest.[105]

Nach Artikel 3 Satz 1 des Vertrages von San Stefano sollte Serbien als unabhängiger Staat anerkannt werden.

Artikel 4 des Vertrages bestimmte weiter, dass die muslimische Bevölkerung, welche in den Gebieten, die nun zu Serbien gehören sollten, ihren Wohnsitz außerhalb des neuen Staates samt ihres beweglichen Eigentumes verlegen können sollten. Im Falle eines freiwilligen Wegzuges sollte die Verpachtung des Eigentums an einen Dritten ermöglicht werden.[106]

II.) Der Berliner Kongress und die staatliche Selbstständigkeit Serbiens

Der russische Alleingang in Bezug auf die staatliche Neuordnung des Balkans weckte bei den verbleibenden europäischen Großmächten Unbehagen. Russland erklärte sich aufgrund des außenpolitischen Drucks Österreich-Ungarns und Großbritanniens[107] schließlich zu einer Neuverhandlung des Friedensvertrages von San Stefano bereit.[108] Die europäischen Großmächte konnten sich unter der Leitung des *„ehrlichen Maklers“* Bismarck auf die Abhaltung des Berliner Kongress vom 13.06.1878 bis zum 13.07.1878 einigen.[109]

Durch die Unterzeichnung des Vertrages von Berlin[110] erlangte Serbien seine staatliche Unabhängigkeit am 13.7.1878 wieder. Die Wiedererlangung der Staatlichkeit Serbiens wurde unter anderem auch mit dem Schutz religiöser Minderheiten verknüpft (Artikel 34 des Vertrages von Berlin). Das Deutsche Reich,

---

104 Friedensvertrag von San Stefano vom 03.03.1878, abgedruckt in: Geiss (Hrsg.), Der Berliner Kongress 1878, Seite 16.

105 *Fink*, Defending the Rights of Others, Seite 4.

106 Abgedruckt in: Geiss (Hrsg.), Der Berliner Kongress 1878, Seite 16.

107 *Batowski*, Die territorialen Bestimmungen von San Stefano und Berlin, in: Melville/Schröder (Hrsg.), Der Berliner Kongress, 51 (56).

108 *Janković/Mirković*, Državnopravna istorija Jugoslavije [Staatsrechtliche Geschichte Jugoslawiens], Seite 192.

109 *Baumgart*, Vom europäischen Konzert zum Völkerbund, Seite 52.

110 Vertrag von Berlin vom 13.07.1878, abgedruckt in: Geiss (Hrsg.), Der Berliner Kongress 1878, Protokolle und Materialien, Seite 253.

Frankreich und Großbritannien stellten trotz Widerstandes des russischen Zarenreiches die Bedingung auf, dass Serbien vor Aufnahme in die europäische Staatengemeinschaft die Prinzipien annehme, die die Grundlage der sozialen Ordnung aller Staaten Europas bilde. Bismarck brachte in der Sitzung vom 28.6.1878 zum Ausdruck, dass die Mehrheit der stimmberechtigten Staaten, Serbien die Unabhängigkeit nur unter der Bedingung gewähre, dass Serbien die Religionsfreiheit anerkenne.[111]

Die letztendliche Hauptverpflichtung Serbiens lag laut Artikel 35 des Vertrages von Berlin darin, das Verbot der Diskriminierung aufgrund der Religion und des Bekenntnisses anzuerkennen. Die Verpflichtung Serbiens erstreckte sich auch darauf, dass der Ausschluss von bürgerlichen oder politischen Rechten aufgrund der religiösen Zugehörigkeit nicht erlaubt sei.[112]

Die Bestimmung aus Artikel 4 des Vertrages von San Stefano wurde in den Vertrag von Berlin übernommen. Nach Artikel 39 des Vertrages von Berlin sollten Moslems, die Grundeigentum in den neuen serbischen Gebieten hatten, die Möglichkeit eingeräumt werden, dieses behalten zu dürfen und zu verpachten. Zur Klärung der Fragen um unbewegliches Eigentum der muslimischen Minderheiten sollte eine türkisch-serbische Kommission gebildet werden.[113]

Die Bestimmungen über Minderheiten im Berliner Vertrag von 1878 stehen im Einklang mit der historischen Entwicklung von Minderheitenrechte, die in ihrer ursprünglichen Ausprägung Rechte für religiöse Minderheiten waren, da sie insbesondere einzelne Minderheitenangehörige die Glaubens- und Gewissensfreiheit zusicherten.[114]

Hintergrund für die Auferlegung dieser Bedingungen für die völkerrechtliche Anerkennung Serbiens und den anderen Balkanstaaten lag die Vorstellung der europäischen Großmächte zugrunde, dass die Bevölkerung der nach Unabhängigkeit strebenden Balkanstaaten rückständig und unterlegen sei. Daher sei eine dementsprechende Verpflichtung der Balkanstaaten in Bezug auf Minderheitenrechte nötig, um die so neu geschaffene staatliche Ordnung nicht zu gefährden.[115]

---

111 Protokoll Nr. 8 des Berliner Kongresses, abgedruckt in: Geiss (Hrsg.), Der Berliner Kongress 1878, Protokolle und Materialien, Seite 253.

112 Abgedruckt in: Geiss (Hrsg.), Der Berliner Kongress 1878, Protokolle und Materialien, Seiten 394f.

113 Abgedruckt in: Geiss (Hrsg.), Der Berliner Kongress 1878, Protokolle und Materialien, Seiten 397f.

114 *Pritchard,* Der völkerrechtliche Minderheitenschutz, Seite 62.

115 *Jackson Preece,* Minority Rights in Europe, RIS 23 (1997), 75 (80).

Besonders deutlich wird das Gefühl der Überlegenheit der europäischen Großmächte bezüglich der Frage nach dem zukünftigen Umgang mit Bosnien-Herzegowina. Bismarck machte in der Sitzung vom 28.06.1878 deutlich, dass nur ein mächtiger Staat den Unruheherd kontrollieren und die Ordnung in Bosnien-Herzegowina sichern könne.[116]

Einen besonderen Mechanismus zur Durchsetzung der Minderheitenrechte in Form von Sanktionen im Falle einer Missachtung der Minderheitenrechte durch die neuen Balkanstaaten sah der Vertrag von Berlin ausdrücklich nicht vor. Jedoch wird aus den Protokollen zu den Verhandlungen des Vertrages klar, dass die verhandlungsführenden europäischen Großmächte von einem Recht auf Kontrolle der Vertragseinhaltung und gegebenenfalls eine Verständigung über die Wahl der geeigneten Mittel zur Sicherung des Vertrages ausgingen.[117]

Nicht völlig eindeutig kann geklärt werden, welche religiösen Minderheiten bei der Schaffung der Bestimmungen zum Berliner Vertrag von den europäischen Großmächten im Blickpunkt standen. Während einerseits der Grund für die Bestimmung von Minderheitenrechten im Berliner Vertrag in der Wahrung der Eigentumsrechte der muslimischen Großgrundbesitzer begründet wird,[118] wird andererseits die schwierige Lage von Juden in Serbien in Bezug auf deren wirtschaftliche Betätigungsfreiheit als Hintergrund angeführt[119].

Denn im Falle Serbiens kommen hierbei sowohl die Mitglieder der jüdischen als auch die der muslimischen Minderheit in Betracht. Die jüdische Gemeinschaft in Serbien war eine relativ kleine Gemeinschaft. Schätzungen gehen davon aus, dass mit Abschluss des Berliner Vertrages in Serbien 1.800 Juden lebten, von denen 1.600 Juden in Belgrad ihren üblichen Wohnsitz hatten.[120]

Mit den territorialen Zugewinnen Serbiens änderte sich auch die Zahl der muslimischen Minderheit in Serbien. In den neuen südlichen Gebieten Serbiens, wie die neuen Gebiete genannt wurden (*novi krajevi*), kamen mit der Unabhängigkeit Serbiens circa 46.000 männliche Moslems in das neue Staatsgebiet hinzu.[121]

---

116 Protokoll Nr. 8 des Berliner Kongresses, abgedruckt in: Geiss (Hrsg.), Der Berliner Kongress 1878, Protokolle und Materialien, Seite 243f.

117 Protokoll Nr. 17 des Berliner Kongresses, abgedruckt in: Geiss (Hrsg.), Der Berliner Kongress 1878, Protokolle und Materialien, Seite 343.

118 *Svirčević*, The Establishment of Local Government after the Congress of Berlin, in: Yavuz (Hrsg.), War and Diplomacy, 144 (144).

119 *Fink*, Defending the Rights of Others, Seite 26.

120 *Fink*, Defending the Rights of Others, Seite 26.

121 *Jagodić*, The Emigration of Muslims from the New Serbian Regions, Balkanologie 2 (1998), 2.

Der Zuwachs an religiöser Vielfalt war für den jungen serbischen Staat eine zentrale Herausforderung, besonders aufgrund der Tatsache, dass ihm relativ genaue völkervertragliche Verpflichtungen im Umgang mit religiösen Minderheiten trafen.

Die zentrale Fragestellung bei dem Umgang mit der muslimischen Bevölkerung befasste die Eigentumsrechte der Mitglieder dieser Minderheit. Zur Einhaltung der aus Artikel 39 des Berliner Vertrages für Serbien erwachsenden Pflichten schuf der serbische Gesetzgeber mehrere Gesetze und Verordnungen.

Das zentrale Gesetzeswerk bildete hierbei das Gesetz über die landwirtschaftlichen Beziehungen (*zakon o agrarnim odnosima u novim krajevima*) aus dem Jahre 1880. Artikel 5 und 7 des Gesetzes stellten den Grundsatz auf, dass die Bauern, die ein bestimmtes Land kultivierten auch Eigentümer des Landes werden sollten. Als Ausgleich für das auf diese Weise enteignete Land sollten die ehemaligen muslimischen Großgrundbesitzer Zahlungen erhalten, deren Höhe durch die beiden betroffenen Parteien vereinbart wurde oder durch eine Entscheidung der staatlichen Kommission festgesetzt werden sollte.[122]

Das Osmanische Reich, das sich weiterhin als Fürsprecher der Rechte der Muslime auf dem Balkan sah, kritisierte das rechtliche Ausgleichssystem stark. Hintergrund hierfür war, dass der Wortlaut des Artikels 8 nicht eindeutig war. Die gesetzliche Regelung sah vor, dass die Ausgleichszahlung innerhalb von fünf Jahren geleistet werden musste. Die neuen Eigentümer erachteten es als ausreichend, sofern eine einmalige Zahlung erst am Ende der vorgeschrieben fünfjährigen Periode gezahlt wurde anstatt einer regelmäßigen Ratenzahlung.[123]

Der internationale Druck auf Serbien zur Einhaltung seiner völkerrechtlichen Bestimmungen des Berliner Vertrages, führte dazu, dass das serbische Parlament im Jahre 1882 das Gesetz über den landwirtschaftlichen Kredit verabschiedete. Nach Artikel 1 des Gesetzes übernahm in einem ersten Schritt der serbische Staat die Verpflichtung der neuen Eigentümer die Zahlung an den ehemaligen Großgrundbesitzer zu übernehmen, wobei die neuen Eigentümer ihre so entstandene Darlehenspflicht gegenüber dem serbischen Staat innerhalb von 25 Jahren tilgen mussten.[124]

---

122 *Jagodić*, The Emigration of Muslims from the New Serbian Regions, Balkanologie 2 (1998), 2 (11).

123 *Svirčević*, The Establishment of Local Government after the Congress of Berlin, in: Yavuz (Hrsg.), War and Diplomacy, 144 (156).

124 *Svirčević*, The Establishment of Local Government after the Congress of Berlin, in: Yavuz (Hrsg.), War and Diplomacy, 144 (156).

III.) Balkankriege

Eine besondere Stellung nimmt der Friedensvertrag von Bukarest zwischen Serbien und dem Osmanischen Reich vom 14.03.1914 ein. Zum einen erfolgte der Abschluss des Vertrages ohne äußere Einflussnahme anderer Großmächte. Zum anderen zielte der Vertragsinhalt in erster Linie auf die rechtliche Stellung der muslimischen Minderheit in Serbien. Der Vertrag enthielt keine Regelungen über die territoriale Neuordnung zwischen den Vertragsparteien, da diese Frage schon Gegenstand des Londoner Friedensvertrages vom 30.05.1913 war.[125]

Artikel 5 des Vertrages regelte wiederum die Eigentumsrechte der muslimischen Minderheit in den an Serbien abgetretenen Gebieten und Artikel 8 des Vertrages bestimmte, dass die serbische Regierung den muslimischen Bürgern die gleichen bürgerlichen und politischen Rechte zugesteht wie allen anderen serbischen Untertanen.[126]

Darüber hinaus sah der Vertrag auch sprachliche und bildungspolitische Rechte für die muslimische Bevölkerung sowie die Schaffung einer eigenen Familiengerichtsbarkeit für Angehörige muslimischen Glaubens vor. Die Gewährung sprachlicher Rechte stellte für die Zeit vor dem Ersten Weltkrieg eine Seltenheit dar, da die Sprache als Merkmal der Nationalität erachtet wurde und keine besonderen Bestimmungen als notwendig erachtet wurden.[127]

Artikel 8 des Vertrages bestimmte, dass die bestehenden muslimischen Privatschulen auch künftig bestehen bleiben sollten und der Unterricht in türkischer Sprache weiter gewährleistet werden sollte.

Daneben garantierte Artikel 8 des Vertrages, dass der Mufti die Gerichtsbarkeit in Rechtsangelegenheiten in Bezug auf Heirat, Scheidung, Unterhalt und Vormundschaft der muslimischen Bevölkerung ausüben konnte.

Der aus minderheitenrechtliche Sicht weitgehende Vertrag fiel dem Ausbruch des Ersten Weltkrieges zum Opfer. Die umfassenden Rechte wurden durch das serbische Parlament zwar zunächst ratifiziert, jedoch im Dezember 1914 für ungültig erklärt, nachdem das Osmanische Reich auf Seiten der Mittelmächte in den Krieg eingetreten war.[128]

---

125 *Boeckh*, Von den Balkankriegen zum Ersten Weltkrieg, Seite 89.

126 Vertrag von Bukarest vom 30.05.1913, abgedruckt in: ÖMO 40 (1914), Seiten 175–178.

127 *Pritchard*, Der Völkerrechtliche Minderheitenschutz, Seite 61.

128 *Boeckh*, Von den Balkankriegen zum Ersten Weltkrieg, Seite 89.

IV.) Der Schutz nationaler Minderheiten im ersten Jugoslawien zwischen den beiden Weltkriegen

Eines der Ziele der Pariser Vorortverträge war, die neue territoriale und politische Ordnung in Europa nach dem Ersten Weltkrieg festzulegen.[129] Die Entstehung neuer Staaten in Mittel- und Osteuropa durch den endgültigen Niedergang der Vielvölkerimperien Österreich-Ungarn und dem Osmanischen Reich war mit der Frage des Umgangs mit nationalen Minderheiten in diesen Staaten untrennbar verbunden. Der Grund für diese enge Verzahnung lag in den „14-Punkte-Friedensprogramm" des US- amerikanischen Präsidenten Woodrow Wilson vom 08.01.1918 und dessen Entwürfe für eine künftige Völkerbundsatzung. In dem 10. Punkt des Friedensprogrammes forderte Wilson für die Völker Österreichs-Ungarns die Möglichkeit ihrer autonomen Entwicklung und in dem 12. Punkt trat er für die Nationalitäten in der Türkei ein, denen er unzweifelhafte Sicherheit ihres Lebens garantierte. Die 14 Punkte von Wilson deuteten damit einen Schutz nationaler Minderheiten an, ohne einen solchen ausdrücklich zu manifestieren. Diese Tatsache folgte aus dem Leitgedanken der 14 Punkte, dass primäres Ziel die Grenzziehung streng nach nationalen Gesichtspunkten für ein Nachkriegseuropa zu erfolgen habe. Am deutlichsten wird diese Vorstellung in Punkt 13 formuliert. Danach sollte ein unabhängiger polnischer Staat entstehen, der alle Gebiete beinhalten sollte, die von einer unbestritten polnischen Bevölkerung bewohnt sind.[130] Nur in den Ausnahmefällen, in denen eine neue Grenzziehung zur Entstehung einer Minderheit führte, sollten Minderheitenschutzbestimmungen die neue territoriale Lage mitverwalten.[131] In seinem 3. Entwurf für eine Völkerbundsatzung vom 20.01.1919 schlug Wilson die Bestimmung vor, dass als Vorbedingung für die Anerkennung neuer Staaten von ihren Versprechen abhängig sei, allen Minderheiten gesetzliche und rechtliche Gleichheit wie der Mehrheit zu gewährleisten.[132] Letztendlich fand keine Minderheitenschutzbestimmung Eingang in die Völkerbundsatzung. Der Grund dafür war der politische Unwille unter den Staaten, Minderheitenrechte eine universelle Wirkung zukommen zu lassen.[133]

---

129 *Krivokapić*, Zaštita manjina između dva svetska rata [Minderheitenschutz zwischen zwei Weltkriegen] Međunarodni problemi [Internationale Probleme], 57 (2005) 100.

130 *Viefhaus*, Minderheitenfragen auf der Pariser Friedenskonferenz, Seite 56.

131 *Hilpold*, Minderheitenschutz im Völkerbundsystem, in: Pan/Pfeil (Hrsg.) Zur Entstehung des modernen Minderheitenschutzsystems in Europa. Band 3, 156 (157).

132 *Flachbarth*, System des internationalen Minderheitenrechts, Seite 34f.

133 *Hilpold*, Minderheitenschutz im Völkerbundsystem, in: Pan/Pfeil (Hrsg.), Zur Entstehung des modernen Minderheitenschutzsystems in Europa. Band 3, 156 (160).

Zu einem der Staaten, die nach dem Ersten Weltkrieg entstanden waren, zählte das Königreich der Serben, Kroaten und Slowenen (*Kraljevina Srba, Hrvata i Slovenaca*). Die Ausgangslage für Minderheiten in dem Königreich der Serben, Kroaten und Slowenen unterschied sich grundlegend von der vorherigen Situation der Minderheiten in dem eigenständigen Königreich Serbien. Zunächst erweiterte Serbien sein Territorium nordwärts um die Provinz Vojvodina. Die vormals unter österreichisch-ungarischer Herrschaft stehende Provinz zeichnete sich schon damals durch eine komplexe ethnische Struktur aus. Neben Ungarn und Deutschen waren dort auch traditionell Slowaken, Tschechen und weitere Minderheiten ansässig. Aus serbischer Sicht waren Minderheiten nunmehr nicht nur durch religiöse Eigenschaften bestimmbar, da zuvor Moslems und Juden Minderheiten in Serbien waren. Nun spielten vermehrt sprachliche und kulturelle Faktoren eine Rolle, die Minderheiten von der serbischen Mehrheitsgesellschaft unterschieden. Zudem trat für den neuen Vielvölkerstaat erschwerend hinzu, dass die neuen nationalen Minderheiten auf Unterstützung durch ihre ursprünglichen Heimatstaaten zählen konnten, die nahezu allesamt unmittelbar angrenzende Nachbarstaaten zu dem Königreich der Serben, Kroaten und Slowenen waren. Hierbei beschränkte sich die Minderheitenproblematik nicht nur auf das territorial erweiterte Serbien, sondern auch auf die restlichen Landesteile des neuen Staates. So waren beispielsweise in Slowenien und Kroatien viele Deutsche als Minderheit ansässig. Die Minderheiten wurden nicht nur zu einer innenpolitischen Herausforderung, sondern auch zu einem enormen außenpolitischen Faktor.[134]

Nach der ersten Volkszählung aus dem Jahre 1921 lebten insgesamt 9,9 Mio. Serben, Kroaten und Slowenen, ca. 505.000 Deutsche, ca. 439.000 Albaner, ca. 150.000 Türken, ca. 231.000 Rumänen, ca. 115.000 Tschechen und Slowaken sowie weitere kleinere Minderheiten in dem Königreich der Serben, Kroaten und Slowenen. Damit gehörten in etwa 12,5% der Gesamtbevölkerung des Königreiches zu einer nationalen Minderheit.[135]

1.) Die Friedensverhandlungen und der Schutz nationaler Minderheiten

Auf der Grundlage des 14-Punkte-Friedensprogrammes und den Entwürfen Wilsons für den Völkerbund entwickelte die Kommission neuer Staaten die

134 *Janjetović*, Deca careva [Kinder des Zaren], Seite 376.

135 *Sobolevski*, Nacionalne manjine u Kraljevini Jugoslaviji, [Nationale Minderheiten im Königreich Jugoslawien], in: Fleck/Graovac (Hrsg.), 6. Dijalog povjesničara-historičara [6. Dialog zwischen Historikern], 395 (400).

vorgesehenen Minderheitenbestimmungen.[136] Die Bestimmungen über den zukünftigen Minderheitenschutz waren eine der entscheidenden Schlüsselfaktoren bei den Friedensverhandlungen mit den neu entstandenen Staaten in Mittel-, Ost- und Südosteuropa. Die einzelnen Bestimmungen und Formulierungen waren unter den Großmächten als Verfasser der entscheidenden völkerrechtlichen Verträge heftig umstritten. Für das Königreich der Serben, Kroaten und Slowenen waren minderheitenrechtliche Bestimmungen in dem Friedensvertrag mit Österreich sowie mit Ungarn und einem hierzu begleitenden Minderheitenschutzvertrag vorgesehen.

Innerhalb der Pariser Friedenskonferenz zeigten sich bezüglich der Minderheitenproblematik des Königreiches der Serben, Kroaten und Slowenen drei Problemkreise. Der erste Problemkreis war die Forderung nach Autonomierechten für Mazedonier und den Siedlungsgebieten der Albaner. Ferner war unter den Konferenzteilnehmern umstritten, ob die Rechte für Minderheiten auf das ganze serbische Gebiet Anwendung finden sollten und in wie fern die zukünftige Verfassung Minderheitenrechte vorsehen sollte.

Die oberste Priorität der Belgrader Regierung unter Leitung des Ministerpräsidenten Davidović war, das Königreich der Serben, Kroaten und Slowenen vor minderheitenrechtlichen Verpflichtungen zu verschonen.[137]

Italien drängte bei der Gestaltung des Friedensvertrages darauf, das Königreich der Serben, Kroaten und Slowenen zu verpflichten, denjenigen Gebieten Autonomie zu gewähren, in denen albanische und mazedonische Bevölkerungsgruppen ansässig waren. Frankreich als traditioneller Verbündeter Serbiens sprach sich gegen eine Aufnahme einer solchen Bestimmung aus.[138] Der Leiter der serbisch-kroatisch-slowenischen Delegation bei den Pariser Friedensverhandlungen Pašić, der zuvor in Serbien als Ministerpräsident fungierte, machte in seinem Brief vom 01.08.1919 an die Kommission für die neuen Staaten seine ablehnende Haltung in Bezug auf die geplante Auferlegung von Minderheitenschutzbestimmungen deutlich. Er argumentierte damit, dass für Mazedonien keine Autonomierechte nötig seien, da die Mazedonier zu der Volksgruppe der Serben gehörten. In Bezug auf die Albaner und die übrigen Muslime verwies Pašić auf den Bukarester Vertrag mit der Türkei vom 14.03.1914, der den Muslimen insgesamt weitreichende Rechte einräumte. Diese Rechte sollten im Abschluss an einer Normalisierungsphase nach dem Ersten Weltkrieg zur vollen Geltung er-

136 *Lederer*, Yugoslavia at the Paris Peace Conference, Seite 239.
137 *Scheuermann*, Minderheitenschutz contra Konfliktlösung, Seite 258.
138 *Viefhaus*, Minderheitenfragen auf der Pariser Friedenskonferenz, Seite 218f.

starken.[139] Im Falle Mazedoniens sorgte sich die serbisch-kroatisch-slowenische Regierung um mögliche Einmischung Bulgariens, das traditionell ebenso Anspruch auf Mazedonien erhob.[140]

Die italienischen Forderungen nach weitreichenden Autonomien für Mazedonier und Albaner konnten durch intensive Lobbyarbeit der serbisch-kroatisch-slowenischen Delegation ab August 1919 gelöst werden.[141] Insbesondere Frankreich machte sich für die Absetzung der Autonomiefrage von der diplomatischen Tagesordnung stark.[142]

Unter der serbisch-kroatisch-slowenischen Delegation kam unter Auffassung der Rechtsexperten Bošković und Jovanović die Befürchtung auf, dass mit der Unterzeichnung des vorgesehenen Artikels 59 des Friedensvertrages mit Österreich das südslawische Königreich nur ein halbsouveräner Staat niederer Zivilisation sei. Nach dem Entwurf des Artikels 59 des Friedensvertrages sollte das Königreich der Serben Kroaten und Slowenen verpflichtet werden, mit den alliierten und assoziierten Mächten einen Vertrag über den Schutz religiöser, sprachlicher und nationaler Minderheiten zu schließen. Begründet wurde die Befürchtung damit, dass die besagten Minderheiten mit Abschluss einer solchen Bestimmung nicht alleine unter der Herrschaftsgewalt des Königreiches stünden, sondern unter der des Völkerbundes. Die Rechtsexperten stuften die vorgesehene Bestimmung sogar als weitreichender ein als das österreichisch-ungarische Ultimatum an die Belgrader Regierung aus dem Jahre 1914, dessen Nichterfüllung seitens der serbischen Regierung zum Ausbruch des Ersten Weltkrieges führte.[143] Insgesamt waren die Vertreter des Königreiches der Serben, Kroaten und Slowenen nicht bereit, den Staat auf internationaler Ebene an Minderheitenrechte zu binden, da sie eine solche Bindung als ein Einfallstor für die Einmischung in innere Angelegenheiten erachteten.

---

139 *Janjetović*, Pitanje zaštite nacionalnih manjina u Kraljevini SHS na konferenciji mira [Fragen zum Schutz nationaler Minderheiten im Königreich SHS auf der Friedenskonferenz] Istorija 20. veka, 18 (2000), 31 (34f.).

140 *Mitrović*, Jugoslavija na Konferenciji mira [Jugoslawien auf der Friedenskonferenz], Seite 205.

141 *Janjetović*, Pitanje zaštite nacionalnih manjina u Kraljevini SHS na konferenciji mira [Fragen zum Schutz nationaler Minderheiten im Königreich SHS auf der Friedenskonferenz] Istorija 20. veka, 18 (2000), 31 (36).

142 *Viefhaus*, Minderheitenfragen auf der Pariser Friedenskonferenz, Seite 221.

143 *Janjetović*, Pitanje zaštite nacionalnih manjina u Kraljevini SHS na konferenciji mira [Fragen zum Schutz nationaler Minderheiten im Königreich SHS auf der Friedenskonferenz] Istorija 20. veka, 18 (2000), 31 (36).

In Bezug auf die Frage des territorialen Anwendungsbereiches der zukünftigen Minderheitenschutzbestimmungen versuchte der Leiter der südslawischen Delegation Pašić, die aus seiner Sicht drohenden Minderheitenschutzbestimmungen auf die nach dem Zweiten Balkankrieg hinzugewonnen Gebiete Serbiens zu beschränken (Kosovo, Sandžak und Mazedonien). Pašić führte an, dass eine Anwendung der Minderheitenschutzbestimmungen auf die ursprünglichen Gebiete Serbiens einem Eingeständnis gleich käme, dass Serbien seine Verpflichtungen aus dem Vertrag von Berlin nicht umgesetzt hätte.[144]

Neben Italien machte sich der britische Delegierte Headlem-Morley für einen uneingeschränkten Anwendungsbereich der zukünftigen Bestimmungen des Minderheitenschutzes stark. Nach seiner Auffassung sei eine Einteilung nach territorialen Vorgaben unpraktisch. Ebenso könne sich das Königreich der Serben, Kroaten und Slowenen nicht auf die Umsetzung des Berliner Vertrages durch Serbien berufen, da mit der Gründung des neuen Königreiches ein neuer Staat entstanden sei, der die südslawischen Völker nunmehr gemeinsam vertrete. Die Einführung eines für den gesamten Staat verpflichtenden Minderheitenschutzes solle vielmehr ein für den Staat immanentes Grundprinzip werden.[145]

In einem Brief der serbisch-kroatisch-slowenischen Delegation an den Vorsitzenden der Kommission der neuen Staaten erklärte die Delegation, dass der neue Staat die Absicht habe, dass die zukünftige Gesetzgebung gegenüber seinen Minderheiten noch toleranter sein werde als es in der Vorkriegsgesetzgebung in Serbien der Fall war.[146] Insbesondere Pašić forderte, dass durch allgemeine Verfassungsbestimmungen die Rechte von Minderheitenangehörigen durch den neuen Staat geachtet werden sollten. Hierzu zählte beispielsweise das Recht auf Gleichbehandlung aller Staatsbürger sowie das Recht auf freie Religionsausübung.[147]

Ministerpräsident Davidović schrieb in seinem Brief vom 07.09.1919 an seine Delegation, dass eine Unterzeichnung des vorgesehen Friedensvertrages nicht in Betracht komme, sofern die geplanten Minderheitenschutzklauseln auch für das serbische Territorium vor dem Zweiten Balkankrieg des Jahres 1913 gelten

144 *Flachbarth*, System des internationalen Minderheitenrechts, Seite 46f.

145 *Viefhaus*, Minderheitenfragen auf der Pariser Friedenskonferenz, Seite 220.

146 *Janjetović*, Pitanje zaštite nacionalnih manjina u Kraljevini SHS na konferenciji mira [Fragen zum Schutz nationaler Minderheiten im Königreich SHS auf der Friedenskonferenz] Istorija 20. veka, 18 (2000), 31 (38).

147 *Janjetović*, Pitanje zaštite nacionalnih manjina u Kraljevini SHS na konferenciji mira [Fragen zum Schutz nationaler Minderheiten im Königreich SHS auf der Friedenskonferenz] Istorija 20. veka, 18 (2000), 31 (36).

würden. Ferner sollten die Großmächte keinen Anspruch auf Umsetzung der Minderheitenschutzbestimmungen haben.[148]

Um eine zeitliche Pause für weitere strategische Überlegungen zu erhalten, übermittelte Ministerpräsident Davidović seiner Delegation in Paris, dass die Regierung des Königreiches wegen der umstrittenen Minderheitenfrage zurückgetreten und damit nicht mehr handlungsfähig sei. In der serbisch-kroatisch-slowenischen Delegation herrschte spätestens ab diesem Zeitpunkt Uneinigkeit darüber, wie mit der neuen Situation umgegangen werden sollte. Ein Teil der Delegation sprach sich für eine rasche Unterzeichnung des Friedensvertrages auch ohne Anweisung der Regierung aus.[149] Für die Überlegung sprach die Tatsache, dass das Königreich der Serben, Kroaten und Slowenen seine grundlegend guten Beziehungen zu den Vereinigten Staaten von Amerika nicht aufs Spiel setzten wollte. Die Mehrheit der Delegation um Pašić befürwortete jedoch ein weiteres Abwarten, da staatstragende Fragen, wie die der Souveränität des Königreiches der Serben, Kroaten und Slowenen Verhandlungsgegenstand waren.[150]

Neuen Aufwind erreichte die Debatte um die Unterzeichnung des Friedensvertrages durch die Demarche Frankreichs an die serbisch-kroatisch-slowenische Regierung vom 26.10.1919. Die französische Regierung machte deutlich, dass mit Unterlassen der Unterzeichnung die Interessen des Königreiches der Serben, Koraten und Slowenen beschädigt werden und die Gefahr des Bestandes des Staates nach sich ziehen würde. Die Regierung des Königreiches der Serben, Kroaten und Slowenen erkannte die ausweglose Lage und nahm von jedem weiteren Widerstand Abstand.[151] Am 05.12.1919 unterzeichnete das Königreich der Serben, Kroaten und Slowenen den Friedensvertrag mit Österreich sowie die begleitende Konvention zum Schutz nationaler Minderheiten.[152]

---

148 *Janjetović*, Pitanje zaštite nacionalnih manjina u Kraljevini SHS na konferenciji mira [Fragen zum Schutz nationaler Minderheiten im Königreich SHS auf der Friedenskonferenz] Istorija 20. veka, 18 (2000), 31 (37).

149 *Mitrović*, Jugoslavija na Konferenciji mira [Jugoslawien auf der Friedenskonferenz], Seite 204.

150 *Lederer*, Yugoslavia at the Paris Peace Conference, Seite 243f.

151 *Viefhaus*, Minderheitenfragen auf der Pariser Friedenskonferenz, Seite 223.

152 Staatsvertrag von St. Germain zwischen Österreich und dem Königreich der Serben, Kroaten und Slowenen vom 05.12.1919; der Vertrag ist abrufbar auf der Seite des Österreichischen Bundeskanzleramtes: https://www.ris.bka.gv.at/GeltendeFassung/Bundesnormen/10000044/Staatsvertrag%20von%20St.%20Germain%2c%20Fassung%20vom%2022.09.2014.pdf.

Neben Artikel 51 des Friedensvertrages mit Österreich, der dem Artikel 59 des Vertragsentwurfes entsprach, zeigte auch Artikel 49 des Vertrages Berührungspunkte zum Minderheitenschutzrecht auf. In dem Gebiet um Klagenfurt sollte eine Volksabstimmung über die zukünftige Zugehörigkeit des Gebietes zu Österreich bzw. dem Königreich der Serben, Kroaten und Slowenen bestimmt werden.

Der Minderheitenschutzvertrag der alliierten und assoziierten Mächte mit dem Königreich der Serben, Kroaten und Slowenen[153] lehnte sich inhaltlich an den Minderheitenschutzvertrag mit Polen an.[154] In der Präambel des Vertrages wurde Serbien von seinen völkervertraglichen Verpflichtungen aus dem Vertrag von Berlin aus dem Jahre 1878 befreit. Ebenso wurde aus der Präambel deutlich, dass die folgenden Bestimmungen aus einer internationalen Besorgnis heraus notwendig seien. Artikel 11 des Vertrages sah schließlich vor, dass die vertraglichen Bestimmungen unter der Garantie des Völkerbundes standen. Der Vertrag normierte eine Vielzahl von minderheitenrechtlichen Bestimmungen. Artikel 2 sah die Gleichbehandlung aller Einwohner des neuen Staates in Bezug auf freie Religionsausübung vor. Für die muslimische Minderheit sah der Vertrag in Artikel 9 die Etablierung muslimischen Familienrechts in den Gebieten vor, in denen Moslems lebten. Ebenso wurde dem serbisch-kroatisch-slowenischen Königreich eine Schutzpflicht für Moscheen auferlegt. Die Frage nach der Staatsangehörigkeit war einer der Dreh- und Angelpunkte aller Minderheitenschutzverträge. Der Vertrag mit dem Königreich der Serben, Kroaten und Slowenen orientierte sich auch in dieser Frage an den polnischen Vertrag und sah eine Art „Optionsrecht"[155] für die Staatsangehörigkeit vor. Artikel 3 des Vertrages bestimmte, dass Angehörige einer nationalen Minderheit ohne jegliche Formalitäten Staatsangehörige des Königreiches der Serben, Kroaten und Slowenen werden sollten. Ihnen wurde jedoch auch die Möglichkeit eröffnet, die Staatsangehörigkeit ihres ursprünglichen Heimatstaates zu erhalten. Bei der Wahl dieser Möglichkeit wurde den Minderheitenangehörigen eine Frist von zwölf Monaten ab Inkrafttreten des Minderheitenschutzvertrages nach einer solchen Entscheidung zur Verlegung ihres gewöhnlichen Aufenthaltsortes aus dem Territorium des südslawischen Königreiches eingeräumt.

Schließlich enthielt Artikel 9 die Verpflichtung des Königreiches der Serben, Kroaten und Slowenen, den Unterricht an Grundschulen in Gebieten, in denen

---

153 Minderheitenschutzvertrag mit dem Königreich der Serben, Kroaten und Slowenen vom 10.09.1919, der Vertrag ist abrufbar auf der Seite des ungarischen Instituts München unter: http://ungarisches-institut.de/dokumente/pdf/19190910-3.pdf.

154 *Scheuermann*, Minderheitenschutz contra Konfliktlösung, Seite 22.

155 *Scheuermann*, Minderheitenschutz contra Konfliktlösung, Seite 27.

Minderheiten siedelten, in deren Muttersprache abzuhalten. Lediglich an dieser Stelle setzte sich die Forderung der serbisch-kroatisch-slowenische Delegation durch, die Minderheitenverpflichtungen auf die nach dem Zweiten Balkankrieg erworbenen Gebiete zu beschränken (Artikel 9 Abs. 3).[156]

Mit der Unterzeichnung des Friedensvertrages mit Österreich und dem Minderheitenschutzvertrag verschwand das Thema des Minderheitenschutzes für das Königreich der Serben, Kroaten und Slowenen nicht von der internationalen Tagespolitik. Bei den Verhandlungen um die Bestimmungen des Friedensvertrages mit Ungarn verlangte Ungarn auf einen umfassenden Schutz der ungarischen Bevölkerung in den neuentstandenen Nachbarstaaten.[157] Gegen dieses Vordringen wendete sich die Tschechoslowakische Republik, Rumänien und das Königreich der Serben, Kroaten und Slowenen.

Pašić leistete zunächst Widerstand gegen den betreffenden Artikel 44 des Friedensvertrages mit Ungarn. Er argumentierte, dass es unverständlich sei, warum Ungarn auf die Einhaltung von Minderheitenschutzbestimmungen Wert legte, wobei es selbst zu denjenigen Staaten gehört habe, die die Minderheitenrechte verletzt hätten. Der Widerstand des Königreiches der Serben, Kroaten und Slowenen gegen die Auferlegung einer Minderheitenschutzbestimmung dauerte nicht lange, da der Schutz nationaler Minderheiten im Wesentlichen durch die Bestimmungen in dem Friedensvertrag mit Österreich festgeschrieben waren.[158] Das Königreich der Serben, Kroaten und Slowenen unterzeichnete letztendlich den Friedensvertrag von Trianon. Artikel 44 dieses Vertrages, der die Minderheitenschutzbestimmung beinhaltete, wies starke Bezüge zu dem Wortlaut des Artikels 51 des Vertrages mit Österreich auf. Danach erkannte das serbisch-kroatisch-slowenische Königreich seine Verbindlichkeiten gegenüber Ungarn an und zeigte sich damit einverstanden, dass in einem Vertrag mit den alliierten und assoziierten Mächten die Bestimmungen aufgenommen werden, welche die Mächte zum Schutz der Interessen der Rassen, sprachlichen oder religiösen Minderheiten im serbisch-kroatisch-slowenischen Königreich für notwendig erachte.

Beachtenswert ist hierbei, dass entsprechende Minderheitenschutzverträge ausschließlich mit den neuentstandenen Staaten in Mittel- und Südosteuropa

---

156 *Viefhaus*, Minderheitenfragen auf der Pariser Friedenskonferenz, Seite 223.

157 *Déak*, Hungary at the Paris Peace Conference, Seite 237.

158 *Janjetović*, Pitanje zaštite nacionalnih manjina u Kraljevini SHS na konferenciji mira [Fragen zum Schutz nationaler Minderheiten im Königreich SHS auf der Friedenskonferenz], Istorija 20. veka, 18 (2000), 31 (41).

geschlossen worden sind.[159] Die Verschonung Italiens vor einem Abschluss eines Minderheitenschutzvertrages, dessen Gebietsgewinne und die damit einhergehende Schaffung von nationalen Minderheiten nach dem Ersten Weltkrieg denen der mittel- und südosteuropäischen Staaten glich, kann nur mit der Stellung Italiens als europäische Großmacht erklärt werden.[160]

2.) Der Schutz nationaler Minderheiten in Jugoslawien zwischen den beiden Weltkriegen aus verfassungsrechtlicher Sicht

Mit der Schaffung des Königreiches der Serben, Kroaten und Slowenen entstand erstmalig in der Geschichte ein gesamtjugoslawisches Staatsgebilde. Fragen nach der Regulierung von ethnischen Gegebenheiten unter den südslawischen Völkern spielten stets eine überragende Rolle für die gesamte Gesellschaft. In der nur kurzen Zwischenkriegszeit von 1919 bis zum Eintritt Jugoslawiens in den Zweiten Weltkrieg am 06.04.1941 lässt sich die verfassungsrechtliche Struktur des Staates im Wesentlichen in zwei verschiedene Phasen einteilen, wobei zwei unterschiedliche Verfassungen den gesellschaftlich-rechtlichen Rahmen vorgaben. Die Hauptaufgaben der Staatsreformen hatten stets die Lösung ethnischer Konflikt zum Gegenstand. Hierbei bewegten sich die umgesetzten Verfassungskonzepte von einem streng zentralistischen Einheitsstaat bis hin zu einem stark föderalen Staatsaufbau. Da verfassungsrechtliche Vorgaben, wie beispielsweise Einräumung von Autonomierechten, stets auch staatsorganisationsrechtliche Fragen zum Gegenstand haben, lohnt sich ein Blick auf den Verfassungswandel im ersten gesamtjugoslawischen Staat auch in Bezug auf die nationalen Minderheiten.

a.) Die erste Phase: Der zentralistische Einheitsstaat und die Lage der nationalen Minderheiten

Die nördliche Grenze des neuen Staates zu Österreich wurde erst mit der Abhaltung des Volksentscheides auf Grundlage des Artikels 51 des Friedensvertrages mit Österreich endgültig gezogen. Da die Mehrheit der in Kärnten stimmberechtigten Bevölkerung für den Verbleib zu Österreich votierte, sah sich die politische Führung des Staates darin bestätigt, dass der Friedensvertrag mit Österreich im Kern nachteilig für das Königreich der Serben, Kroaten und Slowenen war.[161]

---

159 *Hafner*, Die Entwicklung des Rechts des Minderheitenschutzes, in: Hofmann u.a. (Hrsg.), Kommentar RÜ, Rn. 17.

160 *Scheuermann*, Minderheitenschutz contra Konfliktlösung, Seite 25.

161 *Baker*, The Slovene Minority in Carinthia, East European Monographs, 1984, 111 (116).

Die erste gesamtjugoslawische Verfassung trat am 28.06.1921 in Kraft. Das Leitbild eines starken Zentralstaates prägte die verfassungsrechtlichen Vorgaben. Fürsprecher dieses Leitbildes war Pašić. Seiner Meinung nach resultierte die Niederlage Serbiens gegen das Osmanische Reich aus der inneren Zerrissenheit des Landes, die durch die Grabenkämpfe verschiedener serbischer Dynastien im Mittelalter begründet wurde. Dieses Leitbild kopierte Pašić auf das Königreich der Serben, Kroaten und Slowenen, indem er die These einer einheitlichen Nation aufstellte. Dabei schuf er den Mythos im In- und Ausland, dass Serben, Kroaten und Slowenen zu einer Nation gehören, die sich lediglich in drei Stämme aufgespalten haben.[162] Den Serben wurde im gemeinsamen Staat eine gewisse Vormachtstellung eingeräumt. Diese Position resultierte aus mehreren politischen, staatsrechtlichen und militärischen Gründen. Die Serben lebten vor der Staatsgründung als einziges der übrigen jugoslawischen Völker, abgesehen von Teilen Montenegros, in einem unabhängigen Staat. Daher wurde den Serben in dem Sinne einer Entschädigung für den Verlust ihrer staatlichen Eigenständigkeit die Führung unter der serbischen Dynastie Karađorđević zugestanden. Schließlich konnte Serbien als Sieger der beiden Balkankriege und dem Ersten Weltkrieg militärische Erfolge vorweisen.[163]

Die Beratungen über eine gemeinsame Verfassung zeigten eine Vielzahl von Entwürfen und Konzepten für eine neue Verfassung auf. Der Vorschlag von Protić, der während der Übergangsphase zweimaliger Regierungschef war, sah beispielsweise ein Staatsgebilde mit starken Selbstverwaltungsbefugnissen für neun historische Regionen vor.[164] Bemerkenswert ist, dass auch bei diesem Vorschlag Mazedonien keine eigene Gebietskörperschaft erhalten, sondern mit Zentralserbien eine verwaltungsrechtliche Einheit bilden sollte.[165] Besonders viele Anhänger einer föderalen Staatskonstruktion fanden sich unter den Vertretern kroatischer Parteien, die eine gewisse Selbstständigkeit unter der Habsburger Monarchie beibehalten wollten.[166]

Letztendlich setzte sich der Entwurf von Pašić für eine neue Verfassung durch. Am 28.06.1921 trat die so genannte *Vidovdan*-Verfassung in Kraft. Das Datum des In-Kraft-Tretens der Verfassung hatte einen besonderen Symbolcharakter, da es sich um den Gedenktag des heiligen Sankt Veits handelt, an dem die

162 *Sundhaussen*, Experiment Jugoslawien, Seite 36.

163 *Trifković*, The First Yugoslavia, East European Quarterly 16 (1992), 345 (351).

164 *Dragnich*, The first Yugoslavia, Seite 23.

165 *Dragnich*, The first Yugoslavia, Seite 23.

166 *Radan*, Constitutional Experimentation and the National Question in interwar Yugoslavia, Istorija 20. veka, 29 (2011), 25 (29).

Serben die Schlacht auf dem Amselfeld gegen die Osmanen im Jahre 1389 verloren haben[167] und sich die tödlichen Schüsse auf den österreichisch-ungarischen Thronfolger Franz Ferdinand im Jahre 1914 ereigneten.

Die Verfassung wies strenge zentralistische Züge auf. Die Anerkennung von Selbstverwaltung und Autonomie erhielt im Wesentlichen in der ersten panjugoslawischen Verfassung eine Absage. Grund dafür war die Haltung Pašić', nach der schon Ansätze einer föderalen Struktur Abspaltungstendenzen Vorschub leisten würden und eine Aufteilung des Staates zwangsläufig die Zersplitterung der serbischen Bevölkerung nach sich zögen.[168] Lediglich die lokale Selbstverwaltung wurde durch die erste gesamtjugoslawische Verfassung bis zu einem gewissen Grad garantiert (Artikel 95 bis 102 der Verfassung). Demnach wurde die Verwaltung im Königreich durch Gebiete (*oblasti*), Kreise (*krugovi*) und Gemeinden (*srezi*) ausgeübt. Die Aufteilung in die einzelnen Gebietskörperschaften erfolgte nach verfassungsrechtlichen Bestimmungen (Artikel 95 Abs. 1) anhand natürlichen, sozialen und wirtschaftlichen Verhältnissen, wobei die Volkszugehörigkeit keine Beachtung gefunden hat.[169]

In der verfassungsgebenden Versammlung konnte Pašić mit den Stimmen serbisch orientierter Parteien seine Geisteshaltung nicht verwirklichen. Seine Verfassungsvorstellungen konnte Pašić erst mit den Stimmen der Slowenen und denen der slawischen Muslimen aus Bosnien und dem Sandžak durchsetzen. Hauptsprachrohr in der verfassungsgebenden Versammlung für die Slowenen war die slowenische Volkspartei (*slovenska ljudska stranka*) und für die Muslime in Bosnien und dem Sandžak die jugoslawisch-muslimische Organisation (*Jugoslovenska Muslimanska Organizacija*). Die Slowenen willigten einem zentralistischen Staatsaufbau zu, da sie schon aufgrund des Sprachenunterschieds eine Art Selbstverwaltung über ihr Siedlungsgebiet hatten.[170] Für die Zustimmung der slawischen Muslime sprach die Zusicherung wirtschaftlicher und finanzieller Art sowie die Repräsentation slawischer Muslime in dem gemeinsamen Regierungsapparat.[171]

Weitere Bestrebungen nationaler Minderheiten nach Selbstverwaltung wurden nicht beachtet. Insgesamt lassen sich hierfür zwei Hauptgründe für diese ignorante Haltung anführen. Einerseits fühlte sich die Übergangsregierung in Belgrad von weiter anhaltenden Anspruchserhebungen einiger Nachbarstaaten nach Gebietsforderungen eingeschüchtert. Insbesondere Italien, Ungarn und Bulgarien

167 *Malcolm*, Bosnia, Seite 165.
168 *Dragnich*, The first Yugoslavia, Seite 24.
169 *Lubenoff*, Die Verfassung Jugoslawiens, ZaöRV, 3 (1933), 402 (406).
170 *Rothschild*, East Central Europe between two World Wars, Seiten 208f.
171 *Malcolm*, Bosnia, Seite 164.

bedrohten aus Sicht der neuen Belgrader Regierung die territoriale Integrität des Staates, obwohl in den Pariser Friedensverhandlungen die Grenzziehung des Königreiches der Serben, Kroaten und Slowenen mit seinen Nachbarn vereinbart worden war.[172] Andererseits verwehrte der Minderheitenschutzvertrag mit dem Königreich der Serben, Kroaten und Slowenen den Minderheiten im Land eine effektive Teilnahme an den Wahlen zur verfassungsgebenden Versammlung. Das einfache Wahlgesetz räumte den Minderheitenangehörigen kein Wahlrecht ein. Als Begründung für diese Entscheidung wurde argumentiert, dass Angehörige der Minderheit noch das Recht auf Entscheidung für eine Staatsangehörigkeit ihres Heimatstaates hätten und daher faktisch wie Ausländer zu behandeln seien, die nicht auf die zukünftige Verfassung als höchsten staatsrechtlichen Gesetzgebungsakt Einfluss nehmen können sollten.[173]

Die erste Verfassung des Königreiches der Serben, Kroaten und Slowenen vom 28.06.1921 enthielt eine ausdrückliche minderheitenrechtliche Bestimmung. Nach Artikel 16 Abs. 12 der Verfassung wurde den Minoritäten der anderen Rassen und Sprachen der Elementarunterricht in ihrer Muttersprache erteilt und zwar unter den Modalitäten, die das Gesetz vorschreiben würde.[174]

Im Zusammenhang mit dem Minderheitenschutz ist beachtlich, dass Ivan Žolger, ein ehemaliger Diplomat und Mitglied der serbisch-kroatisch-slowenischen Delegation der Pariser Friedenskonferenz, davon ausging, dass neben der Verfassungsurkunde selbst dem Minderheitenschutzvertrag vom 10.09.1919 eine Norm mit einer höheren Rechtskraft darstelle. Als Argumentationslinie hierfür diente die Tatsache, dass das Königreich der Serben, Kroaten und Slowenen in Artikel 1 des Minderheitenschutzvertrages die eingeräumten Rechte als „*loi fondamentale*" zuerkannt habe, die durch keinerlei Gesetz, Reglement, Anordnung oder Verfügung ausgehebelt werden könnten.[175]

Nach der einjährigen Übergangsfrist aus dem Minderheitenschutzvertrag mit dem Königreich der Serben, Kroaten und Slowenen übten die Angehörigen von Minderheiten Teilhabe an der politischen Gestaltung des Staates aus. Hierbei gründete jede Minderheit mindestens eine Partei als Interessenvertreter.

---

172 *Radan*, Constitutional Experimentation and the National Question in interwar Yugoslavia, Istorija 20. veka 29 (2011), 25 (27).

173 *Gligorijević*, Parlament i političke stranke u Jugoslaviji [Das Parlament und politische Parteien in Jugoslawien], Seite 71; ebenso: *Žolger*, Die Verfassung Jugoslawiens, JÖR 11 (1923) 182 (188).

174 Eine deutsche Übersetzung des Verfassungstextes in: JÖR 11 (1923), Seite 200–217.

175 *Žolger*, Die Verfassung Jugoslawiens, JÖR 11 (1923), 182 (192).

Bei der ersten Parlamentswahl im Jahre 1923 schafften insgesamt drei Minderheitenparteien den Sprung ins Parlament. Hierbei errang die Partei der Türken und Albaner (*Džamijet*) insgesamt 14 Mandate, die Partei der deutschen Minderheit acht Mandate und die Partei der rumänischen Minderheit ein Mandat. Die Partei der Slowaken stellte zusammen mit der Radikalen Partei eine gemeinsame Liste auf. Zu einer anderweitigen ernsthaften politischen Zusammenarbeit zwischen den Mehrheitsparteien und den Parteien der Minderheiten kam es nicht. Beiden Seiten fehlte der Wille für eine ernsthafte Zusammenarbeit.[176]

Von Parlamentswahl zu Parlamentswahl nahm die politische Zustimmung für Minderheitenparteien ab. Bei den Parlamentswahlen im Jahre 1925 errang lediglich die Partei der deutschen Minderheit fünf Mandate im Parlament. Die Zustimmung unter den Minderheitenangehörigen für ihre Parteien nahm aus unterschiedlichen Gründen ab. Neben dem politischen Druck der Regierung auf Minderheitenpartien verursachte die Zustimmung der Minderheitenangehörigen für Parteien der Mehrheitsgesellschaft das schlechte Abschneiden der Parteien. Daneben machte die innere Zerrissenheit der Partei der ungarischen Minderheit eine erfolgreiche parlamentarische Teilhabe unmöglich.[177]

b.) Die zweite Phase: Die neue Verfassung zwischen Königsdiktatur und föderalen Ansätzen

Der grundsätzliche Streit nach mehr Autonomie für bestimmte Bevölkerungsgruppen riss im Laufe der Zeit im Königreich der Serben, Kroaten und Slowenen nicht ab, sondern gipfelte in gewaltvollen Handlungen. Der Anlass für die Einführung einer neuen Verfassung und die Etablierung der persönlichen Herrschaft des Königs Alexander war ein tödliches Attentat auf drei kroatische Abgeordnete des Parlaments, zu dessen Opfern auch der Fraktionsvorsitzende der Kroatischen Bauernpartei, Stjepan Radić, zählte.[178]

Die verfassungsrechtlichen Umwälzungen begründete der König mit seinem geleisteten Amtseid (Artikel 58 der Verfassung). Demnach schwor der König, die Einheit der Nation zu bewahren. Als ersten Schritt zur verfassungsrechtlichen

---

176 *Janjetović*, National Minorities in Yugoslavia 1918–1941, Review of Croatian History 8 (2012), 61 (70).

177 *Sobolevski*, Nacionalne manjine u Kraljevini Jugoslaviji [Nationale Minderheiten im Königreich Jugoslawien] in: Fleck/Graovac (Hrsg.), 6. Dijalog povjesničara-historičara [6. Dialog zwischen Historikern], 395 (404f).

178 *Radan*, Constitutional Experimentation and the National Question in interwar Yugoslavia, Istorija 20. veka, 29 (2011), 25 (31).

Neugestaltung des Landes schuf er das Gesetz über die Herrschaft des Königs und über die oberste Staatsverwaltung Jugoslawiens (*zakon o kraljevskoj vlasti i o vrhovnoj državnoj upravi*).[179]

Dieses Gesetz sah die Schaffung von Verwaltungseinheiten (*banovine*) vor. Die Verwaltungseinheiten wurden nach Flüssen bzw. der Küste benannt. Die Wahl des Namens für die Verwaltungseinheiten als *banovine* hatte eine Signalwirkung an die kroatische Bevölkerung, da diese die altertümliche Bezeichnung der kroatischen Provinzen war.[180] Die Einteilung des Staates in die Verwaltungseinheiten kam hauptsächlich den kroatischen und slowenischen Forderungen nach mehr Selbstständigkeit entgegen. Die Verwaltungseinheit um den Fluss Drau entsprach dem Siedlungsgebiet der slowenischen Bevölkerung. Die Verwaltungseinheit der Save und des Küstenlandes diente dazu, den beharrlichen Autonomieforderungen der Kroaten Genüge zu tun. Ansonsten wurden bei der Einteilung der weiteren Verwaltungseinheiten keine völkischen Eigenarten beachtet.[181]

An der Spitze einer jeder Verwaltungseinheit stand ein „*Ban*", der auf Vorschlag des Innenministers vom König ernannt wurde. Dem Leitbild der Königsdiktatur entsprechend stellte der *Ban* den Vertreter des Königs in der jeweiligen Verwaltungseinheit dar. Der *Ban* hatte im Wesentlichen die Finanzaufsicht über die verwaltungsrechtlichen Untereinheiten und die Aufsicht über die Schulen sowie der Vereine inne.[182]

Die neue Verfassung trat am 03.09.1931 ohne jegliche Mitwirkung der Bevölkerung in Kraft. Danach ging jede staatliche Gewalt vom König aus. Insbesondere war er nun ausschließlich für den Erlass von Gesetzen zuständig. Um die staatliche Einheit nach innen und nach außen zu stärken, erließ der König am 03.10.1931 das Gesetz über die Bezeichnung des Königreiches und über dessen verwaltungsrechtliche Aufteilung (*zakon o nazivu i podeli Kraljevine na upravne područja*), dass fortan das Königreich der Serben, Kroaten und Slowenen in das Königreich Jugoslawien umbenannte. Die gesetzlichen Bestimmungen über die verwaltungsrechtliche Einteilung des Staates fanden sich in Artikel 85 der Verfassung wieder.[183]

179 *Dobrivojević*, Kraljevina Jugoslavia u doba ličnog reža Kralja Aleksandra [Das Königreich Jugoslawien zur Zeit der persönlichen Regentschaft König Alexanders], Istorija 20. veka, 26 (2008), 109 (110).

180 *Dragnich*, Serbs & Croats, Seite 69f.

181 *Ramet*, Die drei Jugoslawien, Seite 121.

182 *Lubenoff*, Die Verfassung Jugoslawiens, ZaöRV 3 (1933), 252 (257).

183 *Dobrivojević*, Kraljevina Jugoslavia u doba ličnog reža Kralja Aleksandra [Das Königreich Jugoslawien zur Zeit der persönlichen Regentschaft König Alexanders], Istorija 20. veka, 26 (2008), 109 (110).

Die Verfassung realisierte die Gewährung von weiteren Autonomierechten nationaler Minderheiten nicht. Hierfür lassen sich einerseits der politische Unwille der herrschenden Klasse anführen. Ziel der verwaltungsrechtlichen Neuordnung des Staates war die Verfestigung der Macht des Königs sowie die Erfüllung der Forderung der Kroaten und Slowenen als Teile des jugoslawischen Volkes nach mehr Autonomie. Andererseits konnte die nur grobe Einteilung des Staatsgebietes in neun Verwaltungseinheiten der komplexen Bevölkerungsstruktur in Bezug auf Autonomierechte nationaler Minderheiten nicht ausreichend sein.

Die neue Verfassung knüpfte nicht an die Tradition der Vorgängerverfassung, die Minderheitenrechte zumindest punktuell garantierte, an. Sie ignorierte Bestimmungen zum Schutz nationaler Minderheiten vollständig.

Da nach Einschätzung des Königs die national geprägten Parteien die Einheit des Staates gefährdeten, erließ der König das Gesetz zum Schutze des Staates (*zakon o zaštiti države*), das unter anderem alle Parteien verbieten ließ, die Interessen einer einzelnen Nationalität vertraten.[184] Diesem Verbot fielen auch die Parteien der Minderheit zum Opfer. Um die deutschen Interessen im Parlament weiter vertreten zu können, schloss sich die deutsche Minderheitenpartei im Jahre 1936 formal der neuen gesamtjugoslawischen Partei „Jugoslawische Radikale Gemeinschaft" (*Jugoslovenska Radikalna Zajedinica*) des späteren Ministerpräsidenten Stojadinović an.[185]

Im Ergebnis ist festzuhalten, dass eine gewisse Form der staatlichen Dezentralisierung den Minderheiten im Königreich Jugoslawien nicht zu Gute kam, sondern primär die Bedürfnisse der jugoslawischen Völker nach mehr Selbstbestimmungsrecht im gemeinsamen Staate förderte. Diese Entwicklung ist auch im weiteren Verlauf der Dezentralisierung des Staates zu beobachten. Ab dem Jahre 1938 war der neue König Paul dazu bestrebt die immer lauter werdenden kroatischen Forderungen nach mehr Selbstbestimmungsrecht zu regeln. Der Grund für das Bedürfnis nach einer Regelung, die alle Seiten befriedigen könne, lag darin, dass die radikal faschistische Unabhängigkeitsbewegung der Ustaša immer mehr an Zustimmung in der kroatischen Bevölkerung erhalten hatte. Letztlich endeten die Bestrebungen in dem Abschluss einer Vereinbarung (*sporazum*)

---

184 *Sobolevski*, Nacionalne manjine u Kraljevini Jugoslaviji, [Nationale Minderheiten im Königreich Jugoslawien] in: Fleck/Graovac (Hrsg.), 6. Dijalog povjesničara-historičara [6. Dialog zwischen Historikern], 395 (405).

185 *Wehler*, Nationalitätenpolitik in Jugoslawien, Seite 32; ebenso: *Sobolevski*, Nacionalne manjine u Kraljevini Jugoslaviji, [Nationale Minderheiten im Königreich Jugoslawien], in: Fleck/Graovac (Hrsg.), 6. Dijalog povjesničara-historičara [6. Dialog zwischen Historikern], 395 (405).

vom 20.08.1939 zwischen dem König und dem Führer der gemäßigten Kroaten Maček. Die Vereinbarung sicherte den kroatischen Verwaltungseinheiten mehr Gesetzgebungsbefugnisse zu. Das kroatische Parlament (*Sabor*) erhielt unter anderem die Ermächtigung, Gesetze im Bereich Industrie, Handel, Landwirtschaft und Gesundheitswesen zu erlassen. Schließlich sah die Vereinbarung vor, dass der kroatische Ban, nicht nur gegenüber dem König, sondern nun auch dem kroatischen *Sabor* gegenüber verantwortlich war.[186]

3.) Die Umsetzung völkerrechtlicher und verfassungsrechtlicher Vorgaben in das einfache Recht an Hand des Beispiels von Bildungsrechten

Das Königreich der Serben, Kroaten und Slowenen war aufgrund seiner völkervertraglichen Verpflichtungen gezwungen, die Rechte der Minderheiten zu garantieren. Obwohl bedeutenden Rechten auf verfassungsrechtlicher Sicht, wie beispielsweise Autonomierechte oder das Recht auf effektive politische Mitbestimmungen nur punktuell eingestanden worden sind, fanden sich in zahlreichen Gesetzen Bestimmungen zum Schutz nationaler Minderheiten. Eine besonders hohe Anzahl an Schnittstellen zum Schutze von Minderheiten zeigten hierbei die rechtlichen Regelungen zum Schulwesen.

Die Einrichtung von Minderheitenschulen stellte ein Herzstück der Minderheitenrechte dar, da diese den kulturellen und sprachlichen Fortbestand einer Minderheit sichern kann. Daher ist es nicht verwunderlich, dass die Etablierung solcher Bildungseinrichtungen schon im Vertrag von Bukarest 1913 in Bezug auf die muslimische Bevölkerung Südserbiens bestimmt wurde. Der Minderheitenvertrag der alliierten Mächte nahm die Verpflichtung des Königreiches der Serben, Kroaten und Slowenen auf, wobei das Recht auf Elementarunterricht in der Minderheitensprache als alleiniges ausdrückliches Minderheitenrecht in der *Vidovdan*-Verfassung seinen Niederschlag gefunden hat.

Im Folgenden soll untersucht werden, welche rechtlichen Rahmenbedingungen die Schulbildung von Minderheitenangehörigen galten und ob die tatsächliche Umsetzung der Bildungsrechte von Angehörigen nationaler Minderheiten den völkervertraglichen Verpflichtungen des ersten jugoslawischen Staates entsprachen.

Die neuen jugoslawischen Regierungsstellen waren in den Gebieten um Slowenien, Slawonien und der Vojvodina mit einer außerordentlich gut entwickelten

186 *Radan*, Constitutional Experimentation and the National Question in interwar Yugoslavia, Istorija 20. veka 2 (2011), 25 (36).

ungarischen und deutschen Schullandschaft konfrontiert. Der Umgang der Schulbehörden mit den bestehenden Minderheitenschulen orientierte sich grundsätzlich an zwei Prämissen. Zunächst lag das staatliche Anliegen in der Verdrängung der bestehenden Vormachtstellung der Minderheiten im Bildungsbereich. Ferner war es das Anliegen des Staates die Kinder der Minderheitenangehörigen ebenso wie serbische, kroatische und slowenische Schüler im Geiste der Loyalität zu dem neuen Staat zu erziehen.[187]

Die Vorstellung die dominante Stellung von Minderheiten in Bezug auf schulische Bildung zu minimieren führte dazu, dass beispielsweise der rechtliche Umgang der deutschen Minderheitenschulen in den verschiedenen Territorien des serbisch-kroatisch-slowenischen Königreiches unterschiedlich ausfiel:

Da die deutsche Minderheit in Slowenien die mit Abstand größte Minderheit darstellte, trafen diese besonders restriktive Bestimmungen im Bildungsbereich. Schon am 16.11.1918 rief die Volksregierung von Slowenien, dass Slowenisch die einzige Unterrichtssprache sei. Lediglich in den Klassen, in denen mindestens 40 echte deutsche Kinder unterrichtet worden sind, sollten Unterrichtseinheiten auf Deutsch abgehalten werden.[188]

Im Gegensatz dazu trafen die restriktiven Bestimmungen in der Vojvodina ungarische Bildungseinrichtungen, wobei die deutschen Bildungseinrichtungen einen gewissen Grad an Förderung genossen haben, indem zuvor ungarischsprachige Schulen in deutsche Schulen umgewandelt wurden. Der serbische Unterrichtsminister stellte den Deutschen in der Vojvodina die Gründung einer deutschen Universität sowie die Berufung von Lehrkräften aus dem deutschsprachigen Ausland in Aussicht.[189] Die Schulbehörden schafften die Schulen der Albaner und der Cincaren in den südlichen Landesteilen vollständig ab.[190]

Im weiteren Verlauf war kein einheitlicher Kurs der jugoslawischen Regierung im Bereich der Bildungspolitik der Minderheitenangehörigen zu erkennen. Grund für die kurzfristigen Kursänderungen waren nicht nur der ständige Regierungswechsel, dem auch die persönliche Besetzung des Unterrichtsministeriums unterfiel, sondern auch die Vielzahl von Gesetzen und Schulverordnungen, die im Regelfall nur auf Teilgebiete des Königreiches Anwendung fanden. Auf Vorschlag des Innenministeriums aus dem Jahre 1923 sollte kein einheitliches

---

187 *Janjetović*, National Minorities in Yugoslavia 1918–1941, Review of Croatian History 8 (2012), 61 (71).

188 *Janjetović*, Deca careva [Kinder des Zaren], Seite 230f.

189 *Graßl*, Das Schulwesen der Deutschen in Südslawien, Nation und Staat 1 (1927/1928), 793 (794f).

190 *Janjetović*, Deca careva [Kinder des Zaren], Seite 230f.

Minderheitenschulgesetz erlassen werden, damit sich die Regierung in diesen Fragen weiterhin Spielraum verschaffen könne. Der Vorschlag sah vor, dass die Frage der Bildungsrechte der Minderheiten durch bilaterale Verträge geregelt werden sollte.[191]

Zu Mitte der 1920er Jahre gingen die jugoslawischen Schulbehörden dazu über, die Einschulungspraxis nicht im Sinne des Minderheitenrechtes anzuwenden. Mit Hilfe einer Namensanalyse auf Grundlage einer Verordnung[192] des damaligen Unterrichtsministers Pribićević erfragten die Schulbehörden nicht mehr nur den Namen der beiden Eltern, sondern auch den Namen der Großeltern. Sobald ein slawischer Name der Vorfahren ausfindig gemacht werden konnte, erfolgte die Einschulung des betreffenden Kindes in eine übliche Schulklasse.[193]

Diese Vorgehensweise stand im Gegensatz zu der herrschenden Meinung im Völkerrecht, dass die Zugehörigkeit zu einer Minderheit aus einer Kombination objektiver und subjektiver Elemente besteht. Der Ständige Internationale Gerichtshof erkannte in seinem Gutachten aus dem Jahre 1928 über Minderheitenschulen in Oberschlesien an, dass jedem Staatsangehörigen das Recht eingeräumt werden müsse, nach seinem Gewissen und auf seine persönliche Verantwortung hin zu erklären, was die Sprache eines Schülers sei, für den der Staatsangehörige nach den nationalen Gesetzten verantwortlich sei.[194]

Im Zuge langwieriger Verhandlungen der deutschen Minderheit mit der jugoslawischen Regierung entstand das Gesetz über die Volksschulen vom 05.12.1929. Das Gesetz verbot die bis dahin geltende Verwaltungspraxis der Namensanalyse.[195] Darüber hinaus regelte das Gesetz Einzelheiten über die geltende Unterrichtssprache. Der Unterricht der herrschenden Staatssprache war erst ab dem 3. Schuljahr für vier Wochenstunden verpflichtend. Erst mit dem Beginn der 5. Klasse war der Unterricht in den nationalen Fächern Geschichte und Geographie in serbokroatischer Sprache obligatorisch.[196]

---

191 *Janjetović*, Deca careva [Kinder des Zaren], Seite 231.

192 Jugoslawisches Bildungsministerium, Verordnung Nr. 32.580 vom 18.06.1925.

193 *Suppan*, Jugoslawien und Österreich, Seite 785f.

194 Gutachten Nr. 12 des Ständigen Internationalen Gerichtshofes vom 26.04.1928, Minderheitenschulen in Oberschlesien, Seite 46.

195 *Sobolevski*, Nacionalne manjine u Kraljevini Jugoslaviji, [Nationale Minderheiten im Königreich Jugoslawien], in: Fleck/Graovac (Hrsg.), 6. Dijalog povjesničara-historičara [6. Dialog zwischen Historikern], 395 (408).

196 *Wehler*, Nationalitätenpolitik in Jugoslawien, Seite 24.

4.) Der Schutz nationaler Minderheiten als außenpolitischer Faktor

Die eher minderheitenunfreundliche Haltung der jugoslawischen Regierung zur Gründungszeit des Königreiches der Serben, Kroaten und Slowenen konnte weiter auch aus Gründen außenpolitischer Parameter nicht aufrechterhalten werden.

Fragen um den Schutz nationaler Minderheiten regulierte die jugoslawische Regierung in der Phase zwischen den beiden Weltkriegen vermehrt an Hand von bilateralen Verträgen.

Eine Vielzahl von völkerrechtlichen Verträgen schloss das Königreich der Serben, Kroaten und Slowenen mit Italien, die allesamt auch minderheitenrechtliche Bezüge aufwiesen. In dem Staatsvertrag von Rapallo vom 12.11.1920 zwischen dem Königreich der Serben, Kroaten und Slowenen und Italien[197] entband die Regierung des Königreiches die italienische Bevölkerung in Dalmatien von der Optionspflicht, die seit dem Minderheitenschutzvertrag aus dem Jahre 1919 galt. Nach Artikel 7 Abs. 2 des Vertrages durfte die italienische Bevölkerung in Dalmatien ihren Wohnsitz im Königreich der Serben, Kroaten und Slowenen beibehalten, ohne ihre italienische Staatsbürgerschaft aufgeben zu müssen.

Auch in weiteren Abkommen der beiden Staaten fanden sich Rechte der jeweiligen nationalen Minderheit wieder. Da die italienische Minderheit auf dem Gebiet Jugoslawiens zahlenmäßig als klein und lediglich auf dem Gebiet Dalmatiens beschränkt war, sind die weitgehenden völkervertraglichen Zugeständnisse der Belgrader Regierung nur auf die aggressive Haltung Italiens gegenüber dem Königreich der Serben, Kroaten und Slowenen zurückzuführen.[198]

Auch die deutsch-jugoslawischen Beziehungen waren zeitweise von Fragen des Minderheitenrechts geprägt. Mit der Aufnahme der diplomatischen Beziehungen zeigte die deutsche Regierung nur punktuell Interesse für die deutsche Minderheit in Südosteuropa. Ihr außenpolitisches Hauptinteresse galt der deutschen Minderheit in Polen. Nach der Vorstellung der politischen Klasse der Weimarer Republik sollte den ehemaligen Reichsangehörigen ein Höchstmaß an Fürsorgepflicht zuteil werden lassen.[199] Besonderen Aufwind erfuhren die Rechte der deutschen Minderheiten bei der Schaffung des Gesetzes über das Volksschulwesen Ende der 1920er Jahre, wobei die Fragen des Schutzes der deutschen Minderheit vermehrt in das Zentrum der zwischenstaatlichen Beziehungen

197 Staatsvertrag von Rapallo zwischen dem Königreich der Serben, Kroaten und Slowenen und Italien vom 12.11.1920, der Vertrag ist abgedruckt in: Nation und Staat 1 (1927/1928), Seite 773ff.

198 *Janjetović*, Deca careva [Kinder des Zaren], Seite 376.

199 *Höpfner*, Deutsche Südosteuropapolitik, Seite 304.

rückte.[200] Mit der Machtergreifung der Nationalsozialisten und dem Anschluss Österreichs im März 1938 sowie die Einverleibung des Sudentenlandes im März 1939 sah sich das Königreich Jugoslawiens immer deutlicher der Gefahr einer deutschen Invasion ausgesetzt. Obwohl die jugoslawische Regierung dem Deutschen Reich in militärischen Bündnisfragen entgegen kam und Ende 1939 eine weitreichende Autonomie für die deutsche Minderheit in Aussicht gestellt wurde,[201] griff das Deutsche Reich Jugoslawien am 06.04.1941 an.[202]

Schließlich lässt sich festhalten, dass die Lage der nationalen Minderheiten zwischen den beiden Weltkriegen in Jugoslawien in einem hohen Maße von außenpolitischen Faktorenbeeinflusst war. Zwar konnten diplomatische Fürsprachen der Mutterländer für ihre Minderheiten in Jugoslawien eine zeitweise Verbesserung ihrer rechtlichen Stellungbewirken, jedoch empfanden die jugoslawischen Regierungskreise die von außen unternommenen Einflussnahmen als eine Einmischung in innere Angelegenheiten.

5.) Die minderheitenrechtlichen Verfahren vor dem Völkerbund

Da die alliierten Mächte sich gegen eine Aufnahme einer allgemeinen Minderheitenschutzklausel in die Völkerbundsatzung sträubten, enthielten die Minderheitenschutzverträge mit den mittelost- und südosteuropäischen Staaten aus dem Jahr 1919 Bestimmungen über die Einhaltung der gewährten Minderheitenrechte.[203] Der Minderheitenschutzvertrag mit dem Königreich der Serben, Kroaten und Slowenen[204] sah in Artikel 11 ein entsprechendes Überwachungsregime vor. Nach Artikel 11 stimmte das Königreich der Serben, Kroaten und Slowenen zu, dass jedes Mitglied des Völkerbundrates dazu berechtigt sei, auf eine Verletzung bzw. die Gefahr einer Verletzung von Minderheitenrechten aufmerksam zu machen. Ferner verpflichtete sich das Königreich der Serben, Kroaten und Slowenen dazu, dass bei anhaltender Uneinigkeit über den Einklang einer innerstaatlichen Maßnahme mit den garantierten Minderheitenschutzrechten der Ständige Internationale Gerichtshof angerufen werden könne. Gegen die

---

200 *Höpfner*, Deutsche Südosteuropapolitik, Seite 317.

201 *Janjetović*, National Minorities in Yugoslavia 1918–1941, Review of Croatian History 8 (2012), 61 (73).

202 *Ramet*, Die drei Jugoslawien, Seite 161.

203 *Scheuermann*, Minderheitenschutz contra Konfliktlösung, Seite 30.

204 Vertrag ist abrufbar auf der Seite des Österreichischen Bundeskanzleramtes: https://www.ris.bka.gv.at/GeltendeFassung/Bundesnormen/10000044/Staatsvertrag%20von%20St.%20Germain%2c%20Fassung%20vom%2022.09.2014.pdf.

Entscheidung des Ständigen Internationalen Gerichtshofes war kein Rechtsmittel möglich und diese hatte bindenden Charakter.

Den einschlägigen Minderheitenschutzverträgen fehlte eine rechtliche Ausgestaltung des Verfahrens. Entscheidende Fragen aus rechtlichen und diplomatischen Gesichtspunkten blieben offen. Beispielsweise blieb unklar, ob die Vertreter der Minderheiten auch antragsberechtigt waren und welches Ratsmitglied sich einer Sache annehmen solle, da die Gefahr eines diplomatischen Zerwürfnisses mit dem betroffenen Staat im Raum stand. Die Beantwortung der Fragen nach der Antragsbefugnis und der Zuständigkeit entwickelten sich im Laufe der Zeit.[205]

Auf der Grundlage des vom Völkerbund ernannten Berichterstatters für Minderheitenfragen Tittoni verfassten Berichtes vom 22.10.1920 eröffnete die Möglichkeit für Minderheitenvertreter die Verletzung bzw. die Gefahr einer Verletzung von Minderheitenrechten durch eine Petition anzuzeigen.[206]

Der Vertreter Belgiens beim Völkerbund, Heymans, befürwortete die Einführung eines Dreierkommitees zur Überprüfung der eingereichten Petition. Dieses Dreierkommitee bestand aus dem Präsidenten des Völkerbundrates und zwei weiteren vom ihm bestimmten Mitgliedern. Das Dreierkommitee hatte zur Aufgabe, die eingelegte Petition der Staaten und Minderheitenvertreter zu prüfen.[207]

Mit der Einleitung von Verfahren vor dem Völkerbund wegen angeblicher Verletzung von Minderheitenrechten durch das Königreich der Serben, Kroaten und Slowenen bzw. später das Königreich Jugoslawien zeigten sich die ungarische, mazedonische und albanische Minderheit aktiv.

Den Löwenanteil der vor dem Völkerbund gebrachten Verfahren wegen angeblicher Minderheitenrechtsverletzungen erzwang die ungarische Minderheit. Die Verfahren kreisten um Fragen der Festnahme von Minderheitenangehörigen oder um Verbote ungarischer Vereine.[208] Dabei herrschte der Eindruck, dass die Verfahren als Plattform genutzt wurden, um die Rivalität der beiden Staaten untereinander auszutragen.

Ebenso versuchten die Mazedonier eine Vielzahl von Verfahren vor dem Völkerbund einzuleiten. Hierbei gab es die Schwierigkeit, dass eine beträchtliche Zahl der Mitglieder des Völkerbundrates nicht gewillt gewesen war, die Frage nach der Einordnung der Mazedonier als nationale Minderheit entscheiden zu müssen.

---

205 *Gütermann*, Das Minderheitenschutzverfahren, Seite 41.

206 Tittoni-Bericht vom 22.10.1920, abgedruckt in: *Gütermann*, Das Minderheitenschutzverfahren, Seiten 338–340.

207 *Pritchard*, Der völkerrechtliche Minderheitenschutz, Seite 86; ebenso: *Jackson Preece*, National Minorities, Seite 80.

208 *Scheuermann*, Minderheitenschutz contra Konfliktlösung, Seiten 260 f.

Wie schon zu Zeiten der Friedensverhandlungen in Paris stellte sich die französische Regierung auf der Seite der jugoslawischen Regierung, die weiterhin den Standpunkt vertrat, dass es sich bei Mazedoniern um Südserben handele und damit das internationale Minderheitenschutzregime keine Anwendung finden könne.[209] Erschwerend trat für die Mazedonier hinzu, dass die sich für die Rechte der Mazedonier eintretende bulgarische Regierung zu Gunsten verbesserter zwischenstaatlicher Beziehungen zwischen Sofia und Belgrad von einem weiteren verschärften Eintreten für die Mazedonier in Jugoslawien Abstand nahm.[210]

Die Vorwürfe von Vertretern der albanischen Minderheit gegen die jugoslawische Regierung wogen am schwersten. Gegenstand der Anträge waren die zwangsweise Enteignung albanischer Ländereien ohne ausreichende Kompensation, angebliche Massaker an der albanischen Bevölkerung im Kosovo sowie der Vorwurf der Vertreibung der albanischen Bevölkerung.[211] Trotz des heftigen Inhalts der Vorwürfe, blieben die Anträge der Vertreter der albanischen Minderheit im Ergebnis erfolglos, indem sie regelmäßig als unzulässig erklärt worden sind. Insgesamt erhärtete sich der Eindruck, dass der Stillstand bezüglich der Anliegen der albanischen Minderheit in Jugoslawien seitens des Völkerbundes mit der schwachen Position des albanischen Mutterlandes im Zusammenhang stand.[212]

Die deutsche Minderheit nutzte die Möglichkeit Anträge vor dem Völkerbund wegen angeblicher Verletzung ihrer Minderheitenrechte nur punktuell. Diese versuchte stärker als andere Minderheiten auf die Durchsetzung ihrer Rechte an Hand von innenpolitischer Konsultation mit der Belgrader Regierung zu lösen.[213] Die Petition der deutschen Minderheit, die die Schließung des „Deutschen Hauses“ im slowenischen Celje zum Gegenstand hatte, nahmen die Vertreter der deutschen Minderheit nach einer einvernehmlichen Streitbeilegung mit der jugoslawischen Regierung zurück, als die jugoslawische Regierung die Verabschiedung der Schulverordnung aus dem Jahre 1929 ankündigte.[214]

V.) Minderheiten im Sozialistischen Jugoslawien

Nach dem Ende des Zweiten Weltkrieges änderte sich die Lage der Minderheiten in Jugoslawien erneut. Die neue Situation basierte nicht auf territoriale

209 *Scheuermann*, Minderheitenschutz contra Konfliktlösung, Seite 286.
210 *Scheuermann*, Minderheitenschutz contra Konfliktlösung, Seite 272.
211 *Scheuermann*, Minderheitenschutz contra Konfliktlösung, Seite 274.
212 *Scheuermann*, Minderheitenschutz contra Konfliktlösung, Seite 286.
213 *Bartsch*, Minderheitenschutz, Seite 111.
214 *Suppan*, Jugoslawien und Österreich, Seite 808.

Umwälzungen, wie es in den vorherigen Entwicklungsabschnitten der Fall war, sondern in Form eines Systemwandels hin zum Sozialismus.

Aller Wahrscheinlichkeit nach konnte die Kommunistische Partei Jugoslawiens während und nach dem Zweiten Weltkrieg ihre Machtposition stärken, da sie als einzige politische Kraft über alle ethnischen und religiösen Zugehörigkeitsgefühle hinweg agierte.[215] In der Herrschaftsphase des Sozialismus in Jugoslawien zeichnet sich durch ein vielschichtiges Bild der Minderheiten und deren rechtliche Position aus. Einerseits betrieb der Staat die Vertreibung einiger Minderheiten als Reaktion auf die Geschehnisse des Zweiten Weltkrieges, andererseits plädierte Jugoslawien auf internationalem Parkett für die Verankerung minderheitenrechtlicher Schutzstandards, die letztendlich in verfassungsrechtlicher Form gegossen wurden.

1.) Minderheiten als Opfer der Geschichte

Ein dunkles Kapitel der Geschichte der Minderheiten in Jugoslawien war die Vertreibung der deutschen Minderheiten aus Jugoslawien.

Rechtliche Grundlage der Vertreibungspolitik war die Entscheidung des Antifaschistischen Rates der nationalen Befreiung Jugoslawiens, AVNOJ, (*Antifašističko veće narodnog oslobođenja Jugoslavije*) vom 06.02.1945, das Grundeigentum der Kriegsverbrecher und deren Beihelfer in Staatseigentum übergehen zu lassen. Diese Entscheidung wurde im Nachhinein durch das Gesetz[216] über den Übergang von feindlichem Eigentum in Staatseigentum vom 31.07.1946 bestätigt. Demnach waren alle jugoslawischen Staatsbürger deutscher Herkunft betroffen. Ausnahmen galten nur denjenigen Deutschen oder Jugoslawen mit deutschem Nachnamen, die als Partisanen gegen die deutschen Besatzer gekämpft haben oder schon als assimiliert galten, indem sie beispielsweise eine Ehe mit einem Jugoslawen oder einer Jugoslawin eingegangen waren.[217]

Weitere Gesetze des AVNOJ betrieben die Diskriminierung der deutschen Bevölkerung. Insbesondere das Staatsangehörigkeitsgesetz wurde hierzu missbraucht. Demnach waren Deutsche nicht von vornhinein von der jugoslawischen

---

215 *Janjetović*, Ethnopolitik und Föderalismus in Jugoslawien, in: Salomon/Zub (Hrsg.), Südosteuropa im 20. Jahrhundert, 181; ebenso: *Várady*, Minorities, Majorities, Law and Ethnicity, HRQ 19 (1997), 9 (18).

216 Amtsbaltt FNRJ, Nummer 63/45.

217 *Dimitrijević*, Zahtev nekadašnje nemačke manjine za restituciju imovine u Srbiji [Ansruch der einstigen deutschen Minderheit auf Rückgabe von Immobilien in Serbien], Međunarodni problemi [Internationale Probleme] 63 (2011), 126 (138).

Staatsangehörigkeit ausgeschlossen, jedoch behielt sich das Innenministerium eine Entscheidung über die Beibehaltung der jugoslawischen Staatsangehörigkeit vor.[218]

Obwohl die Angehörigen der ungarischen Minderheit ebenso wie die Mitglieder der deutschen Minderheit zunächst von den neuen jugoslawischen Machthabern als Kollaborateure angesehen wurden, verhinderte die Führung der Sowjetunion ein ähnliches Vorgehen der jugoslawischen Machthaber gegen die ungarische Minderheit wie sie der deutschen Minderheit widerfuhr.[219]

2.) Jugoslawiens Eintritt für Minderheitenrechte auf internationaler Ebene

Als Grundlage der kommunistischen Nationalitätenpolitik galt die Gleichheit aller südslawischen Völker und nationalen Minderheiten. Als Ausfluss dieses Gedanken entstand als Gegenkonzept des unitaristischen Königreiches Jugoslawien die Anerkennung und Förderung der ethnischen Unterschiede unter dem Dach eines föderalen Staates.

In der Zeit nach dem Zweiten Weltkrieg galt der kollektive Schutz nationaler Minderheiten auf internationaler Ebene dem Grunde nach als gescheitert. Mit der Allgemeinen Erklärung der Menschenrechte der Vereinten Nationen vom 10.12.1948 herrschte die Vorstellung des individuell ausgestalteten Menschenrechtsschutzes vor. Die Gegner einer Aufnahme von Minderheitenrechten in die Allgemeine Erklärung der Menschenrechte führten ins Feld, dass aus einer Gesamtschau aller garantierten Menschenrechte des Paktes ein gesondertes Minderheitenschutzsystem überflüssig sei.[220] In zeitlicher Nähe zum Ende des Zweiten Weltkrieges kam es daher lediglich vereinzelt zu zwischenstaatlichen Abkommen, die die Rechte nationaler Minderheiten berührten. Zu diesen Abkommen zählt beispielsweise das Gruber-de-Gasperi-Abkommen zwischen Österreich und Italien vom 05.09.1946, das die kulturelle Eigenheit der deutschsprachigen Minderheit in Südtirol zum Gegenstand hat und als Annex IV in den Pariser Friedensvertrag vom 10.02.1947 aufgenommen wurde.[221]

---

218 *Wehler*, Nationalitätenpolitik in Jugoslawien, Seiten 86 f.

219 *Janjetović*, Ethnopolitik und Föderalismus in Jugoslawien, in: Salomon/Zub (Hrsg.), Südosteuropa im 20. Jahrhundert, 181 (182).

220 *Eide*, Locating the Framework Convention within the universal system of human rights, in: Weller (Hrsg.), Rights of Minorities, 25 (38); ebenso: *Wolfrum*, Aspekte des Schutzes von Minderheiten unter dem Europäischen Menschenrechtsschutzsystem, in: FS Ress, 1109 (1114).

221 *Hofmann*, Minderheitenschutz in Europa, Seite 19.

Bei den Beratungen zur Schaffung des Internationalen Paktes über bürgerliche und politische Rechte trat die jugoslawische Regierung als Hauptinitiator für die Einführung einer Minderheitenschutzklausel ein. Der Vorschlag der jugoslawischen Delegation sah nicht nur ein Diskriminierungsverbot vor, sondern auch die Verpflichtung der Staaten besondere positive Maßnahmen in Bezug auf Minderheiten zu übernehmen, wie beispielsweise das Recht von Minderheitenangehörige auf Schulbildung in ihrer Muttersprache.[222] Den Vorschlag ergänzten neben Diskriminierungsverboten und Bildungsrechten auch kollektive Rechte, die die Gruppe einer Minderheit gegenüber staatlichen Institutionen hätten geltend machen können.[223] Letztendlich setzte sich der Vorschlag der jugoslawischen Delegation sofern durch, dass ein Diskriminierungsverbot aufgrund der Zugehörigkeit zu einer nationalen Minderheit in Artikel 27 des Paktes aufgenommen wurde.

Der Einsatz des damaligen blockfreien Jugoslawiens ist nicht nur aus seiner inneren Ideologie der Gleichbehandlung aller Völker und Völkerschaften sowie dem staatlichen Förderprogramm nationaler Minderheiten geschuldet. Die verschiedenen jugoslawischen Minderheiten in den Nachbarstaaten konnten auf unterschiedliche Schutzstandards zählen. Den Schutz slowenischer Minderheiten in Österreich und Italien garantierten die Staatsverträge mit Österreich aus dem Jahre 1959 und mit Italien der Vertrag vom Osimo aus dem Jahre 1975. Andere völkerrechtliche Verträge zu den östlichen und südlichen Nachbarn bestanden nicht. Um den asymentrischen Schutzstandard zu beseitigen, bemühte sich Jugoslawien um allgemeingültige internationale Normen auf dem Gebiet des Minderheitenschutzes.[224]

Auch im weiteren Verlauf der Beratungen um die Aufnahme eines Minderheitenschutzmechanismus auf Ebene der Vereinten Nationen nahm Jugoslawien eine Vorreiterrolle ein. Jugoslawien legte auf der 34. Tagung der Menschenrechtskommission einen Deklarationsentwurf zum Schutz von Personen vor, die sprachlichen, religiösen und ethnischen Minderheiten angehören.[225]

---

222 *Nowak*, CCPR Commentary, Art. 27, Rn. 6.

223 *Pindić*, Manjinska problematika na Balkanu i Jugoslavija [Das Minderheitenproblem auf dem Balkan und in Jugoslawien], Međunarodni problemi [Internationale Probleme] 40 (1988), 108 (115).

224 *Pindić*, Manjinska problematika na Balkanu i Jugoslavija [Das Minderheitenproblem auf dem Balkan und in Jugoslawien], Međunarodni problemi [Internationale Probleme] 40 (1988), 108 (114).

225 *Ermacora*, Nationalitätenkonflikt, Seite 69f.

3.) Auf dem Gipfel der Minderheitenrechte: Die verfassungsrechtliche Lage von 1974

In der Zeitspanne der jugoslawischen Bemühungen um die Schaffung von internationalen Minderheitenschutzrechten fiel die neue Bundesverfassung aus dem Jahre 1974, die aus einer Vielzahl ihrer Bestimmungen heraus minderheitenrechtliche Relevanz aufwies, ohne nationale Minderheiten ausdrücklich zu erwähnen.

Lediglich die Präambel der gesamtstaatlichen Bundesverfassung legte als Leitlinie der jugoslawischen Außenpolitik den Einsatz für jugoslawische nationale Minderheiten, die außerhalb des Staatsgebietes leben, fest. Die neue Verfassung verwendete eine neue Terminologie im Bereich der ethnischen Zugehörigkeit. Die staatstragenden slawischen Völker wurden als Völker (*narodi*) bezeichnet. Die nationalen Minderheiten im Lande erhielten den Status der „*narodnost*".[226] Die Bezeichnung galt als Sammelbegriff für diejenigen Volksgruppen, die ein angrenzendes Mutterland hatten.[227] Die Übersetzung des Wortes „*narodnost*" bringt Schwierigkeiten mit sich, da der Begriff politisch aufgeladen ist. Serbische Autoren gehen davon aus, dass das Wort „*Völkerschaft*" die treffsicherste Übersetzung darstellt.[228]

Neben dem eher symbolischen Charakter der Einführung neuer verfassungsrechtlicher Begrifflichkeiten bereitete die Gewährung von Autonomie für die serbischen Provinzen Vojvodina und Kosovo sowie die faktische Gleichstellung der beiden Autonomen Provinzen mit den übrigen sechs jugoslawischen Teilrepubliken im Feld des Minderheitenrechts neue Möglichkeiten. Sowohl die bundesstaatliche Verfassung als auch die Verfassungen der Teilrepublik Serbien und der beiden Autonomen Provinzen gestanden den Angehörigen nationaler Minderheiten das Verbot der Ungleichbehandlung wegen der Zugehörigkeit zu einer Völkerschaft zu (Artikel 245 der jugoslawischen Bundesverfassung) sowie das Recht auf Schulbildung in der jeweiligen Minderheitensprache ein (Artikel 246 der jugoslawischen Bundesverfassung).[229]

Das Recht auf Schulbildung in einer Minderheitensprache wurde derart umgesetzt, dass in den Gemeinden, in denen Minderheiten ansässig waren, der

---

226 *Basta*, Minderheitenrechte in den neugegründeten jugoslawischen Staaten, in: Samardžić/Fleiner (Hrsg.), Föderalismus und Minderheitenproblem, 214 (220).

227 *Várady*, Minorities, Majorities, Law and Ethnicity, HRQ 19 (1997), 9 (10).

228 *Paunović*, Nationalities and Minorities in the Yugoslav Federation, in: Packer/Myntti (Hrsg.), The Protection of Minorities in Europe, 145 (149).

229 *Paunović*, Nationalities and Minorities in the Yugoslav Federation, in: Packer/Myntti (Hrsg.), The Protection of Minorities in Europe, 145 (153).

Schulunterricht bilingual erfolgen sollte. Neben der Schulbildung gehörte auch die Einführung von Hochschulunterricht zu den Wesensmerkmalen der damaligen Förderung der Minderheitensprachen. Die Universitäten in Novi Sad und Priština ermöglichten das Studium elementarer Fächer in ungarischer und slowakischer bzw. in albanischer Sprache.[230] Das hohe Niveau an Bildungseinrichtungen für Minderheiten verhinderte nicht, dass die absolute Zahl an Schülern, die Klassen muttersprachlichen Unterrichts besuchten in der Zeitspanne der Jahre 1974 bis 1990 stetig fiel.[231]

Das System der Minderheitenförderung rundete ein striktes Rotationsprinzip zwischen staatlichen Ämtern unter Beachtung einer ethnischen Quote, in denen auch Minderheitenvertreter Beachtung fanden, ab.[232]

VI.) Der Status nationaler Minderheiten während des Milošević-Regimes

Die steigenden Spannungen zwischen den einzelnen jugoslawischen Teilrepubliken und die Forderungen Sloweniens und Kroatiens zunächst nach einer Umformung des Staates in eine Konföderation und später in die Entlassung der Teilrepubliken in die staatliche Unabhängigkeit hatte auch weitreichende Auswirkungen auf die Autonomie der beiden serbischen Provinzen sowie auf die (verfassungs-) rechtliche Stellung der dort lebenden nationalen Minderheiten. Über den Zeitraum der 1980er Jahre hinweg kam es insbesondere seitens der albanischen Bevölkerung im Kosovo zu immer lauter werdenden Forderungen nach staatlicher Unabhängigkeit, wobei es zu immer heftigeren Zusammenstößen zwischen albanischen Separatisten und serbischen Streitkräften kam. Als Parteivorsitzender des Bundes der Kommunisten in Serbien vertrat Milošević die These, dass die Etablierung der beiden Provinzen in der Verfassung aus dem Jahre 1974 auf Kosten der Teilrepublik Serbien erfolgte mit dem letztendlichen Ziel, das Gewicht Serbiens in dem gemeinsamen jugoslawischen Bundesstaat zu verringern.[233] Als Präsident der Republik Serbien strengte Milošević erfolgreich die Etablierung einer neuen Verfassung an, die die Autonomie der beiden Provinzen Vojvodina und Kosovo

---

230 *Paunović*, Nationalities and Minorities in the Yugoslav Federation, in: Packer/Myntti (Hrsg.), The Protection of Minorities in Europe, 145 (157f.).

231 *Vujić*, The Rights to Education of Persons Belonging to National Minorities in Vojvodina 1974–2004, EYMI 9 (2010), 305 (314f.).

232 *Hummer/Hilpold*, Die Jugoslawien-Krise als ethnischer Konflikt, EA 1992, 87 (88).

233 *Pavković*, The Fragmentation of Yugoslavia, Seite 71f.

faktisch aufhob.[234] In Folge des Erlasses eines Maßnahmengesetzes zur Auflösung des Parlamentes und die Etablierung einer Sonderverwaltung im Kosovo[235] gingen sowohl die Rechtsetzungsbefugnisse als auch die Exekutivgewalt auf das serbische Parlament bzw. Regierungsorgane über. Höhepunkt der Zentralisierungspolitik unter Milošević war der Übergang aller Immobilien von Autonomen Provinzen und Gemeinden auf die Zentralregierung, was die unabhängige Arbeit dieser Gebietskörperschaften nahezu unmöglich machte.[236]

Die Verfassung von 1990[237] garantierte zwar in Artikel 32 Abs. 4 weiterhin den Anspruch Angehöriger nationaler Minderheiten in ihrer Sprache unterrichtet zu werden, jedoch übertrug der Verfassungsgeber die konkrete Ausgestaltung der Minderheitenschulbildung dem einfachen Gesetzgeber. In einem besonderen Maße nachteilig für die Angehörigen der nationalen Minderheit erwies sich die Bündelung der Gesetzgebungskompetenzen in diesem Bereich beim Parlament in Belgrad.[238] Rein tatsächlich beschränkten die serbischen Behörden die Möglichkeit Schulunterricht in einer Minderheitensprache zu erteilen. So beklagten Vertreter der ungarischen Minderheit, dass die vor 1990 existierenden 200 Grundschulen in der Vojvodina nach der Verfassungsreform tatsächlich kein Unterricht in ungarischer Sprache angeboten wurde. Die sehr weitreichende Repressionspolitik im Kosovo führte sogar dazu, dass sich die albanische Minderheit durch die aus dem öffentlichen Staatsdienst entlassenden Lehrer eine parallele Bildungsstruktur aufgebaut hatten.[239]

Auch der unter der Vorgängerverfassung von 1974 etablierte Anspruch der Minderheitenangehörigen auf Gebrauch der eigenen Sprache vor Gerichten und Behörden verkümmerte allmählich trotz einer verfassungsrechtlichen Vorgabe (Artikel 123 der serbischen Verfassung) und bildete eine inhaltsleere Hülse. Die einfachgesetzlichen Regelungen gaben den Minderheitenangehörigen das Recht

234 *Sundhaussen*, Experiment Jugoslawien, Seite 62.

235 Das Gesetz ist abgedruckt in: Marko/Borić, Slowenien, Kroatien, Serbien. Die neuen Verfassungen, Seiten 359–360.

236 *Stjepanović*, Samoodređenje i multietnički regionalizmi na post-jugoslovenskom prostoru [Selbstbestimmung und multiethnische Regionalismen auf dem postjugoslawischen Raum], Politička misao [Politische Wissenschaft], 52 (2015), 141 (148).

237 Eine deutsche Übersetzung der Verfassung ist abgedruckt in: Marko/Borić (Hrsg.), Slowenien-Kroatien-Serbien. Die neuen Verfassungen, Seiten 318–351.

238 *Vujić*, The Rights to Education of Persons Belonging to National Minorities in Vojvodina 1974–2004, EYMI 9 (2010), 305 (316).

239 *Marko*, Die rechtliche Stellung der Minderheiten in Serbien, in: Frowein/Hofmann/Oeter (Hrsg.), Das Minderheitenrecht europäischer Staaten, Teil 2, 288 (303).

Gerichts- und Behördenverfahren erster Instanz in ihrer Sprache zu führen. Jedoch musste das Verfahren in Serbisch weiterbetrieben werden, sobald ein Beteiligter den Fortgang des Verfahrens in Serbisch forderte.[240]

Einen letzten Versuch zur Regelung minderheitenrechtlicher Probleme unternahm die Regierung des serbischen Ministerpräsidenten Milan Panić im Jahre 1993. Der Gesetzesvorschlag stieß international auf positive Resonanz. Leider konnte sich das Gesetzesvorhaben nicht durchsetzen, da Vertreter der albanischen Minderheit Koordinierungsgespräche boykottierten.[241] Die albanische Minderheit führte vermehrt das Argument ins Feld, dass es nicht sein könne, dass die lediglich ca. 600.000 starken Montenegriner den Status einer Mehrheit erhalten, während die ca. 1,8 Mio. starke albanische Bevölkerung in Rest-Jugoslawien weiterhin als Minderheit eingeordnet wird.[242] Letztlich stoppte die Abwahl der Regierung Panić die Weiterentwicklung des geplanten Minderheitenschutzprogrammes.[243]

Mit der weiter voranschreitenden Etablierung des Regierungsapparates unter Milošević verschlechterte sich die allgemeine Menschenrechtslage samt der Situation der nationalen Minderheit in Serbien. Insbesondere die Minderheiten, die ethnische Berührungspunkte zu den nach Unabhängigkeit strebenden Teilrepubliken des gemeinsamen Staates aufwiesen, standen weitreichenden Unterdrückungen gegenüber. Das Milošević-Regime ließ Angehörige der kroatischen Minderheit in der Vojvodina und der bosnischen Minderheit im Sandžak weitestgehend aus dem Staatsdienst entfernen. Schätzungen gehen davon aus, dass circa 50.000 Ungarn und 45.000 Kroaten aus ihren Häusern in der Vojvodina vertrieben wurden. Ferner kam es zu gewaltvollen Übergriffen gegenüber Minderheitenangehörigen bis hin zu Verschleppungen, die insbesondere die Bosniaken im Sandžak trafen.[244]

Die allgemeine politische und wirtschaftliche Schieflage Jugoslawiens vergrößerte insgesamt den Druck auf die nationalen Minderheiten. Während insbesondere gut ausgebildete junge Menschen das Land verließen, strömten gleichzeitig

240 *Hofmann*, Minderheitenschutz in Europa, Seite 138f.

241 *Basta*, Minderheitenrechte in den neugegründeten jugoslawischen Staaten, in: Samardžić/Fleiner (Hrsg.), Föderalismus und Minderheitenproblem, 214 (222).

242 *Krivokapić*, Ethnic minorities in the Federal Republic of Yugoslavia and their Rights, Yugoslav Law 21 (1995), Teil 2, 3 (12).

243 *Krivokapić*, Serbia and Montenegro: The New Legal Framework for the Protection of Ethnic Minorities, RQDI 16 (2003), 61 (62).

244 *Ramet*, Die drei Jugoslawien, Seite 676.

mehrere hunderttausend vertriebene Serben aus Kroatien nach Serbien.[245] Diese Tatsache bekamen insbesondere die kroatische Minderheit in der Vojvodina durch weitere Repressalien zu spüren.

VII.) Demokratischer Wandel und neue Minderheitenstrategie

Nach dem Sturz des Milošević-Regimes am 05.10.2000 übernahm ein Bündel aus demokratischen Parteien, DOS (*demokratska opozicija Srbije, Demokratische Opposition Serbiens*) unter Führung von Zoran Đinđić und die DP (*demokratska partija, Demokratische Partei*) unter Vojislav Koštunica die Regierungsgeschäfte in Serbien. Neben der Integration des isolierten Landes in europäische Strukturen und die wirtschaftliche Öffnung des Landes für Investoren, zählte der Schutz nationaler Minderheiten zu den Hauptaufgaben der neuen demokratischen Regierung. Dabei prägte der Begriff der neuen Minderheitenpolitik (*nova manjinska politika*) das Verhältnis der Regierung zu den Vertretern der Minderheiten mit dem angekündigten Ziel der Integration der nationalen Minderheiten in die serbische Gesellschaft in Gestalt eines integrativen Multikulturalismus (*integrativni mulitkulturalizma*).[246]

Als politische Hauptfigur zur Umsetzung der neuen serbischen Minderheitenstrategie war der damalige Minister für Menschen- und Minderheitenangelegenheiten Rasim Ljajić, ein Angehöriger der nationalen Minderheiten der Bosniaken aus dem Sandžak.[247]

Um den Schutz für die Rechte nationaler Minderheiten voranzutreiben, galt die Wiedereinführung der unter Milošević ausgehebelten Autonomierechte der Vojvodina als vordergründiges Ansinnen der neuen demokratischen Führung in Belgrad. Um einerseits eine langwierige Verfassungsänderung zu vermeiden und andererseits dem Drängen der ungarischen Minderheitenvertreter der Vojvodina zur raschen Wiedereinführung der Autonomierechte der Vojvodina Genüge zu tun, entschied man sich für die Einführung eines so genannten Omnibus-Gesetzes.[248] Das Omnibus-Gesetz war derart ausgestaltet, dass es diejenigen Aufgaben in den Zuständigkeitsbereich der Behörden der Vojvodina

---

245 *Krivokapić*, Ethnic minorities in the Federal Republic of Yugoslavia and their Rights, Yugoslav Law 21 (1994), Teil 1, 63 (65).

246 *Vujačić*, Deset godina nove manjinske politike u Srbiji [Zehn Jahre neue Minderheitenpolitik in Serbien], Politička misao [Politische Wissenschaft], 49 (2012), 150 (152f).

247 *Orlović*, Političko predstavljanje nacionalnih manjina [Die politische Vertretung nationaler Minderheiten], MET 27 (2011) 393 (407).

248 *Kohercz*, The Struggle for Autonomy, in: Helsinki Monitor, 285 (293).

in den Grenzen rückführte, die die Verfassung zuließ.[249] Das weiterhin starke Zusammengehörigkeitsgefühl der verschiedenen ethnischen Bevölkerungsteile und die wirtschaftlich starke Position der Autonomen Provinz Vojvodina beschleunigten den Denzentralisierungsprozess.[250]

Als weiterer Meilenstein für den Schutz nationaler Minderheiten in Serbien zu Beginn der Demokratisierungsphase galt das Gesetz über den Schutz der Rechte nationaler Minderheiten (*zakon o zaštita prava i sloboda nacionalnih manjina,* im Folgenden Minderheitengesetz)[251] aus dem Jahre 2002. Das Minderheitengesetz sah als kompaktes Gesetz zum Schutz nationaler Minderheiten eine weite inhaltliche Regelungsbreite vor. Das Gesetz sieht auch heute noch das Verbot der Diskriminierung aufgrund der Zugehörigkeit zu einer nationalen Minderheit, den amtlichen Gebrauch von Sprache und Schriften der nationalen Minderheiten sowie Bildungsrechte von nationalen Minderheiten vor. Die Wahlen, Zuständigkeiten und Arbeitsweisen der nationalen Räte nationaler Minderheiten (*nacionalni saveti nacionalnih manjina*, im Folgenenden: Minderheitenräte)[252] regelte das Minderheitengesetz zunächst selbst, bis ein inhaltlich selbstständiges Gesetz über die nationalen Räte nationaler Minderheiten (*zakon o nacionalih saveti nacionalnih manjina*) im Jahre 2009 in Kraft trat.[253]

Hintergrund für die politischen und rechtlichen Aktivitäten der neuen demokratischen Regierung in Belgrad für den Schutz nationaler Minderheiten war der Beitritt Jugoslawiens zum Europarat sowie zur Unterzeichnung des Rahmenübereinkommens zum Schutz nationaler Minderheiten.[254]

Aus tatsächlicher Sicht verhinderten die festgefahrenen Strukturen des Milošević-Regime, wie beispielsweise die ethnisch unausgeglichene Besetzung von Posten in der staatlichen Verwaltung, Justiz und Polizei die vollumfängliche Umsetzung des Minderheitengesetzes. Allerdings bedrohten ethnische Spannungen

---

249 Beratender Ausschuss, 1. Stellungnahme zu Serbien und Montenegro, ACFC/INF/OP/I(2004)002, Rn. 112.

250 *Stjepanović*, Samoodređenje i multietnički regionalizmi na post-jugoslovenskom prostoru [Selbstbestimmung und multiethnische Regionalismen auf dem postjugoslawischen Raum], Politička misao [Politische Wissenschaft], 52 (2015), 141 (158).

251 Amtsblatt der BR Jugoslawien, Nr. 11/2002, Amtsblatt von Serbien-Montenegro, Nr. 1/2003, Amtsblatt Republik Serbien, Nr. 72/2009, Nr. 97/2013.

252 Amtsblatt der Republik Serbien, Nr. 72/2009.

253 *Pavlović-Križanić*, Pravni okvir nadležnosti nacionalnih saveta i preporkue [Der rechtliche Rahmen für die Zuständigkeit der nationalen Räte und Vorschläge] in: Evalucija rada nacionalnih saveta [Evaluierung der Arbeit nationaler Räte], Seite 7.

254 *Vujačić*, Deset godina nove manjinske politike u Srbiji [Zehn Jahre neue Minderheitenpolitik in Serbien], Politička misao [Politische Wissenschaft], 49 (2012), 150 (154).

ab dem Jahre 1999 das weitere friedliche Zusammenleben zwischen den verschiedenen Bevölkerungsteilen in Serbien. Besonders akut stellte sich die Lage zu Zeiten des Jahrtausendwechsels in den drei südlichen Gemeindebezirken um und im Preševo-Tal, die allesamt unmittelbar an das östliche Kosovo grenzen, heraus. In den betreffenden Gemeindebezirken Preševo und Bujanovac sind die Albaner statistischer Prognose nach die absolute Mehrheitsbevölkerung, während sie in Bujanovac eine beachtliche Minderheit darstellen.[255]

Die Mehrheit der albanischen Bevölkerung sehnte sich seit dem Ausbruch des Kosovokrieges im Jahre 1999 nach einem formalen Anschluss an das Kosovo. Diesen Anschluss versuchten die UÇPMB, ein paramilitärischer Ableger der kosovoalbanischen UÇK im Preševo-Tal, im Jahre 1999 militärisch durchzusetzen. Mit Hilfe des Čović-Planes[256], der nach dem damaligen stellvertretenden serbischen Ministerpräsidenten Nebojša Čović benannt ist, legten sich die ethnischen Spannungen im Preševo-Tal zunächst. Der Plan sah die Einführung einer Reihe minderheitenrechtlicher Privilegien vor. So sollten Mitglieder der albanischen Minderheit bei der Besetzung von vakanten Stellen im Polizeidienst und bei weiteren öffentlichen Ämtern bevorzugt werden, um letztendlich die tatsächliche Bevölkerungsstruktur wieder zu spiegeln. Ebenso stärkte der Čović-Plan die schulische Selbstverwaltung der albanischen Minderheit.

Noch heute gilt der Čović-Plan nach Einschätzung der International Crisis Group (ICG) als einer der raren Beispiele für Konfliktverhütung und insbesondere Konfliktprävention auf der westlichen Balkanhalbinsel.[257]

Trotz der rechtlichen und tatsächlichen Bemühungen plante die demokratische Regierung unter Ministerpräsident Đinđić keine besonderen rechtlichen Maßnahmen zur Förderung der politischen Teilhaberechte nationaler Minderheiten. Ebenso wie alle anderen Parteien waren die Parteien nationaler Minderheiten an die 5%-Hürde zur Wahl des jugoslawischen Parlaments gebunden. Vor der Gesetzesreform in Gestalt von der Befreiung von Parteien nationaler Minderheiten von der 5%-Hürde, war es für die meisten nationalen Minderheiten rechnerisch nahezu unmöglich, eigene Interessenvertreter in das serbische Parlament zu wählen. Bei den letzten Parlamentswahlen vor Abschaffung der

255 Republički zavod za statistiku [Statistisches Amt der Republik Serbien], Popisni atlas 2011 [Zensus Atlas 2011], Seite 63.

256 Grundstruktur des Čović-Planes in: ICG, Balkans Report, Nr. 116, Seiten 5–6, abrufbar unter: http://www.crisisgroup.org/~/media/%20Files/europe/Serbia%2017.pdf.

257 ICG, Preševo's grievances, abrufbar unter: http://blog.crisisgroup.org/europe-central-asia/2013/02/01/presevos-grievances-and-the-kosovo-serbia-talks/.

5%-Hürde für Minderheitenparteien im Jahre 2003 scheiterten alle Minderheitenparteien an der allgemeinen Hürde. Lediglich zwei Mandatsträger mit einem ungarischen bzw. bosniakischem Minderheitenhintergrund konnten über die Wahlliste der Demokratischen Partei (DS) den Sprung ins Parlament schaffen.[258] Besonders anschaulich, wie hoch die Zugangshürde zum serbischen Parlament für nationale Minderheitenvertreter war, zeigt das Beispiel des Wahlbündnisses „*Zajedno za toleranciju*" (Gemeinsam für Toleranz). Der Zusammenschluss von insgesamt 15 Minderheitenparteien konnte zwar 161.765 Stimmen für sich verbuchen. Dieser Stimmenanteil machte allerdings im nationalen Vergleich lediglich 4% aus.[259]

Da zahlenmäßige große nationale Minderheiten, wie die Ungarn und Bosniaken, sich zunächst mit der Entsendung von Vertretern über Parteien der Mehrheitsgesellschaft und der Übernahme politischer Verantwortung auf lokaler Ebene in den Gebieten, in denen ihre Minderheiten siedelten, zufrieden gaben[260] und zahlenmäßig kleine und politisch schlecht organisierte Minderheiten kein politisches Gehör fanden,[261] kam der Impuls zur Verbesserung der Teilhabemöglichkeiten nationaler Minderheiten vom Beratenden Ausschuss. In seiner ersten Stellungnahme zu Serbien und Montenegro kam der Beratende Ausschuss zu dem Entschluss, dass die Änderung des Wahlgesetzes zur Förderung nationaler Minderheiten bei Wahlen von der Regierung Serbiens und Montenegros als prioritäre Angelegenheit aufgenommen werden sollte.[262]

Nachdem sich die ethnischen Spannungen in den südlichen Gemeindebezirken um die albanische Minderheiten weitestgehend beruhigt hatte, kam es in den Jahren 2004 bis 2005 immer wieder zu vereinzelten Übergriffen auf Angehörige der ungarischen Minderheit in der Vojvodina. Das Europäische Parlament reagierte mit zwei Resolutionen. In diesen Resolutionen übte das Europäische

---

258 *Orlović*, Političko predstavljanje nacionalnih manjina [Die politische Vertretung nationaler Minderheiten], MET 27 (2011) 393 (401).

259 *Lončar*; Izborna formula i reprezentacija manjina [Wahlformel und Repräsentation von Minderheiten], in: Stojiljković/Spasojević, (Hrsg.), Preporuke za izmenu izbornog zakonodavstva u Srbiji [Vorschläge zur Änderung der Wahlgesetzgebung in Serbien], 137(140).

260 *Radosavljević*, Political Representation of Minorities, in: Challenges of Multiculturalism, 247 (248).

261 *Vujačić*, Deset godina nove manjinske politike u Srbiji [Zehn Jahre neue Minderheitenpolitik in Serbien], Politička misao [Politische Wissenschaft], 49 (2012), 150 (157).

262 Beratender Ausschuss, 1. Stellungnahme zu Serbien und Montenegro, ACFC/INF/OP/I(2004)002, Rn. 164.

Parlament scharfe Kritik an der serbischen Regierung in Bezug auf seine passive Herangehensweise gegen die ethnisch motivierten Übergriffe.[263] Da sich die Umstände erhärteten, dass ethnisch motivierte Übergriffe in der Phase des politischen Wahlkampfes aufflammen, entschied sich der serbische Gesetzgeber zur Befreiung von der 5%-Hürde für Parteien nationaler Minderheiten.[264]

Um dem Schutz nationaler Minderheiten eine rechtssichere Verankerung in der serbischen Gesellschaft zu verschaffen, beinhaltet die neue serbische Verfassung aus dem Jahre 2006 den Schutz von Minderheitenrechten. Obwohl die Schaffung der neuen serbischen Verfassung vordergründig anderen Motivationen entsprach, fanden auch eine weitreichende Palette von individual- und kollektivrechtlichen Elementen Eingang in die neue Verfassung. Zu den Gründen für eine Verfassungsreform sprach zunächst der Druck der Europäischen, da die Vorgängerverfassung aus dem Jahre 1990 als ein Relikt aus der Milošević-Ära galt[265] und diese insbesondere nicht in der Lage war, moderne und EU-offene Strukturen aufzunehmen.[266] Nachdem Montenegro durch ein Referendum die Staatenunion mit Serbien aufkündigte und eine anstehende Unabhängigkeitserklärung des Kosovos anstand, entschied man sich für eine rasche Verfassungsänderung.[267] Die Geschwindigkeit der verfassungsrechtlichen Reformbemühungen überraschten sowohl die serbische Öffentlichkeit als auch die internationale Gemeinschaft. Der Entwurf der Verfassung wurde in einer außerordentlichen Parlamentssitzung verabschiedet. Die öffentliche Debatte um den Verfassungsentwurf und das anschließende Referendum hatten vordergründlich die Bestimmungen zum Kosovo als integralen Bestandteil des serbischen Staates zum Gegenstand.[268]

263 Europäisches Parlament, Resolution P&_TA(2004)0016 vom 16.9.2004.

264 *Radosavljević*, Political Representation of Minorities, in: Challenges of Multiculturalism, 247 (250).

265 *Vučić*, Serbia, in: Lantschner/Marko/Petričušić (Hrsg.), European Integration and it's Effects on Minority Protection in South Eastern Europe, 275 (276).

266 *Priebe*, Beitrittsperspektive und Verfassungsreformen in den Ländern des Westlichen Balkans, EuR 2008, 301 (302).

267 *Vujačić*, Deset godina nove manjinske politike u Srbiji [Zehn Jahre neue Minderheitenpolitik in Serbien], Politička misao [Politische Wissenschaft], 49 (2012), 150 (154).

268 *Vučić*, Serbia, in: Lantschner/Marko/Petričušić (Hrsg.), European Integration and ist Effects on Minority Protection in South Eastern Europe, 275 (277).

D.) Teilhaberechte nationaler Minderheiten in Serbien – Eine rechtliche Analyse

Die Integration von Mitgliedern nationaler Minderheiten auf politischer Ebene voranzutreiben bedeutet, ihnen die Möglichkeit einzuräumen, trotz ihrer zahlenmäßigen Unterlegenheit Vertreter in politische Entscheidungsgremien zu entsenden. Der folgende Abschnitt beschäftigt sich zunächst mit der Frage, was den Inhalt politischer Teilhaberechte nationaler Minderheiten ausmacht. Zur Identifizierung des rechtlichen Gehalts von politischen Teilhaberechten nationaler Minderheiten können völkerrechtliche Verträge samt hierzu einschlägiger Kommentierungen und Entscheidungen internationaler Gerichte herangezogen werden.

Üblicherweise lassen sich die politischen Teilhaberechte nationaler Minderheiten in drei verschiedene Felder aufteilen. Das erste Feld betrifft die Einräumung von Selbstverwaltungsaufgaben in denjenigen Gebieten, in denen Mitglieder der nationalen Minderheiten üblicherweise siedeln. Im Fall von Serbien bietet sich eine Untersuchung der Autonomen Provinz Vojvodina an, die aus ihren historischen Gegebenheiten als ethnisch vielseitige Provinz Selbstverwaltungsaufgaben wahrnimmt.

Bei der Frage der Teilhabe nationaler Minderheiten an öffentlichen Angelegenheiten rücken Fragen der Ausgestaltung des Wahl- und Parteiengesetzes in den Vordergrund. Im besonderen Fokus steht die Frage, wie zahlenmäßig kleinen nationalen Minderheiten politisches Gewicht beigemessen werden kann. Der Beratende Ausschuss stufte die Frage der politischen Teilhabe nationaler Minderheiten in Serbien in seinen beiden vergangenen Stellungnahmen zu Serbien als dringende Aufgabe von Priorität ein.[269]

Letztlich geraten Fragen der Einrichtung von besonderen Kontaktgremien in den Vordergrund der Untersuchung. Die in Serbien agierenden nationalen Räte der nationalen Minderheiten (*nacionalni saveti nacionalnih manjina*) nehmen diese Rolle wahr und stehen in einem Wandlungsprozess. Zum einen erklärte das serbische Verfassungsgericht in einem aktuellen Urteil[270] wesentliche Bestimmungen des einschlägigen Gesetzes über die nationalen Räte der nationalen Minderheiten (*zakon o nacionalnih saveta nacionalnih manjina*) für verfassungswidrig,

---

269 Beratender Ausschuss, 2. Stellungnahme zu Serbien, ACFC/INF/OP/II(2009)001, Rn. 257; ebenso: Beratender Ausschuss, 3. Stellungnahme zu Serbien, ACFC/INF/OP/III(2013)006, Seite 2.

270 Serbisches Verfassungsgericht, Urteil vom 16.01.2014, Az.: IUz-882/2010.

woraufhin der Gesetzgeber die Bestimmungen zur Wahl und Zuständigkeit der nationalen Räte neu bestimmte. Zum anderen zeigt die aktuelle serbische Regierung keine nennenswerten Bemühungen, um weiterhin offene Fragen, wie beispielsweise die Zuständigkeiten der nationalen Minderheitenräte zu überarbeiten.

I.) Der Gehalt von politischen Teilhaberechten nationaler Minderheiten

Der Auftrag an Rechte, die nationalen Minderheiten zu schützen dienen, hat viele verschiedene Ausprägungen. Das Fundament der Minderheitenrechte besteht aus drei miteinander eng verzahnten Grundbausteinen.[271] Der erste Grundbaustein setzt sich aus dem Gebot der Gleichbehandlung und dem Verbot der Diskriminierung von Minderheitenangehörigen im Vergleich zu Angehörigen der Mehrheitsgesellschaft zusammen.[272] Zu dem Diskriminierungsverbot können auch Ansprüche der Minderheitenangehörigen auf positive Maßnahmen zählen, um effektive Gleichheit herzustellen. Ein weiterer Baustein der Minderheitenrechte hat einen Bezug zu Sprachen- und Erziehungsrechten. Da das wesentliche Unterscheidungsmerkmal der nationalen Minderheiten zu der Mehrheitsgesellschaft in Europa die Sprache darstellt, gilt es für das Minderheitenrecht das Erlernen der Minderheitensprache zu ermöglichen und zu fördern.

Die Rechte nationaler Minderheiten auf Teilhabe stellen den abschließenden Baustein des Minderheitenrechtssystems dar.

Unter Minderheitenrechtlern besteht Einigkeit dahingehend, dass eine saubere Trennung zwischen den drei Gruppen von Minderheitenrechten nicht möglich ist, sondern vielmehr eine teilweise Überlappung unter den drei Eckpfeilern des Minderheitenrechts besteht.[273]

Der Hauptteil der vorliegenden Arbeit widmet sich der Frage, ob nationalen Minderheiten in Serbien wirksame politische Teilhaberechte zugestanden werden. Hierbei erfolgt eine Untersuchung der verfassungsrechtlichen und einfachgesetzlichen Vorgaben der serbischen Rechtsordnung sowie der innerstaatlichen Rechtsprechung anhand von internationalen Mindeststandards des Minderheitenschutzes. Als Ausgangspunkt der Untersuchung dient Artikel 15 des Rahmenübereinkommens zum Schutz nationaler Minderheiten des Europarates (RÜ). Artikel 15 RÜ verpflichtet die Vertragsstaaten, die notwendigen Voraussetzungen für die wirksame Teilnahme von Angehörigen nationaler Minderheiten am

271 Beratender Ausschuss, Kommentar über Art. 15 RÜ, Rn. 14.
272 Beratender Ausschuss, Kommentar über Art. 15 RÜ, Rn. 14.
273 Beratender Ausschuss, Kommentar über Art. 15 RÜ, Rn. 13.

kulturellen, sozialen und wirtschaftlichen Leben und an öffentlichen Angelegenheiten, insbesondere denjenigen, die sie betreffen, zu schaffen.

Da Serbien seit dem 11.05.2001 Vertragspartei des Rahmenübereinkommens ist[274], ist Serbien an die Vorgaben des Rahmenübereinkommens völkerrechtlich gebunden. Zur weiteren Auslegung des Artikels 15 RÜ dienen die Stellungnahmen des Beratenden Ausschusses, die verabschiedeten Resolutionen des Ministerkomitees sowie der Kommentar des Beratenden Ausschusses zum Rahmenübereinkommen zu Artikel 15 vom 27.02.2008. Ferner stellen die für Serbien ebenfalls bindende Europäische Menschenrechtskonvention (EMRK) samt des dazu einschlägigen Fallrechts des Europäischen Gerichtshofes für Menschenrechte in Straßburg eine dienliche Interpretationshilfe dar.

Abgesehen von den rechtlich verbindlichen Vertragswerken, kann im Rahmen der Prüfung auf rechtlich unverbindliche Empfehlungen zurückgegriffen werden. Als solche Empfehlungen sind insbesondere die des Hohen Kommissars für Minderheiten der Organisation für Sicherheit und Zusammenarbeit in Europa (OSZE) hervorzuheben. Neben den Empfehlungen erschienen auch eine Reihe von Richtlinien (*guidelines*) und Handbüchern (*handbooks*) des Hohen Kommissars für Minderheitenrechte, die ebenfalls keinen verbindlichen Charakter haben, sondern für eine praktische Anweisung zum Abbau von möglichen Spannungen zwischen der Mehrheitsgesellschaft und den nationalen Minderheiten dienen.[275] Schließlich ist der Bericht der OSZE zur Wahlbeobachtung zu den letzten beiden Parlamentswahlen vom 16.03.2014[276] sowie vom 24.04.2016[277] von Bedeutung. Auf die Lund-Empfehlung des Hohen Kommissars wird ein besonderes Augenmerk gelegt, da diese die wirksame Teilhabe von Minderheiten am öffentlichen Leben zum Gegenstand hat. Gegebenenfalls wird auf weitere Empfehlungen des Hohen Kommissars für Minderheitenrechte zugrückgegriffen werden, sofern diese Berührungspunkte zur effektiven Teilhabe von Minderheiten haben.

---

274 Ratifikationsstand abrufbar unter: http://www.coe.int/t/dghl/monitoring/minorities/1_AtGlance/PDF_MapMinorities_bil.pdf.

275 OSZE, Lund Empfehlung, Seite 9, abrufbar unter: http://www.osce.org/hcnm/32240?download=true.

276 OSZE, Republic of Serbia, Early Parliamentary Elections 2014, Final Report, abrufbar unter: http://www.osce.org/odihr/elections/serbia/118968?download=true.

277 OSZE, Republic of Serbia, Early Parliamentary Elections, 2016, abrufbar unter: http://www.osce.org/odihr/elections/serbia/235936?download=true.

1.) Zur Entstehung des Rahmenübereinkommens zum Schutz nationaler Minderheiten

Der Zusammenbruch des östlichen Blocks in Europa zu Beginn der 1990er Jahre läutete auch im Feld der Minderheitenfragen eine neue Ära ein. Als gemeinsame Hauptakteure traten dabei die Konferenz für Sicherheit und Zusammenarbeit in Europa, die sich später als Organisation für Sicherheit und Zusammenarbeit in Europa formierte (KSZE/OSZE), die Europäische Gemeinschaft (später: Europäische Union) und der Europarat hervor. Im Folgenden soll ein historischer Überblick über die Entwicklungen des Minderheitenschutzes in den drei oben genannten internationalen Organisationen gegeben werden, um den Zeitgeist, der zur Entstehung des Rahmenübereinkommens geherrscht hat, besser greifbar zu machen.

Hierbei soll zunächst eine gemeinsame geschichtliche Darstellung der Bemühungen der drei internationalen Organisationen erfolgen. Hintergrund für diese Darstellungsweise ist die Tatsache, dass eine getrennte Darstellung gekünstelt wäre. Vielmehr entstand durch das Zusammenspiel von Europäischer Gemeinschaft, Organisation für Sicherheit und Zusammenarbeit in Europa und dem Europarat ein vielschichtiges System Schutz nationaler Minderheiten. Die Achtung und der Schutz nationaler Minderheiten durch die Vorgaben der drei europäischen Institutionen bilden ein einheitliches Geflecht. Während der Europarat die Entwicklung rechtlich verbindlicher völkerrechtlicher Verträge vorantrieb und die Europäische Gemeinschaft auf beitrittswillige mittel- und osteuropäische Staaten politischen Druck ausüben konnte, übernahm die Konferenz für Sicherheit und Zusammenarbeit in Europa die Rolle der diplomatischen Konfliktlösung.[278] Ferner nahm die Konferenz für Sicherheit und Zusammenarbeit in Europa aufgrund ihres über Europa hinausgehenden Wirkbereichs eine besondere Stellung ein. Die Konferenz für Sicherheit und Zusammenarbeit in Europa verstand man wegen der Einbeziehung der damaligen Supermächte USA und Sowjetunion als eine Plattform für Europa und nicht ausschließlich von Europa.[279]

Schon bei der Frage nach der Motivation der oben genannten europäischen Organisationen für die Achtung und den Schutz nationaler Minderheiten besteht ein Bezug zu Serbien. Durch den kriegerischen Zusammenbruch der ehemaligen Sozialistischen Föderativen Republik Jugoslawiens kam die drängende Frage nach dem Schutz nationaler Minderheiten auf die politische Tagesordnung

278 *Toggenburg/Rautz*, ABC des Minderheitenschutzes, Seite 181.

279 *Pfeil*, Die Entwicklung des Minderheitenschutzes im Rahmen des Europarates und der KSZE/OSZE, in: Pan/Pfeil (Hrsg.), Handbuch der europäischen Volksgruppen, Band 1, 442 (443).

in Europa. In der internationalen Öffentlichkeit keimte die Befürchtung auf, dass die gewaltvollen ethnischen Konflikte auf die albanische Bevölkerung im Kosovo und auf die albanische Minderheit in der ehemaligen jugoslawischen Republik Mazedonien übergreifen würden.[280]

Ausgangspunkt der Bemühungen um die Etablierung von Minderheitenrechten auf europäischer Ebene bildet das Kopenhagener Dokument der Konferenz über die menschliche Dimension der Konferenz für Sicherheit und Zusammenarbeit vom 29.06.1990.[281] Das Kopenhagener Dokument widmet sich in den Ziffern 30 bis 39 der Achtung und dem Schutz von Minderheiten und stellt eine umfassende politische Fürsprache der Unterzeichnerstaaten in Bezug auf Minderheitenrechte dar, ohne jedoch einen rechtlich verbindlichen Charakter zu haben.[282] Das Kopenhagener Dokument verfügt über die volle Bandbreite möglicher Rechte von Minderheiten. Auszugsweise erkennt das Kopenhagener Dokument das Verbot der Diskriminierung (Ziff. 31), das Recht auf freien Gebrauch der Muttersprache in der privaten sowie in der öffentlichen Sphäre (Ziff. 32.1) und Bildungsrechte (Ziff. 32.2.) von Minderheitenangehörigen an. Das erste Mal in der Geschichte sah ein internationales Übereinkommen die Möglichkeit vor, dass die autonome Selbstverwaltung durch Minderheiten als ein adäquates Mittel zum Schutz nationaler Minderheiten dienlich sein kann (Ziff. 35).[283] Den größten Erfolg des Kopenhagener Dokuments für Minderheitenrechte stellt die Tatsache dar, dass es die Achtung der Rechte nationaler Minderheiten als Teil des internationalen Grundrechtsschutzes anerkannte (Ziff. 30). Diese Bestimmung stellte erstmals fest, dass die Achtung und der Schutz von Minderheitenrechten einen internationalen Charakter aufweist und sich Staaten daher nicht mehr auf das völkerrechtliche Gebot der Nichteinmischung in innere Angelegenheiten berufen können, sofern Konflikte um Minderheiten im Raum stehen.[284] Schließlich erkannten die

280 *Hofmann*, Das Rahmenübereinkommen zum Schutz nationaler Minderheiten. Einführung, Überblick, Würdigung, in: Hofmann u.a. (Hrsg.), Kommentar RÜ, Rn. 5.

281 Abgedruckt in EuGRZ 17 (1990), 239 ff.

282 *Hofmann*, Der Schutz von Minderheiten in Europa, in: Weidenfelds (Hrsg.), Europahandbuch, 380 (382).

283 *Alechkevitch*, Das Kopenhagener Dokument und die Minderheitenrechte, in: OSZE Magazin 2/2010, Seite 29.

284 *Pfeil*, Die Entwicklung des Minderheitenschutzes im Rahmen des Europarates und der KSZE/OSZE, in: Pan/Pfeil (Hrsg.) Handbuch der europäischen Volksgruppen, Band 1, 442 (443); ebenso: *Hofmann*, Minority Rights: Individual or Group Rights?, GYIL 40 (1998), 356 (359).

Teilnehmerstaaten in Ziff. 35.1. das Recht der Minderheiten an, wirksam an öffentlichen Angelegenheiten teilzunehmen.

Das Kopenhagener Dokument entfaltet eine indirekte Wirkung, indem der Inhalt des Dokumentes oftmals als Grundlage später geschlossener völkerrechtlicher Verträge auf dem Gebiet des Minderheitenschutzes als verbindlich anerkannt wurde.[285] So bestimmt beispielsweise die Präambel des Minderheitenschutzvertrages zwischen der Staatenunion Serbien und Montenegro sowie Kroatien, dass der Minderheitenschutzvertrag unter anderem im Einklang mit dem Kopenhagener Dokument geschlossen wird.[286]

Dem Kopenhagener Dokument auf Ebene der Konferenz für Sicherheit und Zusammenarbeit in Europa folgte das Expertentreffen für nationale Minderheiten vom 1. bis zum 19.7.1991 und der dazu gehörige Bericht.[287] Insgesamt konnte das Expertentreffen keine weitergehende Erweiterung für den Minderheitenschutz erzielen und wurde eher als Enttäuschung empfunden.[288]

Um der Rolle der Konferenz für Sicherheit und Zusammenarbeit in Europa als Plattform für „stille Diplomatie“ zur Lösung von Minderheitenfragen im Vorfeld eines Konfliktes in Form eines „Frühwarnsystems“ gerecht zu werden, wurde auf der Gipfelkonferenz von Helsinki[289] im Juli 1992 das Amt des Hochkommissars für nationale Minderheiten *(High Commissioner on National Minorities)* geschaffen. Das Amt des Hochkommissars für nationale Minderheiten war in seiner ursprünglichen Ausgestaltung eine politische Institution, die es bis heute geblieben ist.[290]

Neben der Schaffung des Amtes für nationale Minderheiten zeichnete sich die Arbeit der Organisation für Sicherheit und Zusammenarbeit in Europa durch die Formulierung von unverbindlichen Empfehlungen (*recommendations*), Richtlinien (*guidelines*) und Handbüchern (*handbooks*) in für Minderheitenrechte sensiblen

---

285 *Hofmann*, Der Schutz von Minderheiten in Europa, in: Weidenfelds (Hrsg.), Europahandbuch, 380 (384).

286 Minderheitenschutzvertrag zwischen der Staatenunion Serbien Montenegro und Kroatien vom 15.11.2004, Der Vertrag ist abrufbar unter: Amtsblatt Serbien Montenegro, Völkerrechtliche Verträge Nr. 3/2005.

287 Abgedruckt in: EuGRZ 18 (1991), 492 ff.

288 *Franke/Hofmann*, Nationale Minderheiten – Ein Thema für das Grundgesetz?, EuGRZ 19 (1992) 401 (403).

289 Gipfelerklärung von Helsinki, abrufbar unter: http://www.osce.org/de/mc/39532?download=true.

290 *Hofmann*, Das Rahmenübereinkommen zum Schutz nationaler Minderheiten. Einführung, Überblick, Würdigung, in: Hofmann u.a. (Hrsg.), Kommentar RÜ, Rn. 10.

Bereichen aus. Zu der schon oben erwähnten Lund-Empfehlung über die wirksame Teilhabe nationaler Minderheiten am öffentlichen Leben sind bis jetzt die Den Haager Empfehlungen über die Erziehungsrechte nationaler Minderheiten von Oktober 1996,[291] die Oslo-Empfehlungen über die sprachlichen Rechte nationaler Minderheiten von Februar 1998[292] sowie die Bozen-Empfehlungen von Juni 2008[293] hinzugetreten. Diesen Empfehlungen folgten Guidelines zur Verbesserung der Situationen nationaler Minderheiten in verschiedenen Lebensbereichen.

Auch auf der Ebene des Europarates begannen die Arbeiten für die Schaffung eines völkerrechtlichen Vertrages zum Schutz nationaler Minderheiten zu Beginn der 1990er Jahre. Den ersten Schritt hierzu machte die Parlamentarische Versammlung des Europarates, indem sie in ihrer Empfehlung 1134[294] das Ministerkomitee beauftragte, ein Zusatzprotokoll zur Europäischen Menschenrechtskonvention (EMRK) zu schaffen. Inhaltlich stellte die Empfehlung einen Bezug zu den internationalen Instrumenten her, die in dem Prozess der Konferenz für Sicherheit und Zusammenarbeit in Europa entwickelt worden ist.

Am 08.02.1991 legte die European Commission for Democracy through Law (Venedig-Kommission) einen ersten Entwurf[295] für eine Europäische Konvention zum Schutz nationaler Minderheiten vor. Ferner schlug Österreich einen Entwurf für ein Zusatzprotokoll zur Europäischen Menschenrechtskonvention vor. Beide Entwürfe wurden aus verschiedenen Gründen als zu weitgehend und unter den Mitgliedsstaaten des Europarates als nicht konsensfähig erachtet. Nicht nur der politische Unwille der Mehrzahl der betroffenen Staaten machte die Schaffung eines Zusatzprotokolls zur EMRK unmöglich, sondern auch die Bedenken, ob ein rechtlich bindendes Vertragswerk unter Kontrolle des Europäischen Gerichtshofes für Menschenrechte geeignet gewesen wäre, Rechtsstreitigkeiten im Wege eines Individualbeschwerdeverfahrens zu lösen. Hintergrund von Minderheitenproblemen ist oftmals die strukturelle Schwäche der jeweiligen nationalen Rechtordnung. Denn Konflikte rund um nationale Minderheiten fußen typischerweise auf

---

291 Text der Empfehlung ist auf der Seite der OSZE abrufbar: http://www.osce.org/hcnm/32180?download=true.

292 OSZE, Oslo-Empfehlung, abrufbar unter: http://www.osce.org/hcnm/67531?download=true.

293 OSZE, Bozen-Empfehlung, abrufbar unter: http://www.osce.org/hcnm/33633?download=true.

294 PACE, Empfehlung 1134, abrufbar unter: http://assembly.coe.int/ASP/XRef/X2H-DW-XSL.asp?fileid=15168&lang=en.

295 Abgedruckt in: Hillgruber/Jestaedt, Die Europäische Menschenrechtskonvention und der Schutz nationaler Minderheiten, Seite 108 ff.

die Geschichte und Traditionen der jeweiligen Gesellschaften.[296] Schließlich mündeten die Bemühungen um ein rechtlich bindendes Vertragswerk in der Schaffung der Rahmenkonvention zum Schutz nationaler Minderheiten.

Auch die Europäische Gemeinschaft sah sich im Jahre 1991 durch den Zerfall Jugoslawiens mit der Sprengkraft ungelöster Minderheitenfragen konfrontiert. Der Rat der Europäischen Gemeinschaft und die Mitgliedsstaaten der Europäischen Gemeinschaft versuchten mit zwei verschiedenen Mittel den aufkeimenden Konflikt in Jugoslawien einzudämmen. Mit der EPZ-Erklärung vom 03.09.1991 luden die Europäische Gemeinschaft die Konfliktparteien zur Konferenz über Jugoslawien ein. Außerdem plante die Europäische Gemeinschaft, dass eine Schiedskommission zur Klärung wichtiger rechtlicher Fragen einberufen werden sollte.[297]

Die Schiedskommission wurde von dem damaligen Präsidenten des französischen Verfassungsgerichts Robert Badinter geleitet. Insgesamt legte die Badinter Kommission sieben Gutachten vor.

Die Badinter Kommission beschäftigte sich im Rahmen der Gutachten Nummer vier bis sieben mit der Anerkennung der nach Unabhängigkeit strebenden Teilrepubliken Jugoslawiens, wobei auch die Lage von Minderheiten in den Teilrepubliken untersucht worden war.

Die Grundlage für die Arbeit der Schiedskommission in Bezug auf Rechte von Minderheiten bildeten die Richtlinien zur Anerkennung neuer Staaten in Osteuropa und in der Sowjetunion[298], die von den Außenministern der Europäischen Gemeinschaft am 16.12.1991 verabschiedet worden sind.

In dieser Richtlinie lässt sich für die Anerkennung von Staaten unter anderem die Bedingung finden, dass Garantien für die Rechte nationaler Minderheiten im Einklang mit den im Rahmen der Konferenz für Sicherheit und Zusammenarbeit in Europa eingegangenen Verpflichtungen sichergestellt werden.

Diese Vorgehensweise zeigt Parallelen zu derjenigen der Großmächte bei der Anerkennung neuer Staaten auf dem Berliner Kongress auf. Wie schon zu Zeiten des Berliner Kongresses bewegten sich die Staatengemeinschaft im Spannungsfeld zwischen einem wachsenden Drang der balkanischen Staaten nach Selbstständigkeit und dem Sicherheitsbedürfnis nach einer präventiven Regelung aufkommender Minderheitenkonflikte.[299]

---

296 *Hofmann*, Das Rahmenübereinkommen zum Schutz nationaler Minderheiten. Einführung, Überblick, Würdigung, in: Hofmann u.a. (Hrsg.), Kommentar RÜ, Rn. 13.

297 Abgedruckt in EA 46 (1991), D 545 f.

298 Abgedruckt in EA 47 (1992), D 120f.

299 *Hilpold*, Die Anerkennung der Neustaaten auf dem Balkan, AdV 31 (1993), 387 (402).

Die Badinter Kommission stufte in ihrem 5. Gutachten vom 11.01.1992, das die Anerkennung der Teilrepublik Kroatien zum Gegenstand hatte, die vorgesehenen Regelungen zum Schutz von Minderheiten in der neuen kroatischen Verfassung als nicht ausreichend ein. Die neue kroatische Verfassung musste sich die Kritik gefallen lassen, dass Bestimmungen über den Sonderstatus von Gebieten, in denen Minderheiten die Mehrheit bildeten, unzureichend waren. Der Teilrepublik Kroatien wurde als Auflage für ihre Anerkennung die verfassungsrechtliche Änderung der Minderheitenrechte auferlegt.[300] Der unzureichende Minderheitenschutz in Kroatien verhinderte letztendlich nicht die Anerkennung Kroatiens als Völkerrechtssubjekt. Hintergrund dieses Vorgehens ist hauptsächlich in dem energischen Vordringen der Bundesrepublik Deutschlands bezüglich der Bemühung um internationale Anerkennung Sloweniens und Kroatiens zu sehen.[301] Um eine einheitliche Haltung unter den Mitgliedssaaten der Europäischen Gemeinschaft aufrecht zu erhalten, erkannten auch die übrigen Mitgliedsstaaten die Teilrepublik Kroatien schließlich am 15./16.1.1992, wenige Tage nach der Veröffentlichung des Gutachten über Kroatien, als Völkerrechtssubjekt an.[302]

Im Zuge des fortschreitenden und immer brutaler werdenden Bürgerkrieges auf der westlichen Balkanhalbinsel gab der Europäische Rat auf dem EU-Gipfel am 21. und 22.06.1993 in Kopenhagen bekannt, dass unter anderem die Voraussetzungen für die Mitgliedschaft die Achtung und der Schutz von Minderheiten verwirklicht sein muss.[303] Die Europäische Gemeinschaft musste sich wegen der so genannten „*Kopenhagener Kriterien*" in Bezug auf die Achtung und den Schutz nationaler Minderheiten den Vorwurf der „Doppelstandards" gefallen lassen, da der Eindruck erweckt worden sei, dass lediglich die neuen Mitgliedsstaaten an einem minderheitenrechtlichen Schutzgehalt gemessen werden sollten.[304]

Aller Kritik zum Trotz setzte sich die Anwendung der „*Kopenhagener Kriterien*" für die Umsetzung der Beitritte neuer Mitgliedsstaaten durch. Die „*Kopenhagener Kriterien*" wurden teilweise in die Rechtsgrundlagen für den Beitritt in

300 Gutachten Nr. 5 abgedruckt in: Hille, Völkerrechtliche Probleme der Staatenanerkennung, Seite VI.

301 *Axt*, Hat Genscher Jugoslawien entzweit?, EA 1993, 351 (352); ebenso: *Baer*, Zerfall Jugoslawiens, Seite 347.

302 *Axt*, Hat Genscher Jugoslaawien entzweit?, EA 1993, 351 (356).

303 Gipfel des Europäischen Rates vom 21./22.06.1993 (Kopenhagen), Schlussfolgerungen des Vorsitzenden, Doc/93/3.

304 *Toggenburg*, Minority Protection in a Supernational Context, in: Toggenburg (Hrsg.), Minority Protection and the Enlarged EU, 3 (7).

die Europäische Union kodifiziert.[305] Diese Rechtsgrundlagen bilden Art. 49 und Art. 2 des Vertrages über die Europäische Union (EUV). Demnach kann jeder europäische Staat, der die in Art. 2 genannten Werte achtet, zu denen auch die Wahrung der Menschenrechte, einschließlich der Rechte der Personen, die Minderheiten angehören, beantragen, Mitglied der Europäischen Union zu werden.

2.) Die Funktionsweise des Rahmenübereinkommens

Das Rahmenübereinkommen kennt keine gerichtliche Überwachung seiner inhaltlichen Bestimmungen, wie es beispielsweise durch den Europäischen Gerichtshof für Menschenrechte denkbar wäre. Ausgangslage der rechtlichen Überwachung bilden Artikel 24 bis 26 des RÜ. Nach Artikel 24 Nr. 1 RÜ übernimmt Ministerkomitee des Europarates die Überwachung des RÜ. Die Vertragsparteien sind gehalten, dem Generalsekretär regelmäßig Informationen, die für die Einhaltung des RÜ notwendig sind, zu übermitteln. Diese Informationen werden an das Ministerkomitee weitergeleitet. Der Beratende Ausschuss unterstützt gemäß Artikel 26 Nr. 1 RÜ das Ministerkomitee bei der Beurteilung der Prüfung der Angemessenheit der Maßnahmen, die der jeweilige Vertragsstaat zur Einhaltung der Verpflichtungen aus dem RÜ getroffen hat.

Auf der Grundlage von Artikel 26 RÜ, der vorsieht, dass das Ministerkomitee Regeln über die Zusammensetzung des Beratenden Ausschusses und deren Arbeitsweise festlegt, schuf das Ministerkomitee die Resolution (97)10 (*Rules on the Monitoring Arrangements under Articles 24 to 26 of the Framework Convention for the Protection of National Minorities*)[306]. Demnach besteht der Beratenden Ausschuss aus 18 Mitgliedern. Jede Vertragspartei kann ein Mitglied nominieren. Die Voraussetzung zur Wahl ist das anerkannte Fachwissen auf dem Gebiet des Schutzes nationaler Minderheiten und die Gewähr, dass man als Mitglied seine Arbeit unabhängig verrichten kann.

Die Hauptaufgabe des Beratenden Ausschusses besteht in der Auswertung der eingegangenen Staatenberichte. Dabei kann der Beratende Ausschuss auf weitere Informationen zurückgreifen, die beim Sekretariat des Rahmenübereinkommens hinterlegt sind, zu denen beispielsweise Gesetzestexte oder Gerichtsentscheidungen zählen. Dem Beratenden Ausschuss steht es frei, offene Fragen an den betreffenden Vertragsstaat zu stellen. In der Praxis des Beratenden Ausschusses hat sich gezeigt, dass ein Nachfragepotenzial insbesondere bei der

---

305 *Pechstein*, in: Streinz (Hrsg.), Art. 49 EUV, Rn. 4.

306 Ministerkomitee, Resolution (97)10, abrufbar unter: http://128.121.10.98/coe/pdfopener?smd=1&md=1&did=778974.

praktischen Umsetzung von Minderheitenschutzbestimmungen besteht.[307] Als ein elementarer Baustein der Erarbeitung eines Entwurfs für eine Stellungnahme sind die Besuche des Beratenden Ausschusses in dem betreffenden Vertragsstaat. Hierbei ist zu betonen, dass sich die Besuche nicht nur auf Treffen mit Vertretern der Regierung beschränken, sondern auch die Einbeziehung von Nichtregierungsorganisationen und Vertretern der jeweiligen Minderheiten sowie die Besuche von Gebieten, in denen nationale Minderheiten traditionell siedeln, erfolgt.[308] Schließlich folgt die Abstimmung über den Entwurf der Stellungnahme im Plenum des Beratenden Ausschusses.

Die entscheidenden Diskussion über die Stellungnahme des Beratenden Ausschusses finden in dem Unterausschuss über Menschenrechte des Ministerkomitees (Rapporteuer Group on Human Rights, GR-H) statt. In der GR-H-Sitzung wird die Stellungnahme von dem Beratenden Ausschuss vorgestellt. In der weiteren Diskussion nehmen der betreffende Staat sowie weitere Staaten Positionen zu der Stellungnahme ein.[309]

Es ist festzuhalten, dass die Resolutionen des Ministerkomitees mit großer Mehrheit im Geiste der jeweiligen Stellungnahme des Beratenden Ausschusses sind, insbesondere empfiehlt das Ministerkomitee dem betreffenden Staat die Rückschlüsse des Beratenden Ausschusses anzunehmen und den Dialog mit diesem fortzusetzen.[310] Trotz der anfänglichen Erfolge in der Zusammenarbeit des Beratenden Ausschusses mit den Vertragsstaaten des RÜ lässt sich in letzter Zeit vermehrt das Phänomen des monitoring fatigue beobachten. Das Phänomen beschreibt die zunehmende Belastung von Staaten, ihren zahlreichen Berichtspflichten nachzukommen, da insbesondere ausreichend qualifiziertes Personal oftmals fehlt, was letztendlich zu verspäteten Staatenberichtseingängen führt.[311] Schließlich deutet sich ein negativer Wandel dahingehend an, dass das Ministerkomitee vermehrt als diplomatische Plattform zur Austragung von zwischenstaatlichen Spannungen genutzt wird, indem um den Inhalt der Entschließung

---

307 *Hofmann*, Zur Überwachung der Umsetzung des Rahmenübereinkommens, Europa Ethnica 2004, 3 (4).

308 *Hofmann*, Zur Überwachung der Umsetzung des Rahmenübereinkommens, Europa Ethnica 2004, 3 (5).

309 *Hofmann*, Introduction to the Council of Europe Minority Protection, in: Weller (Hrsg.), Rights of Minorities, 1 (11).

310 *Hofmann*, Introduction to the Council of Europe Minority Protection, in: Weller (Hrsg.), Rights of Minorities, 1 (12).

311 *Hofmann*, Das Rahmenübereinkommen zum Schutz nationaler Minderheiten. Einführung, Überblick, Würdigung, in: Hofmann u.a. (Hrsg.), Kommentar RÜ Rn. 46.

gestritten wird. Dies führte im Fall von Georgien dazu, dass insgesamt fünf Jahre verstrichen waren, bis sich nach der Stellungnahme des Beratenden Ausschusses das Ministerkomitee auf eine Entschließung einigen konnte.[312]

II.) Die Verwirklichung von Teilhaberechten nationaler Minderheiten in Serbien

Teilhaberechte nationaler Minderheiten haben unterschiedliche Ausprägungen. Sie können politischer Natur sein oder aber auch auf wirtschaftliche, soziale und kulturelle Ansprüche auf Teilhabe an der Gesellschaft des Gesamtstaates abzielen. Ein entscheidender Eckpfeiler von Teilhaberechten nationaler Minderheiten ist, dass die Teilhabe tatsächlich effektiv sein soll und damit nicht nur formaljuristisch besteht.[313]

Was haben alle Ausprägungen Teilhaberechte nationaler Minderheiten gemeinsam und was ist der Grund für deren Bestehen? Die Fragen können dahingehend beantwortet werden, dass die Teilhabe von Minderheiten am gemeinsamen Staatsleben das Gefühl der Minderheiten fördert, Teil des gemeinsamen Staates zu sein und damit im Ergebnis ein friedliches Verhältnis von Mehrheit zur Minderheit zu ermöglichen.[314]

1.) Politische Teilhaberechte und der Staatsaufbau: Das Beispiel der Autonomen Provinz Vojvodina

Es ist anerkannt, dass die verfassungsrechtlich verankerte Organisation eines Staates in Form von Autonomie in den Gebieten, in denen nationale Minderheiten zu leben pflegen, Teilhaberechte nationaler Minderheiten schaffen und fördern kann.[315] Die Gewährung von Autonomie bewegt sich in einem Spannungsverhältnis zwischen der Förderung der Eigenständigkeit nationaler Minderheiten und die mögliche Konsequenz einer Sezession.[316] Dies führte sogar

---

312 *Hofmann*, Das Rahmenübereinkommen zum Schutz nationaler Minderheiten. Einführung, Überblick, Würdigung, in: Hofmann u.a. (Hrsg.), Kommentar RÜ, Rn. 49.

313 Beratender Ausschuss, Kommentar über Art. 15, Rn. 18f.

314 *Hofmann*, The Political Participation of Minorities, EYMI 6 (2006/7), 5 (6).

315 Beratender Ausschuss, 1. Stellungnahme zu Montenegro, ACFC/OP/I(2008)001, Rn. 104.

316 *Haedrich*, Integration durch völkerrechtlichen Minderheitenschutz?, ZAR 2013, 225 (229).

soweit, dass die OSZE zu Anfang der 1990er Jahre dazu riet, von der Gewährung territorialer Autonomie abzusehen.[317]

Artikel 15 RÜ verpflichtet die Vertragsstaaten nicht, nationalen Minderheiten bzw. Gebieten, in denen nationale Minderheiten geballt leben, per se Autonomie zu gewähren. Aus der Entstehungsgeschichte von Artikel 15 RÜ lässt sich entnehmen, dass der Vorschlag mit Bezügen zu Teilhaberechten besonders in Regionen, in denen nationale Minderheiten üblicherweise siedeln, nicht in der endgültigen Fassung Einzug gefunden habt.[318] Der Beratende Ausschuss verneint den Anspruch nationaler Minderheiten auf die verfassungsrechtliche Einräumung von Autonomie.[319] Allerdings überprüft der Beratende Ausschuss die Auswirkungen von Autonomierechten und Dezentralisierungsprozessen in den Vertragsstaaten, die solche Rechte vorsehen. Der Beratende Ausschuss kommt zu dem Ergebnis, dass in den Vertragsstaaten, die Autonomierechte garantieren, die Teilhaberechte nationaler Minderheiten effektiver umgesetzt werden.[320] Im Bereich des Minderheitenrechtes liegt der Sinn in der staatsorganisationsrechtlichen Dezentralisierung in der Schaffung einer möglichst großen Nähe zwischen einzelnem Bürger zu der Amtsgewalt.[321]

Es ist eine grundsätzliche Unterscheidung zwischen zwei Formen von Autonomierechten zu treffen. Einerseits ist es denkbar Minderheiten kulturelle Autonomie zu gewähren. Diese Art von Autonomierechten knüpft an kulturelle Aspekte wie die Errichtung von Kindergärten oder das Betreiben von Radio- und Fernsehstationen durch Vertreter der Minderheitsgesellschaft. Um die Effektivität dieser Ausprägung von Autonomierechten zu stärken, sollten die Angehörigen der Minderheit als Entscheidungsträger auch das Budgetrecht über die Institutionen haben.[322] Die Aufgaben der kulturellen Autonomie nehmen in Serbien hauptsächlich die nationalen Räte der nationalen Minderheiten (*nacionalni saveti nacionalnih*

317 *Thürer*, Nationale Minderheiten und das Völkerrecht, in: Hofmann u.a. (Hrsg.), Kommentar RÜ, Rn. 11.

318 *Weller*, Article 15, in: Weller (Hrsg.), Rights of Minorities, 429 (436).

319 Beratender Ausschuss, Kommentar Art. 15, Rn. 134.

320 Beratender Ausschuss, Kommentar Art. 15, Rn. 135, OSZE, Lund-Empfehlung, Seite 27, Beratender Ausschuss, 2. Stellungnahme zu Armenien, ACFC/OP/II(2006)005, Rn. 129.

321 OSZE, Lund-Empfehlung, Seite 29.

322 *Hofmann*, The Political Participation of Minorities, EYMI 6 (2006/7), 5 (10f).

manjina) wahr.[323] Diese Institutionen werden im Teil der Arbeit über die besonderen Kontaktmechanismen behandelt.

Als weiteres Konzept von Autonomierechten gilt das der örtlich wurzelnden Autonomie. Diese Autonomieform kann eine weite Brandbreite aufweisen. Als stärkste Form der Autonomie ist sicherlich ein föderaler Staatsaufbau zu qualifizieren. Denkbar sind mehrere Abstufungen von Autonomierechten, indem gewisse Entscheidungskompetenzen auf Provinzen oder andere lokale Entscheidungsträger delegiert werden.[324] Der strukturelle Staatsaufbau Spaniens samt seines hohen Grades an Dezentralisierung wird vom Beratenden Ausschuss als effektives Mittel zur Wertsicherung unterschiedlicher kultureller Identitäten anerkannt.[325] Ferner bescheinigte der Beratende Ausschuss traditionellen Autonomiegebieten, wie beispielsweise den finnischen Åland-Inseln oder der italienischen Autonomen Provinz Bozen eine entscheidende Rolle bei dem Schutz und der Verwirklichung von Minderheitenrechten.[326]

Wie solche Autonomierechte gewährt werden, kann auf völkerrechtlicher Ebene nicht in Form von festen Programmsätzen vorgegeben werden. Die Beantwortung der Frage hängt verstärkt von dem traditionellen Selbstverständnis eines Staates ab. Einigkeit besteht darüber, dass die Einräumung kultureller Autonomie vornehmlich in den Staaten sinnvoll ist, in denen eine nationale Minderheit in keinem bestimmten Gebiet die absolute oder beachtliche Minderheit stellt. Im Gegenzug bietet die Einräumung lokaler Autonomierechte in den Staaten Vorteile, in denen nationale Minderheiten in einem bestimmten Gebiet die Mehrheit oder zumindest einen beträchtlichen Anteil an der Gesamtbevölkerung stellen.[327]

Für die Verankerung von Autonomie- und Selbstverwaltungsrechten sind regelmäßig drei Faktoren entscheidend:

Zunächst ist anerkannt, dass die Gewährung von Autonomierechten verfassungsrechtlichen Charakter haben sollte.[328] Hintergrund dieser Überlegung ist, dass verfassungsrechtliche Normen üblicherweise ein höheres Maß an Bestand

323 *Bašić*, Političko organizovanje nacionalnih manjina u Srbiji [Politische Organisation nationaler Minderheiten in Serbien], 129 (132).

324 *Hofmann*, The Political Participation of Minorities, EYMI 6 (2006/7), 5 (11).

325 Beratender Ausschuss, 1. Stellungnahme zu Spanien, ACFC/INF/OP/I(2004)004, Rn. 75.

326 Beratender Ausschuss, 1. Stellungnahme zu Finnland, ACFC/INF/OP/I(2001)002, Rn. 47; Beratender Ausschuss 1. Stellungnahme zu Italien, ACFC/INF/OP/I(2002)007, Rn. 61.

327 *Hofmann*, The Political Participation of Minorities, EYMI 6 (2006/7), 5 (11).

328 OSZE, Lund-Empfehlung, Seite 12.

haben, indem diese unter höheren Anforderungen abgeändert werden können. In der Regel ist eine qualifizierte Mehrheit in dem verfassungsgebenden Organ sowie weitere öffentliche Zustimmungsverfahren notwendig.[329] Weiterhin soll die Einräumung von Autonomierechten im Sinne einer klaren Kompetenzverteilung zwischen zentralstaatlicher Gewalt und Autonomiekörperschaft[330] sowie einer gesicherten Finanzierung ausgestaltet sein. Schließlich sollten als übergeordneter Grundsatz Minderheiten bei der Gewährung und Veränderung von Autonomiestatus tatsächlichen Einfluss in Form von effektiver Mitbestimmung haben.[331]

a.) Verfassungsrechtliche Vorgaben

Abgesehen von dem Gebiet des Kosovo und die überwältigende Mehrheit der dort lebenden albanischen Bevölkerung und der damit zusammenhängenden Frage der Staatlichkeit des Kosovo, das insgesamt nicht Teil dieser Arbeit ist, gibt es zwar eine beträchtliche Anzahl an Gemeinden mit einer absoluten oder relativen Mehrheit einer nationalen Minderheit, jedoch ist in Serbien keine nationale Minderheit ansässig, die auf das gesamte Staatsgebiet oder Teile davon zahlenmäßig enormen Einfluss hätte. Erst die Summierung der einzelnen nationalen Minderheiten in Serbien macht das zahlenmäßige Ausmaß nationaler Minderheiten in Serbien deutlich. Die folgende Analyse beschränkt sich daher auf die Autonome Provinz Vojvodina, die faktisch die einzige Autonome Provinz innerhalb des serbischen Staatsgebietes ist, auf die der serbische Staat effektive Staatsgewalt ausüben kann.

Ausgangspunkt für die staatsorganisationsrechtliche Unterbreitung von Autonomierechten ist die geltende serbische Verfassung aus dem Jahre 2006.[332] Der siebte Teil der serbischen Verfassung (Artikel 176 bis 193) regelt die Aufteilung des Staatsgebietes.

Zunächst erkennt die serbische Verfassung der Tradition des serbischen Staatsrechts folgend den Bestand Autonomer Provinzen und örtlicher Selbstverwaltungseinheiten an. Verfassungsrechtliche Vorgaben sind, dass es zwei Autonome

---

329 OSZE, Lund-Empfehlung, Seite 12; ebenso: Beratender Ausschuss, 1. Stellungnahme zu Aserbaidschan, ACFC/INF/OP/I(2004)001, Rn. 7.

330 Beratender Ausschuss, 2. Stellungnahme zu Serbien, ACFC/INF/OP/II(2009)001, Rn. 252.

331 Beratender Ausschuss, 1. Stellungnahme zu Moldawien, ACFC/INF/OP/I(2003)002, Rn. 92; ebenso: Beratender Ausschuss, 1. Stellungnahme zum Kosovo, ACFC/INF/OP/I(2005)004, Rn. 113.

332 Amtsblatt der Republik Serbien, 2006 Nr. 98/2583; eine deutsche Übersetzung der Verfassung ist abgedruckt in: *Küpper*, JOR 2008, Seiten 489–537.

Provinzen gibt, nämlich die Autonome Provinz Vojvodina und die Autonome Provinz Kosovo und Metohija (Artikel 182 Abs. 2 Satz 1). Satz 2 von Abs. 2 bestimmt weiter, dass die wesentliche Autonomie der Provinz Kosovo und Metohija durch ein besonderes Gesetz geregelt wird, das in dem für die Verfassungsänderung vorgesehenen Verfahren erlassen wird. Die Präambel der Verfassung bekräftigt die serbische Haltung, dass die Provinz Kosovo und Metohija integraler Bestandteil des serbischen Staatsgebietes ist und legt den serbischen Staatsorganen die Pflicht auf, die territoriale Integrität des Staates zu schützen. Erstaunlich ist, dass Artikel 176 Abs. 1 der serbischen Verfassung den Bürgern einen Anspruch auf die Einrichtung von Autonomen Provinzen und örtlichen Selbstverwaltungseinheiten gibt. Die staatsrechtliche Idee hinter dieser Bestimmung ist, dass die Einrichtung Autonomer Provinzen für Bürger eine Freiheitssphäre schaffen kann.[333] Aufgegriffen wird dieser Gedanke in Artikel 12 der serbischen Verfassung. Artikel 12 bestimmt, dass die Staatsgewalt durch das Recht der Bürger auf Provinzialautonomie begrenzt wird. Diese verfassungsrechtliche Vorgabe ist als Ausprägung vertikaler Gewaltenteilung ein fundamentales Prinzip der serbischen Verfassungsordnung.[334]

b.) Erschwerte Abänderungsmöglichkeit

Die im Europarat und in der Organisation für Sicherheit und Zusammenarbeit in Europa ausgearbeiteten Orientierungshilfen ist der Zweck einer verfassungsrechtlichen Garantie von Autonomierechten die erschwerte Abänderungsmöglichkeit verfassungsrechtlicher Normen und die daraus resultierende weite Beständigkeit der Selbstverwaltungsgarantie.[335]

Die serbische Verfassung ermöglicht es, schon bestehende Autonome Provinzen abzuschaffen und neue Autonome Provinzen zu erschaffen (Artikel 182 Abs. 3 der serbischen Verfassung). Dabei sieht die Verfassung den Änderungsmodus vor, den eine Verfassungsänderung auf der Grundlage des 10. Teils der Verfassung durchlaufen müsste und macht zusätzlich das Verfahren von einem Antrag der Bürger abhängig. Das Initiativrecht zur Verfassungsänderung

333 *Beljanski*, Političko tumačenje ustava [Die politische Deutung der Verfassung], Glasnik Advokatske Komore Vojvodine [Blatt der Rechtsanwalskammer Vojvodina], 86 (2014), 535 (537).

334 *Pajvančić*, Komentar ustava [Verfassungskommentar], Seite 23.

335 OSZE, Lund Empfehlung, Seite 12; ebenso: *Pajvančić*, Novi ustav i autonomija Vojvodine [Die neue Verfassung und die Autonomie der Vojvodina], in: Centar za regionalisam. Alternative nacionalne strategije decentralizacije [alternative nationale Strategien zur Dezentralisierung], 7 (12).

ist gemäß Artikel 202 Abs. 1 der serbischen Verfassung von einem Drittel der Mandatsträger des serbischen Parlamentes, dem Präsidenten, der Regierung oder dem Begehren von mindestens 150.000 Wahlberechtigten vorbehalten. Die tatsächliche Änderung ist nur durch eine Zweidrittelmehrheit im serbischen Parlament möglich (Artikel 202 Abs. 3 der serbischen Verfassung). Zusätzlich kann die Verfassungsänderung durch die Mehrheit der Wahlberechtigten in Form eines Referendums bestätigt werden (Artikel 202 Abs. 6 der serbischen Verfassung).

Ferner räumt die Verfassung in Artikel 182 Abs. 4 die Möglichkeit ein, den Bestand und die Grenzen der Autonomen Provinzen durch einfaches Gesetz neu zu gestalten. Diese Umgestaltung ist von der Zustimmung der Bevölkerung der Autonomen Provinz in Form eines Referendums abhängig.

Im Ergebnis ist festzuhalten, dass unter den verfassungsrechtlichen Vorgaben zur Einrichtung und zum Bestand Autonomer Provinzen ein Spannungsverhältnis besteht. Einerseits erkennt die Verfassung den Bestand Autonomer Provinzen an und ordnet diese auch als eine zusätzliche Begrenzung staatlicher Gewalt ein. Andererseits wird der zukünftige Bestand einer Autonomen Provinz von einem Bürgerantrag abhängig gemacht bzw. der territoriale Bestand einer Autonomen Provinz auf den einfachen Gesetzgeber delegiert, wozu die verfassungsrechtliche Garantie der Autonomen Provinzen insgesamt in einem beträchtlichen Maße schwindet, indem eine Herabstufung auf das einfache Recht erfolgt.

Unklarheit besteht insbesondere darüber, warum die Verfassung zwischen dem zukünftigen Bestand einer Autonomen Provinz einerseits und der territorialen Veränderung einer Autonomen Provinz andererseits unterscheidet. Denkbar wäre beispielsweise der Fall, dass der territoriale Bestand einer Autonomen Provinz derart verringert wird, dass die Verringerung einer Aufhebung der Autonomen Provinz faktisch gleichkäme.

Bezüglich des Verfahrens zur territorialen Umwälzung von Autonomen Provinzen gemäß Artikel 182 Abs. 4 der serbischen Verfassung bestehen Bedenken dahingehend, dass neue Gebietszuschnitte auf den einfachen Gesetzgeber abgegeben werden und damit dem erhöhten verfassungsrechtlichen Schutz weitestgehend entzogen wird. Zwar sieht das Verfahren von Absatz 4 des Artikels 182 nur die Beteiligung der Bürger der Autonomen Provinz vor und lässt die übrigen Bürger außen vor, jedoch besteht im konkreten Fall der Autonomen Provinz Vojvodina die Gefahr, dass die serbische Bevölkerungsmehrheit der Autonomen Provinz Vojvodina die Aufhebung des Autonomiestatus ermöglichen könnte. Artikel 12 Abs. 1 der serbischen Verfassung deutet auf eine solche Vorgehensweise hin, da der Anspruch auf Wahrung der Autonomie nunmehr allen Serben zusteht und nicht mehr ausschließlich denjenigen serbischen Bürgern, die in den entsprechenden Provinzen leben, so wie es die Vorgängerverfassungen vorsahen.[336]

Aus minderheitenrechtlicher Sicht wäre die einheitliche Behandlung von Aufhebung und territorialer Umgestaltung Autonomer Provinzen innerhalb des serbischen Staatsgebietes unter verfassungsrechtlichen Vorgaben sowie ohne Entscheidungskompetenz des einfachen Gesetzgebers begrüßenswert. Darüber hinaus wäre ein effektives Stimmgewicht von Angehörigen nationaler Minderheiten bei den oben beschriebenen Verfahren wünschenswert. Die Verfasser der Lund-Empfehlung selbst gehen davon aus, dass die Änderungen von Selbstverwaltungsmaßnahmen neben einer qualifizierten Mehrheit im zuständigen Parlament ebenso eine Entscheidung in Vertretungsgremien nationaler Minderheiten benötigen.[337] In seiner zweiten Stellungnahme zu Serbien mahnte der Beratende Ausschuss die serbische Regierung an, Vertreter nationaler Minderheiten bei der Ausarbeitung neuer Kompetenzverteilungsregelungen miteinzubeziehen.[338] Denkbar wäre hier ein Vetorecht nationaler Minderheiten oder ein Mindestquorum Angehöriger nationaler Minderheiten für die Zustimmung zur Bestandsänderung Autonomer Provinzen.

c.) Effektivitätsuntersuchung der verfassungsrechtlichen Autonomiebestimmungen

Damit Autonomiebestimmungen einen wirksamen Einfluss auf die Teilhabe nationaler Minderheiten an öffentlichen Angelegenheiten haben können und nicht lediglich leere verfassungsrechtliche Programmsätze bilden, ist es notwendig, dass einerseits die Kompetenzen zwischen dem Zentralstaat und der Selbstverwaltungseinheit eindeutig voneinander abgetrennt sind. Andererseits ist eine effektive Teilhabe im Rahmen von Autonomie- oder Selbstverwaltungsangelegenheiten nur denkbar, wenn die Finanzierung der Autonomie- oder Selbstverwaltungseinheit abgesichert ist.[339] Beide Effektivitätsmerkmale werden wiederum dann am optimalsten verankert, wenn diese einen verfassungsrechtlichen Charakter zugewiesen bekommen.[340]

---

336 *Simović*, Teritorijalna autonomija u svetlosti odluke Ustavnog suda Srbije [Die Territoriale Autonomie im Lichte der Entscheidung des Verfassungsgerichts Serbiens], Sveske za javno pravo [Blätter für öffentliches Recht], 11 (2013), 75 (77).

337 OSZE, Lund-Empfehlung, Seite 12.

338 Beratender Ausschuss, 2. Stellungnahme zu Serbien, ACFC/OP/II(2009), Rn. 252.

339 Beratender Ausschuss, Kommentar über Art. 15, Rn. 136.

340 OSZE, Lund-Empfehlung, Seite 12.

Der 4. Teil der serbischen Verfassung, der lediglich aus Artikel 97 der Verfassung besteht, gibt die Vorgaben für die Zuständigkeit der Republik in insgesamt 17 Nummern vor. Artikel 97 enthält eine Aufweichung, indem Nummer 17 die Republik für andere Verhältnisse von Interesse für die Republik im Einklang mit der Verfassung für zuständig erklärt. Da verfassungsrechtliche Regelungen zur Kompetenzverteilung regelmäßig typisch für Staaten mit föderalen Charakter sind, ist die Bedeutung von Artikel 97 für Serbien als Zentralstaat ungewiss.[341] Insbesondere fehlt eine Aussage darüber, zu welcher anderen verfassungsrechtlichen Einheit die Kompetenzen der Republik abgegrenzt werden sollen. Artikel 97 der serbischen Verfassung scheint im Widerspruch zu Artikel 8 Abs. 1 der Verfassung zu stehen, der die Einheit und Unteilbarkeit der Republik vorschreibt und damit Serbien die Gestalt eines Zentralstaates aufgibt. Artikel 97 der serbischen Verfassung gilt als Relikt aus den Vorgängerverfassungen von 1990 und der Verfassung der Bundesrepublik Jugoslawien von 1992 und deren hektische Übernahme in die aktuelle Verfassung. Die Daseinsberechtigung einer Kompetenzverteilungsnorm in den beiden Verfassungen aus den frühen 1990er Jahren rührt aus der Tatsache her, dass eine Föderation zwischen Serbien und Montenegro bestand.[342]

Artikel 177 Abs. 1, 2. Halbsatz erklärt die Autonomen Provinzen für Fragen, die innerhalb der Autonomen Provinzen auf zweckmäßige Art und Weise wahrgenommen werden können und nicht die Republik Serbien zuständig ist, für zuständig. Artikel 177 Abs. 2 gibt dem einfachen Gesetzgeber die Beantwortung der Frage auf, welche zweckmäßigen Fragen Provinzialcharakter haben. Artikel 183 Abs. 2 der serbischen Verfassung bestimmt, dass die Autonomen Provinzen im Einklang mit dem Gesetz die Fragen mit Provinzialcharakter unter anderem auf dem Gebiet der Raumplanung, der Landwirtschaft, Bildung, Sport und der Kultur regeln.

Aus dieser groben Darstellung der einschlägigen verfassungsrechtlichen Kompetenzverteilungen zwischen der Republik und ihren Autonomen Provinzen ergibt sich kein eindeutiges Bild. Schwierigkeiten bereiten insbesondere unbestimmte Rechtsbegriffe, die einen weiten Interpretationsspielraum zulassen. Insbesondere die Frage, was die Zuständigkeit der Autonomen Provinz durch den Provinzialcharakter einer Angelegenheit auslöst, ist nicht geklärt.

341 Venedig Kommission, Opinion on Serbian Constitution, Rn. 47; ebenso: *Pajvančić*, Komentar ustava [Verfassungskommentar], Seite 119.

342 *Marković*, Ustav Republike Srbije iz 2006 – Kritični pogled [Die Verfassung der Republik Serbien aus 2006 – Ein kritischer Blick], Anali pravnog fakulteta 54 (2006), Teil 1, 5 (15).

Weiterhin ist nicht abschließend klar formuliert, wonach sich die Kompetenzverteilung von Angelegenheiten abschließend richtet. Liegt diese in dem Aufgabenbereich des einfachen Gesetzgebers, so wie es Artikel 177 Abs. 2 bestimmt oder hat der Verfassungsgeber diese Frage schon durch Artikel 183 Abs. 2 und Artikel 97 der serbischen Verfassung bereits vorgegeben?[343] Für den Fall, dass man die Kompetenzverteilung in die Hände des einfachen Gesetzgebers legt, besteht die Gefahr, dass die Aufgaben der Autonomen Provinz von wechselnden Mehrheiten im Parlament und gar Wahlkämpfen abhängen und somit im Ergebnis nicht beständig ist.[344]

Insgesamt liegt die Schlussfolgerung nahe, dass die verfassungsrechtlichen Aufgabenverteilungen in sich widersprüchlich sind.[345] Kritiker bezeichnen die aktuelle Verfassung gar lediglich als kombinierte und leicht korrigierte Verfassung der serbischen bzw. gesamtjugoslawischen Vorgängerverfassungen aus dem Jahre 1990 bzw. 1992, deren Rezeption aus rein politischen Gründen zu den aufgezeigten inhaltlichen Widersprüchen führte. Die voreilige Übernahme hatte seine Gründe in der erhofften außen- und innenpolitischen Signalwirkung, die die Aushebelung der Verfassung des Milošević-Regimes mit sich bringen würde. Ferner diente die verfassungsrechtliche Verankerung der territorialen Integrität als Zeichen gegen die staatliche Unabhängigkeit des Kosovos.[346]

Aus der Perspektive eines effektiven Minderheitenschutzes besonders kritisch zu hinterfragen ist der Umstand, dass die Verfassung selbst die Achtung und den Schutz nationaler Minderheiten nicht als eine Angelegenheit mit Provinzialcharakter zuspricht, obwohl eine solche Vorgehensweise der serbischen Verfassungstradition entspräche.

Ähnliche Schwierigkeiten ergeben sich bezüglich der ausreichenden Finanzierung der Autonomen Provinz. Zwar gibt Artikel 184 der serbischen Verfassung vor, dass Autonome Provinzen eigene Einnahmen haben, mit denen sie ihre Zuständigkeiten finanzieren, jedoch gibt der Verfassungsgeber gleichzeitig

---

343 *Pajvančić*, Komentar ustava [Verfassungskommentar], Seite 228.

344 *Simović*, Teritorijalna autonomija u svetlosti odluke Ustavnog suda Srbije [Die Territoriale Autonomie im Lichte der Entscheidung des Verfassungsgerichts Serbiens], Sveske za javno pravo [Blätter für öffentliches Recht] 11 (2013), 75 (77).

345 *Marković*, Ustav Republike Srbije iz 2006 – Kritični pogled [Die Verfassung der Republik Serbien aus 2006 – Ein kritischer Blick], Anali pravnog fakulteta 54 (2006), Teil 1, 5 (32).

346 *Marković*, Ustav Republike Srbije iz 2006 – Kritični pogled [Die Verfassung der Republik Serbien aus 2006 – Ein kritischer Blick], Anali pravnog fakulteta 54 (2006), Teil 1, 5 (6f).

in Absatz 2 die Entscheidung über die Art und die Höhe der eigenen Einnahmen der Provinz an den einfachen Gesetzgeber ab. Die Venedig-Kommission stufte daher die Verfassungsbestimmungen zu den Steuereinnahmen der Autonomen Provinz als nicht ausreichend klar ein.[347]

d.) Rechtsprechung des serbischen Verfassungsgerichts

Im Rahmen der Selbstverwaltungsfreiheit liegt die Schwäche der verfassungsrechtlichen Vorgaben in teils vagen und innerhalb der Verfassung widersprüchlichen Vorgaben. Zumindest ist ein eindeutiges verfassungsrechtliches Bekenntnis zu dem Bestand der Autonomen Provinzen nicht zu erkennen. Die zweideutigen Verfassungsbestimmungen zu den Autonomen Provinzen sowie die Konkurrenz zwischen verfassungsgebender und einfachgesetzlicher Kompetenzen führten in der jüngsten Vergangenheit zu mehreren staatsorganisationsrechtlichen Verfahren vor dem serbischen Verfassungsgericht, die Ausstrahlungswirkung auf die Selbstverwaltung der Autonomen Provinz Vojvodina und damit im Ergebnis auch auf den Schutz nationaler Minderheiten in Serbien haben.

In seinem Grundsatzurteil vom 10.07.2012 (Az.: IUz 353/09) hatte das serbische Verfassungsgericht die Frage zu klären, ob das Gesetz zur Bestimmung der Zuständigkeit der Autonomen Provinz Vojvodina[348] (*zakon o utvrđivanje nadležnosti autonomne Pokrajne Vojvodine;* im Folgenden: Das Zuständigkeitsgesetz) im Einklang mit der Verfassung stünde. Das Verfassungsgericht erklärte weite Teile der gesetzlichen Bestimmungen als verfassungswidrig, indem es insbesondere eine restriktive Interpretation der verfassungsrechtlichen Bestimmungen zur Selbstverwaltungshoheit der Autonomen Provinzen anwendete.

Im Anschluss daran kam es zu einem weiteren Verfahren vor dem serbischen Verfassungsgericht, in dem das Statut der Autonomen Provinz Vojvodina[349] (*Statut autonomne pokrajine Vojvodine*, im Folgenden: Statut der Autonomen Provinz) auf seine Verfassungsmäßigkeit untersucht wurde. Das serbische Verfassungsgericht wendete auch in diesem Verfahren eine enge Interpretationsweise an und erklärte mit Urteil vom 05.12.2013 (Az.: IUo-360/2009) weite Teile des Statutes für verfassungswidrig.

347 Venedig Kommission, Opinion on Serbian Constitution, Rn. 90.

348 Amtsblatt der Republik Serbien, Nr. 99/2009 und Nr. 67/2012.

349 Amtsblatt der Republik Serbien, Nr. 98/2006 und 54/2014.

(1.) Verfassungsmäßigkeit des Zuständigkeitsgesetzes

Zunächst spricht das serbische Verfassungsgericht der Bestimmung aus Artikel 12 Abs. 1 der Verfassung, die besagt, dass die Staatsgewalt durch das Recht der Bürger auf Provinzialautonomie begrenzt wird, den Charakter eines subjektiven Rechts ab, sondern spricht Artikel 12 Abs. 1 lediglich einen objektiven staatsorganisationsrechtlichen Charakter zu. Zur Begründung zieht das Verfassungsgericht Artikel 2 Abs. 1 heran, der bestimmt, dass die Souveränität von den Bürgern ausgeht.[350]

In einem zweiten Schritt führt das Gericht aus, wie es das verworrene Verhältnis von Artikel 177 Abs. 2 und Artikel 183 der serbischen Verfassung versteht. Das serbische Verfassungsgericht spricht sich im Ergebnis gegen eine wortwörtliche Anwendung des Artikels 177 Abs. 2 aus, wonach die Entscheidung über den Provinzialcharakter einer Angelegenheit durch den einfachen Gesetzgeber zu bestimmen ist. Das serbische Verfassungsgericht begründet seine Entscheidung damit, dass die Frage nach der Kompetenzzuweisung nicht in die Hände des einfachen Gesetzgebers gelegt werden könne, da damit verfassungsrechtliche Grundsätze, wie beispielsweise die Vorgabe, dass Serbien ein Zentralstaat ist, faktisch ausgehebelt werden könnten. Damit weist das Verfassungsgericht Artikel 177 Abs. 2 der Verfassung lediglich einen symbolischen Charakter zu. Nur in den Bereichen, in denen Artikel 183 Abs. 2 die Zuständigkeiten der Autonomen Provinzen verfassungsrechtlich bestätigt habe, könne der einfache Gesetzgeber die Zuständigkeit der Autonomen Provinzen erneut manifestieren.[351]

Zwei Vorschriften mit minderheitenrechtlichen Bezug des Gesetzes zur Bestimmung der Zuständigkeit der Autonomen Provinz Vojvodina wurden vom serbischen Verfassungsgericht auf seine Verfassungsmäßigkeit untersucht.

Prüfungsgegenstand des höchsten serbischen Gerichtes war einerseits die Bestimmung über die Schulbildung in den Sprachen der Minderheiten, die in der Vojvodina ansässig sind (Artikel 38 des Zuständigkeitsgesetzes) und andererseits die Bestimmung zum Gebrauch von Minderheitensprachen in öffentlichen Angelegenheiten (Artikel 76 des Zuständigkeitsgesetzes).

(a.) Anspruch der Minderheiten auf Bildung in der Muttersprache

Zunächst sieht Artikel 38 des Zuständigkeitsgesetzes vor, dass die Autonome Provinz Vojvodina über ihre Organe die Rechte nationaler Minderheiten auf dem Gebiet der Autonomen Provinz Vojvodina auf Bildung in der Muttersprache auf allen Ebenen der Bildung im Einklang mit dem Gesetz einrichtet und anbietet.

350 Serbisches Verfassungsgericht, Urteil vom 10.07.2012, Az.: IUz-353/09.

351 Serbisches Verfassungsgericht, Urteil vom 10.07.2012, Az.: IUz-353/09.

Das Verfassungsgericht sprach der Autonomen Provinz Vojvodina die Zuständigkeit zur Regelung von Bildung in der Sprache der Minderheit zu. Ausgangspunkt der Begründung stellt Artikel 183 Abs. 2 Nr. 3 der serbischen Verfassung. Dieser Artikel bestimmt, dass die Autonomen Provinzen unter anderem in Übereinstimmung mit dem Gesetz die Fragen von Provinzialcharakter unter anderem im Bereich der Bildung regeln können. Die Verfassung verwendet in Artikel 183 Abs. 2 Nr. 3 die Begrifflichkeit „*prosveta*" und meint damit den Bereich der Bildung in Form von Erziehung in der Schule. Der einfache Gesetzgeber verwendete im Gegensatz zu der Verfassungsnorm in Artikel 38 des Zuständigkeitsgesetzes den Begriff „*obrazovanje*", was einerseits eine allgemeinere Bedeutung des Wortes Bildung zum Gegenstand hat und andererseits ausdrücklich von allen Ebenen der Bildung spricht, und damit auch die der Hochschulbildung umfasst. Trotz der unterschiedlichen Interpretationsweite der verwendeten Begrifflichkeiten genehmigte der Verfassungshüter für diesen Bereich das Zuständigkeitsgesetz als kompetenzwahrend.[352]

Begründet wird das Ergebnis der Verfassungsuntersuchung mit Artikel 79 der serbischen Verfassung. Da Artikel 79 Abs. 1 unter anderem den Angehörigen nationaler Minderheiten das Recht auf Unterricht in ihrer Sprache einräumt und Artikel 79 Abs. 2 bestimmt, dass die Autonomen Provinzen den Angehörigen nationaler Minderheiten zusätzliche Rechte aufgrund von Gesetzen begründen können, könne die Autonome Provinz Vojvodina besondere gesetzliche Regelungen im Bereich des Schulrechtes für Angehörige nationaler Minderheiten schaffen.[353]

(b.) Öffentlicher Gebrauch von Minderheitensprachen

Artikel 76 des Zuständigkeitsgesetzes bestimmte die Möglichkeit, dass die Autonome Provinz Vojvodina im Einklang mit dem Gesetz den Gebrauch von Sprachen und Schriftzeichen nationaler Minderheiten auf dem Gebiet der Autonomen Provinz bei öffentlichen Angelegenheiten regeln könne.

Das serbische Verfassungsgericht verwehrte dem einfachen Gesetzgeber die Möglichkeit auf dem Gebiet der Vojvodina den Gebietskörperschaften besondere Bestimmungen über die Verwendung von Sprachen in öffentlichen Angelegenheiten zu ermöglichen. Das Verfassungsgericht führt ins Feld, dass schon mit dem Gesetz über den öffentlichen Gebrauch von Sprachen und Schriften[354]

352 Serbisches Verfassungsgericht, Urteil vom 10.07.2012, Az.: IUz-353/09.

353 Serbisches Verfassungsgericht, Urteil vom 10.07.2012, Az.: IUz-353/09.

354 Amtsblatt Republik Serbien, Nr. 45/1991, Nr. 53/1993, Nr. 67/1993, Nr. 48/1994, Nr. 101/2005, Nr. 30/2010.

(*zakon o službenoj upotrebi jezika i pisma*) sowie mit dem Gesetz über den Schutz der Rechte nationaler Minderheiten[355] (*zakon o zaštit prava nacionalnih manjina*) der öffentliche Gebrauch von Sprache und Schrift auf dem Gebiet der ganzen Republik Serbien den Städten und Gemeinden zuweist. Beide Gesetze sehen keine Klausel vor, die es der Autonomen Provinz ermöglichen könne, selbst ein Gesetz zur Verwendung von Minderheitensprachen bei öffentlichen Angelegenheiten zu verwenden. Auffällig ist hierbei, dass das Verfassungsgericht die Überprüfung der Norm nicht anhand von Verfassungsbestimmungen vornimmt, sondern mit Hilfe eines Vergleichs zweier gleichrangiger Gesetze.[356] Diese Überprüfungstechnik entwickelte das serbische Verfassungsgericht erstmals in einem Verfahren zur Überprüfung zweier Steuergesetze auf ihre Verfassungsmäßigkeit. Die Wurzel eines solchen Vorgehens sieht das höchste serbische Gericht in Artikel 4 Abs. 1 der serbischen Verfassung, wonach die Rechtsordnung einheitlich ist. Laut diesem Überprüfungsmaßstab kann ein Gesetz schon deshalb verfassungswidrig sein, wenn ein anderes Gesetz eine Regelung aufgrund seiner systematischen Stellung einen Lebenssachverhalt abschließend regelt (die Theorie des abschließenden Sektorgesetzes).[357] Weshalb das höchste serbische Gericht nicht auf Artikel 79 Abs. 1 der Verfassung zurückgreift, der auch bestimmt, dass Angehörige nationaler Minderheiten das Recht auf Verwendung ihrer Sprache im öffentlichen Gebrauch haben, bleibt unklar.

(c.) Eigenständige Vertretung in Brüssel

Auf dem Prüfstein des serbischen Verfassungsgerichts lag auch Artikel 3 Abs. 3 des Zuständigkeitsgesetzes, das der Autonomen Provinz Vojvodina die Möglichkeit einräumte, eine Vertretung bei den Regionen Europas beziehungsweise in Brüssel einzurichten. Auch diese Bestimmung verwarf das Verfassungsgericht im Ergebnis als verfassungswidrig, da nach Artikel 97 Nr. 1 der serbischen Verfassung die Republik Serbien unter anderem ihre internationale Lage und Beziehungen zu anderen Staaten sowie internationalen Organisationen regelt. Da Artikel 3 Abs. 3 des Zuständigkeitsgesetzes jedoch auf eine Vertretung bei der Europäischen Union abziele, die nach Einschätzung des serbischen Verfassungshüters einer der bedeutendsten internationalen Organisationen sei, könne eine Einrichtung einer Vertretung in Brüssel durch die Autonome

---

355 Amtsblatt der BR Jugoslawien, Nr. 11/2002, Amtsblatt von Serbien-Montenegro, Nr. 1/2003, Amtsblatt Republik Serbien, Nr. 72/2009, Nr. 97/2013.

356 Serbisches Verfassungsgericht, Urteil vom 10.07.2012, Az.: IUz-353/09.

357 Serbisches Verfassungsgericht, Urteil vom 23.05.2009, Az. IUz-225/05.

Provinz nicht möglich sein. Das Ergebnis untermauerte das serbische Verfassungsgericht mit Artikel 181 der serbischen Verfassung, der den Autonomen Provinzen im Rahmen der Außenpolitik der Republik Serbien die Möglichkeit einräume, mit entsprechenden territorialen Gemeinschaften und Einheiten der örtlichen Selbstverwaltung anderer Staaten zusammenzuarbeiten. Aus dieser verfassungsrechtlichen Norm entnahm das serbische Verfassungsgericht den Rückschluss, dass den Autonomen Provinzen kein Spielraum über die Zusammenarbeit mit anderen Regionen hinaus möglich sei.[358]

(d.) Einrichtung einer Hauptstadt

Ferner erklärte das serbische Verfassungsgericht die Bestimmung des Artikels 4 Abs. 5 des Zuständigkeitsgesetzes für verfassungswidrig. Sinngemäß bestimmte die Norm, dass die Stadt Novi Sad das Hauptverwaltungszentrum und der Sitz der Organe der Autonomen Provinz Vojvodina sei. Schon der Wortlaut der Norm deutet auf die Achtsamkeit des Gesetzgebers hin, der anstatt der üblichen Bezeichnung für Hauptstadt *(„glavni grad")* die Wortkombination Hauptverwaltungszentrum wählte *(„glavni, administrativni centar")*. Das serbische Parlament unterstrich im Rahmen seiner Stellungnahme zum verfassungsrechtlichen Überprüfungsverfahren den Charakter der Norm, der die Stadt Novi Sad nur auf Ebene der Provinz zum Verwaltungszentrum der Vojvodina ernenne, ohne den landesweiten Status der Stadt Belgrad als Hauptstadt der Republik zu berühren.[359]

Allerdings vermochte auch die Vermeidung des Begriffes „Hauptstadt" nicht, der verfassungsrechtlichen Überprüfung durch das serbische Verfassungsgericht Stand zu halten. Mit einer kurzen Begründung führte das Verfassungsgericht für die Verfassungswidrigkeit der Norm aus, dass es in einem Einheitsstaat lediglich ein administratives Zentrum geben könne.[360]

(e.) zusammenfassendes Ergebnis

Im Ergebnis zeigt das Urteil des serbischen Verfassungsgerichtes, dass die Belange nationaler Minderheiten zur Verteilung gesetzgeberischer Kompetenzen keine Beachtung finden. Ferner erscheint der unterschiedliche Umgang mit zwei klassischen Rechten nationaler Minderheiten, einerseits dem Recht auf Bildung in der Sprache nationaler Minderheiten und andererseits der Gebrauch der Minderheitensprache in öffentlichen Angelegenheiten, nicht gerechtfertigt.

358 Serbisches Verfassungsgericht, Urteil vom 10.07.2012, Az.: IUz-353/09.
359 Serbisches Verfassungsgericht, Urteil vom 10.07.2012, Az.: IUz-353/09.
360 Serbisches Verfassungsgericht, Urteil vom 10.07.2012, Az.: IUz-353/09.

Insbesondere der fehlende Bezug im Bereich der Verwendung von Minderheitensprachen in öffentlichen Angelegenheiten zu Artikel 79 der serbischen Verfassung ist nicht einleuchtend. Vielmehr besteht bei der konsequenten Anwendung der vom serbischen Verfassungsgericht vorgegebenen Grundsätze die Gefahr, dass eine künstliche Zersplitterung von Minderheitenrechte in mehreren Gesetzen zu einer unübersichtlichen Gesetzeslage führt.

(2.) Verfassungsmäßigkeit des Statutes der Autonomen Provinz Vojvodina

Auch das zweite wegweisende Urteil des serbischen Verfassungsgerichtes zu der Selbstverwaltungsgarantie der Autonomen Provinz Vojvodina (Urteil vom 05.12.2013, Az.: IUo-360/2009) wies starke Bezüge zum Minderheitenrecht auf. Prüfungsgegenstand des Verfahrens war das Statut der Autonomen Provinz (*Statut autonomne pokrajine Vojvodine*), das nach Artikel 185 Abs. 1 der serbischen Verfassung der höchste Akt einer Autonomen Provinz ist. Nach Abs. 2 dieser Verfassungsnorm verabschiedet das Parlament der Autonomen Provinz nach vorheriger Zustimmung des Parlamentes der Republik Serbien das Statut. Die ersten Vorschläge sowie die letzte Fassung für ein Statut der Autonomen Provinz Vojvodina entfachten in der serbischen Öffentlichkeit heftige Reaktionen. Es galt als das umstrittenste Gesetz seit den frühen 1990er Jahren. Befürworter des Statuts sahen in diesem einen Fortschritt Serbiens in Richtung Dezentralisierung und Demokratisierung, während seine Gegner befürchteten, dass das Statut den Unabhängigkeitsbestrebungen der Vojvodina Vorschub leisten könne.[361]

Sowohl die Richter des Verfassungsgerichtes als auch Stimmen in der Literatur unternahmen zunächst einen Versuch das Statut der Autonomen Provinz Vojvodina in die Normenhierarchie der serbischen Verfassungsordnung zu verorten. Übereinstimmend stufen sowohl der serbische Verfassungshüter als auch Stimmen der Literatur das Statut unterhalb der Verfassung und des einfachen Gesetzes an. Das mag zwar auf den ersten Blick merkwürdig erscheinen, da das Statut schließlich der höchste Akt der Autonomen Provinz ist (Artikel 185 Abs. 1 der serbischen Verfassung). Allerdings bestimmt Artikel 195 Abs. 2 der serbischen Verfassung, dass unter anderem Statuten der Autonomen Provinzen im Einklang mit den Gesetzen stehen müssen.

361 *Simović*, Teritorijalna autonomija u svetlosti odluke Ustavnog suda Srbije [Die Territoriale Autonomie im Lichte der Entscheidung des Verfassungsgerichts Serbiens], Sveske za javno pravo [Blätter für öffentliches Recht] 11 (2013), 75.

Nach der Auffassung von Vertretern der Literatur lässt die serbische Verfassung für die Organe der Autonomen Provinz einen besonderen Raum einrichten. Gemäß Artikel 183 Abs. 1 der serbischen Verfassung regelt die Autonome Provinz nur im Einklang mit der Verfassung und ihrem Statut die Zuständigkeit, die Wahl, die Organisation und die Arbeit der von ihr gegründeten Organe und Dienste.[362]

In den Bereichen des minderheitenspezifischen Diskriminierungsverbotes sowie den Rechten nationaler Minderheiten auf Unterricht in ihrer Sprache verfestigte das serbische Verfassungsgericht seine enge Auslegung bezüglich der Zuständigkeit der Autonomen Provinzen.

Das serbische Verfassungsgericht erklärte Artikel 26 des Statuts, der vorscheibt, dass in den Organen der Autonomen Provinz Vojvodina die serbische Sprache und die kyrillische Schrift, die ungarische, slowakische, kroatische, rumänische und ruthenische Sprachen sowie deren Schriften im Einklang mit dem Gesetz verwendet werden, für verfassungswidrig. Begründet wurde die Entscheidung mit Artikel 10 Abs. 1 der serbischen Verfassung, der die Verwendung der serbischen Sprache in kyrillischer Schrift als Amtssprache festlegt sowie die Verwendung anderer Sprachen und Schriften von der Entscheidung des einfachen Gesetzgebers abhängig macht. Da laut Ausführungen des serbischen Verfassungsgerichtes der Gesetzgeber sowohl im Gesetz über die Verwendung der Sprache und Schrift im öffentlichen Bereich (*Zakon o službenoj upotrebi jezika i pisma*) als auch im Gesetz zum Schutz der Rechte nationaler Minderheiten (*Zakon o zaštiti prava nacionalnih manjina*) von seiner Gesetzgebungsbefugnis vollumfänglich Gebrauch gemacht habe, bliebe für die Autonome Provinz Vojvodina kein gesetzgeberischer Entscheidungsspielraum übrig.[363]

Auch Artikel 6 des Statutes, der besagte, dass Serben, Ungarn, Slowenen, Kroaten, Montenegriner, Rumänen, Roma, Bunjewatzen, Rusinen, und Makedonen sowie andere zahlenmäßig kleinere nationale Gemeinschaften, die in der Autonomen Provinz leben, gleichberechtigt in der Ausübung ihrer Rechte sind, prüfte das serbische Verfassungsgericht.

Auch diese Vorschrift erklärte das Verfassungsgericht nicht im Einklang mit der Verfassung stehend, da einerseits schon die Verfassung in Artikel 21 jegliche Art der Diskriminierung unter anderem auch aufgrund der nationalen

---

362 *Milosavljević*, Pokrajinski statut i organizacija pokrajinske vlasti prema Ustavu Republike Srbije [Das Provinzialstatut und die Organisation der Provinzialgewalt in der Verfassung der Republik Serbien], Pravni zapisi [Rechtliche Aufzeichnungen] 4 (2013), 467 (470).

363 Serbisches Verfassungsgericht, Urteil vom 05.12.2013, Az.: IUo-360/09.

Zugehörigkeit verbiete. Als weiteren Begründungsstrang führt das Verfassungsgericht aus, dass die Abhängigkeit von einem Diskriminierungsschutz nicht von der zahlenmäßigen Stärke einer nationalen Minderheit abhängig gemacht werden könne, so wie es der Wortlaut von Artikel 6 des Statuts impliziere.[364]

Schließlich ist als Ergebnis festzuhalten, dass die restriktive Auslegung von Zuständigkeitsnormen des serbischen Verfassungsgerichtes weitreichende nachteilige Auswirkungen auf die Achtung und den Schutz nationaler Minderheiten in der Autonomen Provinz Vojvodina hat. Bei der Interpretationsweise des serbischen Verfassungsgerichtes, die eine Sperrwirkung für die Zuständigkeit der Provinzen dann annimmt, wenn eine grundsätzliche Entscheidung schon in der Verfassung getroffen ist, ist eine weitreichende Gesetzgebungsbefugnis der Autonomen Provinz faktisch nicht möglich. Insbesondere der Spielraum der Autonomen Provinz Vojvodina im Bereich des Minderheitenrechts ist erheblich eingeschränkt, da die serbische Verfassung Grundentscheidungen in den für den Schutz nationaler Minderheiten wesentlichen Bereichen schon getroffen hat. So bestehen verfassungsrechtlich garantierte Regelungen zu dem Diskriminierungsverbot von nationalen Minderheiten, deren Anspruch auf Verwendung der Sprache in der Öffentlichkeit und den Anspruch nationaler Minderheiten auf Schulbildung in ihrer Sprache.

e.) Gesamtergebnis zur Selbstverwaltungsfreiheit der Autonomen Provinz Vojvodina

Die Einräumung von Selbstverwaltungsgarantien in Landesteilen mit hoher Minderheitenbevölkerung ist ein entscheidender Faktor bei der Durchsetzung von Teilhaberechten nationaler Minderheiten. Die in den Lund-Empfehlungen umrissenen Anforderungen an die formalen und inhaltlichen Ausgestaltungsmöglichkeiten werden in Serbien durch die Selbstverwaltung der Vojvodina nur bedingt erfüllt.

Ausgangspunkt der Kritik ist die in sich widersprüchliche Verfassung. Insbesondere fehlt es an einer klaren Verteilung der Kompetenzen zwischen der Republik Serbien und der Autonomen Provinz Vojvodina. Weiter problematisch ist das nur vage Bekenntnis der Verfassung zu dem Bestand der Autonomen Provinzen. Bedauerlicherweise nutzte das serbische Verfassungsgericht als originärer Interpret der serbischen Verfassung bei mehreren Verfahren die Möglichkeit nicht, sich für einen weiten Kompetenzraum der Autonomen Provinz Vojvodina einzusetzen. Vor dem Hintergrund der latenten Befürchtung in der serbischen

364 Serbisches Verfassungsgericht, Urteil vom 05.12.2013, Az.: IUo-360/09, Seite 159.

Gesellschaft und Rechtswissenschaft durch Selbstverwaltungsregime die staatliche Selbstständigkeit des Kosovos zu manifestieren und die der Vojvodina voranzutreiben ist die restriktive Haltung des serbischen Verfassungsgerichts nachvollziehbar. Allerdings folgt dieser Haltung eine Bremswirkung in dem Dezentralisierungsprozess und in der Entfaltung von Minderheitenrechten.

Es ist zwar anerkannt, dass zu einer effektiven Gewährung von Selbstverwaltungsangelegenheiten die rechtliche Aufsicht durch ein Verfassungsgericht gehört.[365] Allerdings scheint die oben dargestellte Rechtsprechung des serbischen Verfassungsgerichts durch seine restriktive Auslegung in die entgegengesetzte Richtung zu deuten und im Ergebnis die Selbstverwaltungsgarantie der Autonomen Provinzen auf ein rechtliches Minimum herabzustufen.

In einem besonderen Maße bedauerlich ist, dass das serbische Verfassungsgericht in seiner Rechtsprechung der Autonomen Provinz Vojvodina nur einen engen Spielraum bei der Ausgestaltung von Minderheitenrechte auf dem Niveau der Selbstverwaltung belassen hat. Dadurch kann die Autonome Provinz Vojvodina ihre historisch gewachsene multikulturelle Bevölkerung nicht nach ihren eigenen Vorstellungen formen.

Im Ergebnis plädierten Vertreter der Wissenschaft kurz nach der Veröffentlichung des Verfassungsurteils vom 05.12.2013 für eine Änderung der serbischen Verfassung, die auch die Bestimmungen für weitreichende Autonomieregelungen für die Vojvodina vorsehen.[366]

2.) Teilhabe an öffentlichen Angelegenheiten

Ein weiterer entscheidender Dreh- und Angelpunkt für die effektive Teilhabe Angehöriger nationaler Minderheiten an öffentlichen Angelegenheiten ist die Teilhabe an demokratischen Wahlen. Denn nur durch eine ausreichende Vertretung von Minderheitenangehörigen in den staatlichen Organen, die mit der Schaffung von Gesetzen betraut sind, können Anliegen der nationalen Minderheiten bei der gesetzgeberischen Entscheidungsfindung miteinfließen. Ferner ist bei effektiver Teilhabe von nationalen Minderheiten zu erwarten, dass sich ein befriedigendes Gefühl der gelungenen Integration nationaler Minderheiten in den Staatsstrukturen entfaltet.[367] Sowohl die Ausgestaltung des Parteiengesetzes als auch die der

365 OSZE, Lund-Empfehlung, Seite 13.

366 *Stepanov*, Ustanvi i politički triptih Vojvodine [Verfassungsrechtlicher und politischer Triptychon der Vojvodina], Glasnik Advokatske Komore Vojvodine [Blatt der Rechtsanwalskammer Vojvodina], 86 (2014), 573 (587).

367 *Hofmann*, The Political Participation of Minorities, EYMI 6 (2006/7), 5 (6).

Wahlgesetze auf dem Niveau der Republik, der Provinz und der Gemeinden bilden die ausschlaggebende Grundlage minderheitenrelevanter Teilhabe.

In westlichen Demokratien in Europa sind Parteien nationaler Minderheiten eher unbekannt. In Deutschland ist beispielsweise der Südschleswigsche Wählerverbund (SSW) als Partei der dänischen Minderheit in Schleswig-Holstein bekannt. In ost- und südosteuropäischen Staaten bilden Parteien nationaler Minderheiten einen Teil des politischen Alltages. Diese Besonderheit gilt auch für Serbien. Im Folgenden soll untersucht werden, wie das serbische Parteiengesetz[368] (*Zakon o političkim strankama*) den Status von Parteien nationaler Minderheiten regelt und welche möglichen Nachbesserungen nötig wären, um die Teilhabe von Parteien nationaler Minderheiten optimaler zu gewährleisten.

Bei der Ausgestaltung des Wahlsystems ist die Teilhabemöglichkeit nationaler Minderheiten zu beachten. Die Herausforderung besteht dem Grunde nach in der Überlegung, wie Minderheiten Einzug in nationale Parlamente finden können. In der europäischen Praxis sind hierbei die Befreiung von Sperrklauseln[369] oder die Zusicherung reservierter Sitze von Minderheitenvertretern erprobt[370]. Aus den Stellungnahmen des Beratenden Ausschusses ist nicht ersichtlich, dass dieser eine Pflicht der Staaten anerkennt, Parteien nationaler Minderheiten per se von Sperrklauseln zu befreien. So forderte der Beratende Ausschuss in seiner ersten Stellungnahme zu Litauen die litauischen Behörden dazu auf, eine gemeinsame Lösung für die Tatsache zu finden, dass Parteien nationaler Minderheiten den üblichen Sperrklauseln unterfielen.[371]

Letztlich spielen weitere Bestimmungen, wie beispielsweise ausreichende Medienauftritte in der Phase des Wahlkampfes, für Mitglieder nationaler Minderheiten eine entscheidende Rolle für eine erfolgreiche und wirksame Teilhabe nationaler Minderheiten bei Wahlen.

---

368 Amtsblatt der Republik Serbien, Nr. 36/2009.

369 Beratender Ausschuss, 1. Stellungnahme zu Deutschland, ACFC/INF/OP/I(2002)008, Rn. 63f; ebenso: Beratender Ausschuss, 1. Stellungnahme zu Polen, ACFC/INF/OP/I(2004)005, Rn. 86.

370 Beratender Ausschuss, 1. Stellungnahme zu Kroatien, ACFC/INF/OP/I(2002)003, Rn. 58; ebenso: Beratender Ausschuss, 1. Stellungnahme zu Slowenien, ACFC/INF/OP/I(2005)002, Rn. 71.

371 Beratender Ausschuss, 1. Stellungnahme zu Litauen, ACFC/INF/OP/I(2003)008, Rn. 75f.

a.) Minderheitenparteien und das serbische Parteiengesetz

Parteien von Minderheiten gelten seit jeher als Sprachrohr für Minderheiten in politischen und gesellschaftlichen Angelegenheiten. Die Parlamentarische Versammlung des Europarates sah in ihrem Entwurf 1201 (1993) zu einem Zusatzprotokoll der Europäischen Menschenrechtskonvention in Artikel 6 das Recht der nationalen Minderheiten vor, ihre eigenen Organisationen, einschließlich Parteien, bilden zu können.[372] Die Venedig-Kommission ist bei ihrem Vorschlag zu ihrer Minderheitenkonvention einen Schritt weitergegangen, indem sie die Pflicht vorsah, dass nationale Minderheiten in einem Verhältnis zu ihrer tatsächlichen Stärke in nationalen Parlamenten vertreten werden müssen.[373] Dieser Vorschlag wurde im Ergebnis fallen gelassen, da seine Umsetzung als schwierig eingestuft worden ist.[374]

Der Beratende Ausschuss zum Rahmenübereinkommen zum Schutz nationaler Minderheiten zählt zu dem Recht aus Artikel 7 RÜ auf Versammlungs- und Vereinigungsfreiheit auch das Recht politische Parteien zu gründen.[375] Hauptprobleme im Zusammenhang mit Minderheitenparteien sind oftmals Fragen, die mit der Gründung und Registrierung entsprechender Parteien miteinhergehen. Als besonders sensibles Themenfeld hat sich das Verbot von Minderheitenparteien in Europa herausgestellt. Infolgedessen kam es in der Vergangenheit zu mehreren Beschwerdeverfahren vor dem Europäischen Gerichtshof für Menschenrechte, auf dessen Rechtsprechung somit im folgenden Abschnitt zurückgegriffen werden kann.

(1.) Die Rechtsprechung des Europäischen Gerichtshofes für Menschenrechte zu Minderheitenparteien

In der Urteilssammlung des Europäischen Gerichtshofes für Menschenrechte gibt es eine Reihe von Urteilen, die die Parteien von ethnischen Minderheiten zum Gegenstand haben und den Schutz der Vereinigungsfreiheit des Art. 11 EMRK genießen. Den Anfang der Rechtsprechung markierte das Urteil Vereinigte Kommunistische Partei gegen die Türkei vom 30.01.1998.[376] Darin unterstrich

372 PACE, Empfehlung 1201 (1993) vom 01.02.1993.

373 Abgedruckt in: Hillgruber/Jestaedt, Die Europäische Menschenrechtskonvention und der Schutz nationaler Minderheiten, Seite 108 ff.

374 *Weller*, Art. 15, in: Weller (Hrsg.), Rights of Minorities, 429 (440).

375 Beratender Ausschuss, Kommentar über Art. 15, Rn. 75.

376 EGMR, Appl. No. 133/1996/752/951, United Communist Party v. Turkey, Urteil vom 30.01.1998.

der Straßburger Gerichtshof die exponierte Stellung von Parteien, die eine demokratische und pluralistische Gesellschaft erst ausmachen.[377] Eingriffe in die Freiheit von Parteien müssen nach der Rechtsprechung des Gerichtshofes überzeugend und überwältigend sein.[378] In dem vorliegenden Fall verwarf der Europäische Gerichtshof für Menschenrechte die Argumentation im Rahmen eines Parteienverbotsverfahrens des türkischen Verfassungsgerichtes dahingehend, dass die betroffene Vereinigte Kommunistische Partei die Einheit der Türkei gefährde und der Aufteilung der Republik Vorschub leisten würde, indem diese die Kurden als nationale Minderheit stilisiert habe.[379] Da sich die Vereinigte Kommunistische Partei im konkreten Fall für die Lösung des „Kurdenproblems" auf friedlichem Wege und innerhalb der Grenzen der Türkei aussprach, zog der Europäische Gerichtshof für Menschenrechte eine klare Trennlinie zu vorherigen Fallbeispielen, in denen die Bekämpfung von gewaltvollem Terrorismus in die Abwägung mithineinfloss.[380]

Im unmittelbaren zeitlichen Zusammenhang mit dem Urteil zu der Vereinigten Kommunistischen Partei erging das Urteil in dem Fall Sidiropoulos gegen Griechenland. Der Fall hatte zwar nicht die Gründung einer politischen Partei zum Gegenstand, jedoch hatte der Menschenrechtsgerichtshof über das Verbot einer Vereinigung zu urteilen, deren Mitglieder sich als ethnische Mazedonen ansahen und ihre Kultur durch die Vereinigung fördern wollten.[381] Der Gerichtshof nahm ausdrücklich Bezug zu seinem Urteil in der Sache Vereinigte Kommunistische Partei und führte an, dass keine Anhaltspunkte ersichtlich seien, die die territoriale Integrität oder nationale Sicherheit Griechenlands durch die besagte Vereinigung gefährde. Insbesondere hob der Straßburger Gerichtshof hervor, dass die alleinige Förderung einer Minderheitenkultur per se keine Staatsgefährdung darstellen kann.[382]

Auch in seinem Urteil in der Rechtssache Vereinigte Mazedonische Organisation Ilinden gegen Bulgarien ließ der Europäische Gerichtshof für Menschenrechte

---

377 EGMR, Appl. No. 133/1996/7522, United Communist Party v. Turkey, Urteil vom 30.01.1998, Rn. 44f.

378 EGMR, App. No. 133/1996/7522, United Communist Party v. Turkey, Urteil vom 30.01.1998, Rn. 46.

379 EGMR, Appl.No. 133/1996/7522, United Communist Party v. Turkey, Urteil vom 30.01.1998, Rn. 55.

380 EGMR, Appl. No. 133/1996/7522, United Communist Party v. Turkey, Urteil vom 30.01.1998, Rn. 59.

381 EGMR, Appl. No. 26695/95, Sidiropoulos v. Greece, Urteil vom 10.07.1998.

382 EGMR, Appl. No. 26695/95, Sidiropoulos v. Greece, Urteil vom 10.07.1998, Rn. 41.

die Begründung für die Ablehnung der Eintragung der Organisation in entsprechende Vereinsregister mit dem Argument der Staatsgefährdung nicht gelten.[383] Dabei stellte der Gerichtshof die Regel auf, dass Forderungen nach Selbstverwaltung innerhalb eines Staates oder gar die Forderung nach Abspaltung einen automatischen Eingriff in die Vereinigungsfreiheit nicht rechtfertige.[384]

(2.) Standards auf Ebene des Europarates sowie der Organisation für Sicherheit und Zusammenarbeit in Europa im Bereich der Minderheitenparteien

Der Beratende Ausschuss stellt in seinem thematischen Kommentar zu Artikel 15 RÜ heraus, dass die Gründung politischer Parteien durch Angehörige nationaler Minderheiten von Artikel 7 RÜ umfasst ist. Schon zu Beginn seiner Ausführungen zu Artikel 15 RÜ macht der Beratende Ausschuss in seiner Kommentierung klar, dass ein Verbot einer Partei, das alleine auf die ethnische Abstammung fußt, zu einer ungebührlichen Einschränkung der Rechte aus Artikel 7 RÜ führen kann.[385] Damit bewegt sich der Beratende Ausschuss auf der Linie der Rechtsprechung des Europäischen Gerichthofes für Menschenrechte. In seinen ersten Stellungnahmen zu Bulgarien brachte der Beratende Ausschuss große Zweifel bezüglich der Vereinbarkeit der bulgarischen Verfassung mit Artikel 7 RÜ an, da die bulgarische Verfassung in Artikel 11 Abs. 4 vorsah, dass politische Parteien mit ethnischem oder religiösem Charakter nicht gegründet werden sollen.[386]

Da der Beratende Ausschuss in seiner Kommentierung deutlich macht, dass dieser die bloße Einbeziehung von Minderheitenangehörigen in Parteien der Mehrheitsgesellschaft alleine nicht als wirksame Teilhabe nationaler Minderheiten einordnet,[387] wird geschlussfolgert, dass die Gründung von Minderheitenparteien nicht als Spaltung einer Gesellschaft angesehen werden darf[388].

Die Lund-Empfehlung der OSZE scheint in eine andere Richtung zu deuten, da diese große Parteien mit einem eher allgemeingesellschaftlichen Auftrag dazu

---

383 EGMR, Appl. No. 46336/99, Stankov and the United Macedonian Organisation of Ilinden v. Bulgaria, Urteil vom 02.10.2001.

384 EGMR, Appl. No. 46336/99, Stankov and the United Macedonian Organisation of Ilinden v. Bulgaria, Urteil vom 02.10.2001, Rn. 97.

385 Beratender Ausschuss, Kommentar über Art. 15, Rn. 75.

386 Beratender Ausschuss, 1. Stellungnahme zu Bulgarien, ACFC/OP/I(2006)001, Rn. 61.

387 Beratender Ausschuss, Kommentar über Art. 15, Rn. 78.

388 *Marko*, The Council of Europe Framework Convention on Protection of National Minorities, in: Weller/Nobbs (Hrsg.), Political Participation of National Minorities, 222 (234).

aufruft, Angehörige nationaler Minderheiten aufzunehmen, um den Bedarf und den Wunsch nach ethnisch geprägten Minderheitenparteien zu minimieren.[389]

(3.) Die Stellung von Minderheitenparteien in Serbien

In der nachfolgenden Darstellung wird in einem dreistufigen Aufbau insgesamt die Lage der Minderheitenparteien in Serbien beleuchtet. Zunächst wird auf den rechtlichen Rahmen eingegangen, der die Voraussetzungen zur Formierung von Minderheitenparteien in Serbien ausmacht. Im folgenden Schritt werden die tatsächliche Lage der Minderheitenparteien und deren Probleme im politischen Leben dargestellt. Besonderes Augenmerk sollen dabei die vorgezogenen Parlamentswahlen vom 16.03.2014 sowie vom 24.04.2016 erhalten. Abschließend wird eine Analyse der rechtlichen Stellung der Minderheitenparteien anhand der internationalen und europäischen Standards vorgenommen sowie Vorschläge zur Förderung von effektiver Teilhabe nationaler Minderheiten unterbreitet.

(a.) Die rechtliche Ausgangslage für Parteien nationaler Minderheiten in Serbien

Die serbische Verfassung garantiert in Artikel 5 Abs. 2 die Freiheit politische Parteien zu gründen. Weitere ausdrückliche Bestimmungen zum Verhältnis zu Parteien der nationalen Minderheiten lassen sich in der serbischen Verfassung nicht finden. Lediglich Artikel 100 Abs. 2 der serbischen Verfassung kann als eine Andeutung zu dem Bestand von Parteien nationaler Minderheiten interpretiert werden, da Artikel 100 Abs. 2 vorgibt, im Parlament die Gleichberechtigung und Abbildung der Geschlechter und der Vertreter nationaler Minderheiten im Einklang mit dem Gesetz zu ermöglichen.

Als einfachgesetzliche Ausprägung der verfassungsrechtlich garantierten Freiheit politische Parteien zu gründen, verabschiedete der serbische Gesetzgeber das Gesetz über die politischen Parteien (*zakon o političkim strankama*). Artikel 2 des Parteiengesetzes definiert den Begriff der Partei als einen freien und freiwilligen Zusammenschluss von Bürgern zwecks Verwirklichung politischer Ziele in demokratischer Gestalt und gemäß dem Willen der Bürger sowie der Teilnahme des Zusammenschlusses an Wahlen. Artikel 3 des Parteiengesetzes gibt vor, dass Parteien nationaler Minderheiten im Sinne des Parteiengesetztes solche Parteien sind, die zusätzlich zu den Vorgaben des Artikels 2, insbesondere anstreben, die Interessen einer nationalen Minderheit und den Schutz und die

389 OSZE, Lund-Empfehlung, Seite 24.

Förderung von Rechten von Angehörigen nationaler Minderheiten in Übereinstimmung mit der Verfassung und den Gesetzen zu vertreten.

Grundsätzlich können nach Artikel 8 des serbischen Parteiengesetzes mindestens 10.000 volljährige und vollgeschäftsfähige Staatsbürger der Republik Serbien eine Partei gründen. Artikel 9 des Gesetzes macht für die Gründung einer Minderheitenpartei dahingehend eine Ausnahme, dass lediglich 1.000 volljährige und vollgeschäftsfähige serbische Staatsbürger eine Minderheitenpartei gründen können. Als weitere besondere Bestimmungen für Parteien nationaler Minderheiten sieht das Parteiengesetz die Möglichkeit vor, dass die Bezeichnung der Minderheitenparteien auch auf der jeweiligen Sprache der Minderheit erfolgen kann, soweit das Statut der betreffenden Partei dieses Vorgehen vorsieht.

Schließlich bestimmt Artikel 4 Abs. 2 des Parteiengesetzes, dass die Funktionsweise der politischen Parteien unter anderem nicht darauf gerichtet sein darf, die in der Verfassung garantierten Menschen- und Minderheitenrechte zu verletzen.

(b.) Tatsächliche Lage der Minderheitenparteien in Serbien

Bis zu den vorgezogenen Parlamentswahlen am 24.04.2016 waren insgesamt 106 Parteien im serbischen Parteienregister eingetragen, wobei insgesamt 64 Parteien als Minderheitenparteien im Sinne von Artikel 3 des Parteiengesetzes anerkannt waren.[390]

Zu den vorgezogenen Parlamentswahlen vom 16.03.2014 entschieden sich insgesamt sechs Minderheitenparteien mit eigenen Wahllisten an den Wahlen teilzunehmen. Hierbei handelt es sich um die Allianz der Ungarn Vojvodinas (*savez vojvođanskih Mađara*, SVM), die Partei der demokratischen Handlung Sandžaks (*stranka demokratske akcije Sandžaka*, SDA), die Montenegro Partei – Josip Broz (*crnogorska partija*, CP), die Partei des demokratischen Betriebes, die die Albaner in Serbien vertritt (*partija za demokratsko delovanje – Riza Halimi*), und die Russische Partei – Slobodan Nikolić (*ruska stranka*, RS).[391]

Andere Minderheitenparteien entschieden sich dazu, gemeinsam mit anderen Parteien gemeinsame Wahllisten aufzustellen. Dabei kamen sowohl diejenige Konstellationen vor, in denen verschiedene Minderheitenparteien zusammen eine

390 Ministarstvo za držanvnu upravu i lokalnu samoupravu [Ministerium für Staatsverwaltung und örtliche Selbstverwaltung], Izvod iz registra političkih stranaka [Auszug aus dem Parteienregister], abrufbar unter: http://www.mduls.gov.rs/doc/dokumenta/pstranke/IZVOD%20IZ%20REGISTRA%2030032015.pdf.

391 Republička izborna komisija [Staatliche Wahlkommission], eingereichten Wahllisten zur Parlamentswahl 2014, abrufbar unter: http://www.rik.parlament.gov.rs/latinica/propisi_frames.htm.

einheitliche Wahlliste bildeten, als auch die Ausformung, dass Minderheitenparteien mit Parteien der Mehrheitsgesellschaft eine einheitliche Wahlliste aufstellten.

Nennenswert sind insbesondere die Minderheitenkoalitionen der Liste der nationalen Gemeinschaften (*lista nacionalnih zajednica*) und die Koalition aller Völker und Völkerschaften (*koalicija svih naroda i narodnosti*). Die Liste der nationalen Gemeinschaften bestand aus der Bosniakisch Demokratischen Gemeinschaft (*Bošnjačka demokratska zajednica*) mit dem bürgerlichen Bund der Ungarn (*Građanski savez Mađara*), der demokratischen Gemeinschaft der Kroaten (*Demokratska zajednica Hrvata*) sowie der ungarischen Einheitspartei (*stranka mađarskog jedinstva*). Die Ruthenische Demokratische Partei (*rusinska demokratska stranka*) und die Slowakisch Demokratische Partei (*slovačka demokratska stranka*) stellten sich gemeinsam zur Koalition aller Völker und Völkerschaften auf.[392] Die Koalition aller Völker und Völkerschaften konnte 3.983 Wählerstimmen hinter sich vereinigen, was im Ergebnis 0,11% aller Stimmen ausmachte. Der Zusammenschluss aus der Ruthenischen Demokratischen Partei und der der Slowakischen Partei konnte lediglich 3.182 Stimmen für sich verzeichnen. Insgesamt machte dieser Wert einen Stimmenanteil von 0,09% aus.[393]

Unter den Zusammenschlüssen zu einer gemeinsamen Wahlliste ist insbesondere der Zusammenschluss der neuen demokratischen Partei (*nova demokratska stranka*-NDS) des früheren serbischen Präsidenten Boris Tadić mit der Demokratischen Linken der Roma (*demokratska levica Roma*) sowie der Zusammenschluss der Liberaldemokratischen Partei (*liberaldemokratska partija, LDP*) mit der Bosniakisch-demokratischen Gemeinschaft des Sandžaks (*bošnjačka demokratska zajednica Sandžaka*) zu nennen.[394]

In das serbische Parlament zogen zwölf Parteien ein, von denen insgesamt drei reine Minderheitenparteien den Sprung ins Parlament schafften. Dabei konnten die Allianz der Ungarn Vojvodinas insgesamt sechs Sitze, die Partei der demokratischen Handlung Sandžaks drei Mandate und die Vertreterpartei der Albaner zwei Sitze erringen.[395] Abschließend ist anzumerken, dass weitere

---

392 Republička izborna komisija [Staatliche Wahlkommission], eingereichte Wahllisten zur Parlamentswahl 2014.

393 Republička izborna komisija [Staatliche Wahlkommission], Ergebnisse der Parlamentswahlen vom 16.03.2014.

394 Republička izborna komisija [Staatliche Wahlkommission], eingereichte Wahllisten zur Parlamentswahl 2014.

395 Republička izborna komisija [Staatliche Wahlkommission], Ergebnisse der Wahlen zum Parlament 2014, abrufbar unter: http://www.rik.parlament.gov.rs/latinica/propisi_frames.htm.

Minderheitenangehörige Mandate im serbischen Parlament errungen haben, ohne ausdrücklich im Namen für eine Minderheitenpartei angetreten zu sein.

Bei den vorgezogenen Parlamentswahlen vom 24.04.2016 zeichnete sich im Vergleich zu den Parlamentswahlen vom 16.03.2014 eine geringere Beteiligung von Parteien nationaler Minderheiten ab. Nur noch vier der sechs Parteien nationaler Minderheiten traten zu den vorgezogenen Parlamentswahlen mit einer eigenen Liste an. Die Montenegro Partei – Jozip Broz (*crnogorska partija*) trat nicht mehr an. Der russischen Partei (*ruska partija*) versagte die Staatliche Wahlkommission die Eigenschaft als Partei, die hauptsächlich die Interessen einer nationalen Minderheit vertritt.[396]

Verschiedene Parteien nationaler Minderheiten, die sich zusammen zu einer Wahlliste formierten, traten bei den aktuellen Wahlen nicht an. Aller Wahrscheinlichkeit nach stellte die kurze Phase zwischen vorzeitiger Auflösung des Parlaments und der rechtzeitigen Einreichung einer Wahlliste kleinere Parteien vor einer zu großen Herausforderung.

Die Demokratische Allianz der Kroaten in der Vojvodina (*demokratski savez Hrvata u Vojvodini,* DSHV) schloss sich mit der Demokratischen Partei (*demokratska stranka,* DS) unter Führung von Bojan Pajtić zu einer Wahlliste zusammen.[397]

Nach dem amtlichen Endergebnis konnte die Allianz der Ungarn in der Vojvodina 1,50% der Stimmen erringen, was insgesamt vier Sitze im serbischen Parlament ausmacht. Die beiden Minderheitenparteien der bosniakischen nationalen Minderheiten blieben beide deutlich unter einem Stimmenanteil von einem Prozent. Die bosniakisch-demokratische Gemeinschaft des Sandžaks (*Bošnjačka demokratska zajednica*) konnte 0,86% und die Partei der demokratischen Handlung Sandžaks 0,8% (*stranka demokratske akcije Sandžaka)* der Stimmen gewinnen. Beide Stimmenanteile führen zu insgesamt zwei Sitzen für jede der bosniakischen Parteien. Die Grüne Partei (*zelena stranka*) als Vertreterin der slowakischen Minderheit kann auf einen Stimmenanteil von 0,63% und kann damit auf einen Sitz im neuen serbischen Parlament für sich beanspruchen Die Partei der demokratischen Handlung (partija za demokratsko delovanje) konnte

396 OSZE, Republic of Serbia, Early Parliamentary Elections, 2016, Seite 11.

397 Republička izborna komisija [Staatliche Wahlkommission], eingereichte Wahllisten zur Parlamentswahl 2016, abrufbar unter: http://www.rik.parlament.gov.rs/latinica/izbori-za-narodne-poslanike-2016-izborne-liste.php.

0,43% der Wählerstimmen gewinnen und kann daher nur noch ein Mandat im Parlament für sich verbuchen.[398]

(c.) Herausforderungen der Minderheitenparteien in Serbien

Im Wesentlichen stehen die Parteien, die sich als Fürsprecher einer nationalen Minderheit in Serbien verstehen, drei Hauptherausforderungen ausgesetzt.

Wie sich aus den oben dargestellten Ergebnissen zu den Parlamentswahlen entnehmen lässt, schaffen lediglich die Vertreter der größeren nationalen Minderheiten Mandatsträger in das serbische Gesetzgebungsorgan zu entsenden. Die Mehrzahl der nationalen Minderheitenparteien schaffte es aufgrund ihrer relativ kleinen Wählerschaft nicht, sich ein Sprachrohr im gesetzgeberischen Prozess zu verschaffen.[399] Im Ergebnis ermutigt der Beratende Ausschuss die serbische Regierung dazu, auch zahlenmäßig kleinen Minderheiten die Teilnahme an öffentlichen Wahlen effektiv zu ermöglichen.[400]

Ein weiteres Hauptproblem für Minderheitenparteien liegt darin, dass sich oftmals mehrere politische Strömungen innerhalb einer nationalen Minderheit nicht auf einen gemeinsamen politischen Kurs einigen können, was zwangsläufig eine Zersplitterung in mehrere Minderheitenparteien zur Folge hat.[401] Davon sind insbesondere die Minderheit der Bosniaken und der Albaner betroffen.

Innerhalb der bosniakischen Minderheit in Serbien sind mindestens zwei politische Hauptströmungen zu verzeichnen. Dabei steht insbesondere der politische Führer der konservativ-religiösen Ausrichtung Sulejman Ugljanin dem Anführer der gemäßigten Bosniaken Rasim Ljajić gegenüber. Während des Auflösungsprozesses des jugoslawischen Bundesstaates stellte sich Ugljanin als Fürsprecher eines unabhängigen oder zumindest autonomen Sandžaks aus und tendierte zu dem rechten politischen Flügel der Bosniaken in Serbien. Im Gegensatz dazu legte Ljajić das Selbstverständnis an den Tag, dass die bosniakische Minderheit vermehrt an dem politischen, kulturellen und wirtschaftlichen Leben Serbiens teilnehmen solle.[402] Aus diesen Gegebenheiten heraus ist zu verstehen, dass Ljalić

398 Republička izborna komisija [Staatliche Wahlkommission], Ergebnis der Wahlen zum Parlament 2016, abrufbar unter: http://www.rik.parlament.gov.rs/doc/izbori-2016/rezultati/izbori%20za%20no2016.pdf.

399 FEO [Forum za etničke odnose], Manjinska politika i integracija u Srbiji [Minderheitenpolitik und Integration in Serbien], Seite 37.

400 Beratender Ausschuss, Kommentar über Art. 15, Rn. 180.

401 Beratender Ausschuss, 2. Stellungnahme zu Serbien, ACFC/OP/II(2009)001, Rn. 230.

402 *Lyon*, Serbia's Sandžak under Milošević, Hum Right Rev 2008, 71 (78).

als Vorsitzender einer Mehrheitspartei, nämlich der sozialdemokratischen Partei (*socijaldemokratska partija Srbije*) tätig ist.

Die Spannungen zwischen den beiden Hauptströmungen der bosniakischen Minderheiten führten bei den letzten Parlamentswahlen vom 16.03.2014 zu einer vorzeitigen Schließung eines Wahllokales in Novi Pazar wegen einer Eskalation zwischen Anhängern der verschiedenen bosniakischen Minderheitenparteien.[403]

Von den insgesamt sechs in Serbien registrierten Parteien, die die Interessen von Albanern im Preševo-Tal vertreten, entschieden sich fünf Parteien dazu, die Teilnahme an den Parlamentswahlen am 16.03.2014 zu boykottieren. Da sich lediglich die Partei von Riza Halimi zur Wahl stellte, kam es zum Bruch mit den verbleibenden Albaner-Parteien, die am Wahlabend den Vorwurf des Stimmenkaufes erhoben. Die Fronten aller Beteiligten verhärteten sich, da die nicht an den Wahlen teilnehmenden Parteien von einem öffentlichen Wahlprüfungsverfahren Abstand nahmen und damit im Ergebnis keine abschließende Untersuchung der erhobenen Vorwürfe erfolgte.[404]

Schließlich besteht ein Trend zur Ausnutzung der gesetzlich garantierten Privilegien für Minderheitenparteien durch Vertreter der Mehrheitsgesellschaft. Insbesondere der Vorteil des herabgesetzten Unterschriftenquorums zur Gründung einer Partei gemäß Artikel 9 des Parteiengesetzes führte bei den vorletzten Parlamentswahlen im Jahre 2012 zu Missbrauchsfällen.[405]

Bei den Parlamentswahlen vom 2012 ließ sich die Partei „keine einzige der angebotenen Antworten“ (*Nijedan od ponuđenih odgovora* – NOPO) als Partei der walachischen Minderheiten registrieren, obwohl diese ausschließlich Politik im Interesse der Mehrheitsgesellschaft unterbreitete.[406] Aus dem Internetauftritt der Partei lässt sich eine gegen die etablierten Parteien Serbiens gerichtete politische Haltung herauslesen. So ruft die Partei gegen die Wahl für das kleinere Übel auf. Ferner versucht die Partei[407] betont die Wählerschaft anzusprechen, die mit den üblichen im Parlament vertretenen Parteien nicht zufrieden ist. Ein Bezug zu Politik der walachischen Minderheit ist nicht zu erkennen.

Der Fall von NOPO verdeutlicht, dass die gesetzlich geregelten Anreize für Minderheitenparteien Missbrauch Vorschub leisten können. Die Definition

---

403 OSZE, Republic of Serbia, Early Parliamentary Elections 2014, Final Report, Seite 18.

404 OSZE, Republic of Serbia, Early Parliamentary Elections 2014, Final Report, Seiten 18f.

405 Beratender Ausschuss, 3. Stellungnahme zu Serbien, ACFC/OP/III(2013)006, Rn. 177.

406 RTS, Meldung vom 14.06.2012, Manjinske stranke bez manjina [Minderheitenparteien ohne Minderheit], abrufbar unter: http://www.rts.rs/page/stories/sr/story/9/Politika/1121170/Manjinske+stranke+bez+manjina.html.

407 Internetauftritt der Partei NOPO, http://nopo.org.rs/.

einer nationalen Minderheit im serbischen Parteiengesetz deckt sich nur teilweise mit Vorgaben des europäischen Völkerrechts. Die Lund-Empfehlung umschreibt das Wesen einer Partei nationaler Minderheiten damit, dass die Partei auf der Identität einer Minderheit beruht und die Interessen einer bestimmten Gemeinschaft identifiziert.[408] Der Kommentar des Beratenden Ausschusses zu Artikel 15 RÜ gibt die Gründung einer Partei durch eine nationale Minderheit als Voraussetzung für das Bestehen einer Minderheitenpartei vor.[409] Somit lässt sich schlussfolgern, dass der Begriff einer Minderheitenpartei zumindest aus zwei Teilen besteht. Einerseits steht die politische Interessenvertretung für eine bestimmte Minderheit für eine solche Partei, aber auch die Tatsache, dass die Gründung der Partei aus dem Kreis der Minderheit selbst geschieht.

(d.) Zusammenfassendes Ergebnis zum serbischen Parteiengesetz

Da Artikel 3 des serbischen Parteiengesetzes die Qualifizierung zu einer Minderheitenpartei allein von der Interessenvertretung für eine nationale Minderheitenpartei ausmacht, fehlt das Merkmal der Gründung aus der Minderheit selbst. Ratsam wäre es daher das serbische Parteiengesetz dahingehend zu ergänzen, dass die Gründung der Partei von der jeweiligen Minderheit selbst vorangetrieben werden muss. Als Indizien hierfür können beispielweise die Zahl der Mitglieder aus der Gesellschaft der Minderheit herangezogen werden. Zusammenfassendes Ergebnis zum serbischen Parteiengesetz Das serbische Parteiengesetz steht vor dem Hintergrund des weiten Ermessensspielraumes für Staaten zur Ausgestaltung ihres Wahlrechtes im Wesentlichen im Einklang mit den Vorgaben des RÜ. Insbesondere kennt das serbische Parteienrecht kein Verbot zur Gründung von Parteien, die gewillt sind, nationale Minderheiten politisch zu vertreten. Vielmehr sieht das serbische Parteiengesetz in Artikel 9 Abs. 2 eine effektive Fördermaßnahme vor, indem die Gründung einer Minderheitenpartei anstatt der sonst üblichen 10.000 Gründungsmitglieder lediglich 1.000 Mitglieder fordert. Diese Fördermaßnahme zeigt entsprechende Auswirkungen, da eine Vielzahl von Minderheitenparteien (64 von insgesamt 106 registrierten Parteien) in Serbien bestehen. Daher ist diese Fördermaßnahme grundsätzlich zu begrüßen, jedoch muss diese gesetzliche Fördermaßnahme vor Mißbrauchsfällen entschieden eingeschränkt werden. Wie der oben dargestellte Fall von NOPO zeigt, besteht die Gefahr, dass einige Mitglieder der Mehrheitsgesellschaft Gründungserleichterungen für Parteien nationaler Minderheiten ausnutzen. Daher

408 OSZE, Lund-Empfehlung, Seite 23f.
409 Beratender Ausschuss, Kommentar über Art. 15, Rn. 76.

wäre es ratsam, die Gründung einer Minderheitenpartei durch eine staatliche Kontrolle abhängig zu machen. Denkbar wäre es beispielsweise, der staatlichen Wahlkommission RIK die Aufsicht zu überlassen, ob in der beantragten Gründung tatsächlich eine Minderheitenpartei gegründet werden soll. Dabei sollte der oben aufgezeigte Prüfungsmaßstab, der aus den Lund-Kriterien entwickelt ist, herangezogen werden. Demnach muss die Gründung einer Minderheitenpartei aus dem Kreis von Vertretern der betroffenen Minderheitsgesellschaft heraus erfolgen. Eine Kontrolle kann an Hand der eingereichten Daten über die Gründungsmitglieder erfolgen. Zu einem weiteren Element der Minderheitenpartei zählt das Einstehen für politische Forderungen für die jeweilige nationale Minderheit. Diese Kontrolle sollte insbesondere auf der Grundlage des verabschiedeten Gründungsstatutes und des Wahlprogramms erfolgen, das zu Zwecken des politischen Meinungskampfes vorgelegt wird.

Sobald die staatliche Wahlkommission erhebliche Zweifel an einen der beiden Komponenten haben sollte, sollte die staatliche Wahlkommission eine Zurückweisung des Antrages auf Gründung einer Minderheitenpartei aussprechen.

b.) Die Ausgestaltung des serbischen Wahlsystems unter minderheitenrechtlicher Betrachtung

Neben der Gründung politscher Parteien, die sich für die Interessen von Minderheitenangehörigen im politischen Alltagsleben einsetzen, stellt die konkrete Ausgestaltung des Wahlsystems eine entscheidende Schnittstelle für eine wirksame Teilhabe nationaler Minderheiten an öffentlichen Angelegenheiten dar. Die Themenbereiche der Minderheitenparteien und der konkreten Ausgestaltung der Wahlen sind eng miteinander verwoben und weisen daher eine hohe gemeinsame Schnittmenge auf.

Als zentrale Vorschriften rücken dabei naturgemäß die Regelungen des Wahlgesetzes für das serbische Parlament (*zakon o izboru poslanika skupštine Srbije*) in den Vordergrund.

(1.) Mindeststandards des Europarates sowie der Organisation für Sicherheit und Zusammenarbeit in Europa

Sowohl auf der Ebene des Europarates als auch auf der Ebene der Organisation für Sicherheit und Zusammenarbeit in Europa, wird den jeweiligen Vertragsstaaten ein hoher Ermessensspielraum bei der Ausgestaltung des Wahlgesetzes eingeräumt.[410]

410 Beratender Ausschuss, Kommentar über Art. 15, Rn. 81.

Damit nationalen Minderheiten eine effektive Teilhabe am politischen Entscheidungsprozess garantiert ist, wird zu niedrigen Sperrklauseln für die Vertretung in gesetzgeberischen Körperschaften geraten.[411] Ferner sollte die Regel beachtet werden, dass die Tatsache der Konzentration einer nationalen Minderheit auf einem Teilgebiet eines Staates gesetzgeberisch wiedergespiegelt werden soll.[412] Abschließend ist insbesondere bei zahlenmäßig kleinen Minderheiten zu untersuchen, ob diesen, unabhängig vom Wahlausgang, eine bestimmte Anzahl von Mandaten im Parlament zugewiesen werden kann.[413] Diese Tatsache spielte in den abschließenden Einschätzungen des Beratenden Ausschusses zu Serbien eine entscheidende Rolle.[414]

Der Europäische Gerichtshof für Menschenrechte in Straßburg hatte in seiner Vergangenheit noch nie ausdrücklich die Sperrklauseln in nationalen Wahlrecht in Bezug auf die Teilhabe nationaler Minderheiten geprüft. In dem Verfahren Yumak und Sadak gegen die Türkei prüfte der Straßburger Gerichtshof die Vereinbarkeit der geltenden 10%-Hürde für Parteien zum Sprung ins türkische Parlament,[415] die auch Auswirkungen auf ethnische Minderheiten hat.

Nachdem die zweite Kammer des Gerichtshofes keine Verletzung gegen das Recht auf freie Wahlen gemäß Artikel 3 des 1. Zusatzprotokolls in der 10%-Hürde sah, erfolgte eine Verweisung gemäß Artikel 43 EMRK an die Große Kammer. In die Entscheidung bezog der Straßburger Gerichtshof auch die Tatsache mit ein, dass aufgrund der im europäischen Vergleich hohen Zugangsvoraussetzung für Parteien in der gesetzgebenden Körperschaft, Parteien der kurdischen Minderheit regelmäßig keinen Zugang zum türkischen Parlament gehabt hatten.[416] Letztendlich bestätigte die Mehrheit der Richter der Großen Kammer das erstinstanzliche Urteil mit der wesentlichen Begründung, dass das türkische Wahlrecht durch die Aufstellung unabhängiger Kandidaten oder der Möglichkeit durch Zusammenschlüsse mehrerer Parteien zu einer Wahlliste durchlässige

---

411 Beratender Ausschuss, Kommentar über Art. 15, Rn. 82.

412 OSZE, Lund-Empfehlung, Seite 24.

413 Beratender Ausschuss, Kommentar über Art. 15, Rn. 91f.

414 Beratender Ausschuss, 2. Stellungnahme zu Serbien, ACFC/OP/II(2009)001, Rn. 234; ebenso: Beratender Ausschuss, 3. Stellungnahme zu Serbien, ACFC/OP/III(2013)006, Rn. 178.

415 EGMR, Appl. No. 10226/03, Yumak and Sadak v. Turkey, Urteil vom 30.01.2007.

416 EGMR, Apll. No. 10226/03, Yumak and Samak v. Turkey, Urteil vom 30.01.2007, Rn. 103.

Elemente erhält,[417] die den weiten Ermessenspielraum der Vertragsstaaten auf Ausgestaltung ihres Wahlrechts einhält.[418]

Aus dem Feld der Teilnahmemöglichkeiten nationaler Minderheiten bei Wahlen befasste sich der Europäische Gerichtshof für Menschenrechte in dem Beschwerdeverfahren Sejdić und Finci gegen Bosnien und Herzegowina.[419] Die beiden Beschwerdeführer sahen sich als Angehörige der Romaminderheit bzw. der jüdischen Glaubensgemeinschaft in Bosnien und Herzegowina in ihrem Recht gemäß Artikel 14 EMRK in Verbindung mit Artikel 3 des 1. Zusatzprotokolls zur EMRK verletzt, da die bosnisch-herzegowinische Verfassung zur Wahl der zweiten Kammer des gesamtstaatlichen Parlaments, dem Haus der Völker (*Dom naroda Bosne i Hercegovine*), und dem dreiköpfigen Präsidentschaftsrat (*Predsjedništvo*) eine Zugehörigkeit zu einer der konstituierenden Völker des Landes, nämlich den Bosniaken, Serben oder Kroaten, erfordert.[420] Die Große Kammer des Menschengerichtshofes sah in der, von der Regierung Bosniens und Herzegowinas vorgebrachten, Argumentation der Wiederherstellung der Friedensordnung keinen ausreichenden Rechtfertigungsgrund.[421]

(2.) Eine minderheitenrechtliche Untersuchung des serbischen Wahlsystems

Die serbische Verfassung gibt in Artikel 52 die für das Wahlrecht geltenden Programmsätze vor. Demnach hat jeder volljährige und geschäftsfähige Staatsbürger der Republik Serbien das Recht zu wählen und gewählt zu werden. Abs. 2 von Artikel 52 der Verfassung setzt fest, dass das Wahlrecht allgemein und einheitlich, die Wahlen frei und direkt sind und der Wahlvorgang geheim und persönlich ist. Artikel 52 Abs. 3 bestimmt abschließend, dass das Wahlrecht rechtlichen Schutz im Einklang mit dem Gesetz genießt. Für die Teilhabe von Vertretern nationaler Minderheiten ist Artikel 100 Abs. 2 der serbischen Verfassung von entscheidender Bedeutung. Diese verfassungsrechtliche Norm bestimmt, dass

---

417 EGMR, Appl. No. 10226/03, Yumak and Samak v. Turkey, Urteil vom 30.01.2007, Rn. 135.

418 EGMR, Appl. No. 10226/03, Yumak and Samak v. Turkey, Urteil vom 08.07.2008, Rn. 110.

419 EGMR, Appl. Nos. 27996/06, 34836/06, Sejdić and Finci v. Bosnia and Herzegovina, Urteil vom 22.12.2009.

420 EGMR, Appl. Nos. 27996/06, 34836/06, Sejdić and Finci v. Bosnia and Herzegovina, Urteil vom 22.12.2009, Rn. 22.

421 EGMR, Appl. Nos. 27996/06, 34836/06, Sejdić and Finci vs. Bosnia and Herzegovina, Urteil vom 22.12.2009, Rn. 50.

im Einklang mit dem Gesetz die Gleichberechtigung und Repräsentanz der Geschlechter und der Vertreter nationaler Minderheiten sichergestellt sein soll.

Aus der Perspektive nationaler Minderheiten weist das serbische Gesetz zur Wahl von Abgeordneten zum serbischen Parlament (*zakon o izboru poslanika skupštine Srbije)*[422] einige Besonderheiten auf. In Artikel 4 des Wahlgesetzes ist vorgesehen, dass die Mandatsträger in der Republik Serbien als eine Wahleinheit durch Listen politischer Parteien gewählt werden. Das serbische Wahlsystem kennt somit keine Einteilung in Wahlkreise.

Ferner bestimmt Artikel 3 des Wahlgesetzes, dass das Parlament aus 250 Mandatsträgern besteht. Die Zahl der Mandatsträger ist somit strikt festgelegt und die Möglichkeit von Überhangmandaten besteht nicht.

Abschnitt VI des Wahlgesetzes regelt das Erfordernis zur Wahlaufstellung in Form von Listen. Eine unabdingbare Voraussetzung der eingereichten Liste ist es unter anderem, dass nach Artikel 43 Abs. 1 des Wahlgesetzes die Liste gültig ist, wenn mindestens 10.000 Wähler die Liste mit ihren Unterschriften bestätigen.

Artikel 60 Abs. 4 bestimmt, dass in Gemeinden, in denen Sprachen nationaler Minderheiten im offiziellen Gebrauch sind, die Wahlzettel auch in diesen Sprachen gedruckt werden.

Bei der Aufteilung der Mandate werden nach Artikel 81 Abs. 1 Wahlgesetz nur diejenigen Wahllisten beachtet, die mindestens 5% der abgegebenen Wählerstimmen erhalten haben. Im Anschluss daran bestimmt Abs. 2, dass politische Parteien nationaler Minderheiten bei der Aufteilung der Mandate auch dann Beachtung finden, wenn diese weniger als 5% der abgegebenen Stimmen erhalten.

(3.) Herausforderungen für Minderheiten bei Wahlen

Im Wesentlichen ergeben sich mindestens drei Problemkreise bei der Teilnahme von Minderheiten bei Wahlen zum serbischen Parlament. Der erste Problemkreis bildet die Ausgestaltung des Wahlkreises in Form eines Einwahlkreisgebildes. Problematisch ist hierbei insbesondere, dass die territoriale Verteilung der Minderheiten keinerlei Auswirkung auf das Wahlgesetz hat. Weiterhin stellt das Erfordernis der Mindestzahl von 10.000 Unterschriften von Wahlberechtigten für die Anerkennung einer Liste gerade für Parteien, die zahlenmäßig kleine nationale Minderheiten vertreten wollen, eine nahezu unüberwindbare Hürde dar. Abschließend stehen wiederum kleine nationale Minderheiten bei der Verteilung der Mandate trotz Befreiung von der 5%-Hürde vor wesentlichen Herausforderungen.

---

422 Amtsblatt der Republik Serbien, Nr. 35/2000, Nr. 57/2003, Nr. 72/2003, Nr. 18/2004, Nr. 101/2005, Nr. 101/2005.

(a.) Einheitswahlkreis

Die Vorgabe nach Artikel 4 des Wahlgesetzes, dass die Republik Serbien als ein Einheitswahlkreis zu beachten ist, stammt aus der Umbruchsphase vom sozialistischen Einparteiensystem zu dem Mehrparteiensystem zu Beginn der 1990er Jahre.[423] Die Entwicklung des serbischen Wahlsystems tendierte zunächst dahin die regionalen Eigenheiten anhand von Wahlkreisen zu reflektieren. Bei den Parlamentswahlen 1992 und 1995 schuf der Gesetzgeber ein Verhältniswahlsystem mit insgesamt neun Wahlkreisen. Bei den Parlamentswahlen im Jahre 1997 erhöhte der Gesetzgeber die Anzahl der Wahlkreise auf 29.[424] In der rechtswissenschaftlichen und gesellschaftlichen Diskussion erfuhr das System des Einheitswahlkreises insbesondere Kritik dahingehend, dass die ländliche Bevölkerung im Vergleich zu der städtischen Bevölkerung unterrepräsentiert sei. Statistischen Daten zufolge sind insbesondere die beiden größten serbischen Städte, Belgrad und Novi Sad, im nationalen Vergleich parlamentarisch überrepräsentiert. Das Ergebnis der Parlamentswahlen aus dem Jahre 2008 ergab, dass lediglich 98 Selbstverwaltungseinheiten von insgesamt 150 keinen Vertreter in das serbische Parlament entsenden konnten.[425]

Das Unterlassen der Einteilung des Staatsgebietes in mehrere Wahlkreise hemmt vornehmlich die Vorgaben des Beratenden Ausschusses und der Organisation für Sicherheit und Zusammenarbeit in Europa entwickelte Formel, wonach das Wahlrecht auch die territoriale Verteilung nationaler Minderheiten effektiv aufnehmen soll.[426]

Wie sich aus dem Abschnitt über die tatsächliche Lage der nationalen Minderheiten in Serbien ergibt, lebt die Mehrheit der nationalen Minderheiten in Serbien geschlossen in Gemeindebezirken.[427] In Serbien spräche vieles dafür, die Einteilung des Staatsgebietes in Gemeindebezirke vorzunehmen, wobei darauf geachtet werden sollte, dass die Aufteilung derart erfolgt, dass die nationalen

423 *Orlović*, Političko predstavljanje nacionalnih manjina [Die politische Vertretung nationaler Minderheiten], MET 27 (2011), 393 (406).

424 *Jovanović*, Narodna Skupština-Deformacija teritorialnog predstavljanja [Die Volksversammlung-Die Zersplitterung der territorialen Vertretung], Fakultet političkih nauka, Godišnjak 2008 [Das Jahrbuch der politikwissenschaftlichen Fakultät 2008], 117 (1).

425 *Orlović*, Re-Dizajniranje političkih institucija [Die Wiedergestaltung der politischen Institutionen], in: Pavlović (Hrsg.), Kvalitet političkih institucija [Die Qualität politischer Institutionen], 65 (89).

426 Beratender Ausschuss, Kommentar über Art. 15, Rn. 88.

427 Siehe Abschnitt zur tatsächlichen Lage.

Minderheiten möglichst eine Mehrheit bilden.[428] Die Frage nach der territorialen Einteilung von Wahlkreisen spielt nicht nur für die politische Teilhabe nationaler Minderheiten im Sinne von Artikel 15 RÜ eine entscheidende Rolle, sondern weist Berührungspunkte zu Artikel 16 RÜ auf. Demnach sehen die Vertragsparteien von Maßnahmen ab, die das Bevölkerungsverhältnis in von Angehörigen nationaler Minderheiten bewohnten Gebieten verändern und darauf gerichtet sind, die Rechte und Freiheiten einzuschränken, die sich aus diesem Rahmenübereinkommen niedergelegten Grundsätzen ergeben. Es besteht grundsätzlich kein Anspruch nationaler Minderheiten auf eine Wahlkreiseinteilung, die die Sitzverteilung zugunsten einer nationalen Minderheit sicherstellt.[429] Der Beratende Ausschuss manifestiert allerdings eine Konsultationspflicht mit Minderheitenvertretern, sobald Wahlkreise neu festgelegt werden sollen.[430]

(b.) Unterschriftenerfordernis der Wahlliste

Um nationalen Minderheiten in Serbien die Teilhabe an öffentlichen Angelegenheiten zu erleichtern, reformierte der serbische Gesetzgeber das Parteiengesetz, indem dieser das Unterschriftenerfordernis zur Gründung einer Minderheitenpartei von 10.000 Unterschriften auf 1.000 Unterschriften minimierte. Offensichtlich ließ der serbische Gesetzgeber das Wahlgesetz zur Förderung effektiver Teilhabe nationaler Minderheiten außer Acht, indem nach Artikel 43 Abs. 1 des Wahlgesetzes ausnahmslos mindestens 10.000 Unterschriften zur Bestätigung einer eingereichten Wahlliste notwendig sind. Im Ergebnis stehen das Wahlgesetz und das Parteiengesetz im eklatanten Widerspruch zueinander, indem das Wahlgesetz keine Privilegierung für Wahllisten von Minderheitenparteien kennt.[431] Insbesondere für kleine nationale Minderheiten stellt das Unterschriftenerfordernis eine nahezu unüberbrückbare Überwindung dar. Am Beispiel der Bunjewatzen mit ihren etwa 16.000 Einwohnern in Serbien oder den 18.543 Bulgaren

428 *Orlović*, Političke posledice izbornog sistema u Srbiji [Die politischen Konsequenzen des Wahlsystems in Serbien], Fakultet političkih nauka, Godišnjak 2008 [Das Jahrbuch der politikwissenschaftlichen Fakultät 2008], 19 (29).

429 *Lantschner*, Soft jurisprudence im Minderheitenrecht, Seite 171f.

430 Beratender Ausschuss, 1. Stellungnahme zu Albanien ACFC/OP/I(2003)004, Rn. 73; ebenso: 1. Stellungnahme zu Montenegro, ACFC/OP/I(2008)001 Rn. 107.

431 Beratender Ausschuss, 2. Stellungnahme zu Serbien, ACFC/OP/II(2009)001, Rn. 232; ebenso: *Lončar*; Izborna formula i reprezentacija manjina [Wahlformel und Repräsentation von Minderheiten], in: Stojiljković/Spasojević, (Hrsg.), Preporuke za izmenu izbornog zakonodavstva u Srbiji [Vorschläge zur Änderung der Wahlgesetzgebung in Serbien], 137 (146).

in Serbien scheint es faktisch ausgeschlossen zu sein, eine eigene Wahlliste aufzustellen, da beispielsweise Minderjährige nicht zur Unterschrift berechtigt sind.

Die staatliche serbische Wahlkommission, Republička izborna komisija (im Folgenden: RIK), unternahm zu den Wahlen zum serbischen Parlament im Jahre 2008 eine Initiative, indem sie das hohe Unterschriftenerfordernis für Parteien nationaler Minderheiten herunterschraubte. In ihrer Verordnung zur Durchführung des Gesetzes der Wahlen der Mandate zum serbischen Parlament (*Uputstvo za sprovođenje zakon o izboru narodnih poslanika*) aus dem Jahre 2008 legte die RIK in Artikel 28 Abs. 8 fest, dass für Parteien nationaler Minderheiten die Wahllistenbestätigung von lediglich 3.000 Staatsbürgern ausreichend sei. Diesem Vorgehen widersprach das serbische Verfassungsgericht mit seinem Urteil vom 08.04.2008.[432] Das serbische Verfassungsgericht begründete seine Entscheidung damit, dass die RIK ihre Befugnisse zur Ausgestaltung der Wahlen übertreten habe.[433]

Ferner bestätigte das serbische Verfassungsgericht seine Rechtsprechung zum uneingeschränkten Unterschriftenerfordernis gemäß Artikel 43 Abs. 1 des Parteiengesetzes dahingehend, dass das Erfordernis für alle Parteien in Serbien gelte. In dem Urteil vom 14.04.2011 führte der serbische Verfassungshüter aus, dass weder die Verfassung noch das Rahmenübereinkommen das zwingende Recht vorsehen, Parteien von Minderheiten in allen Etappen des Wahlprozesses die Unterstützung durch positive Maßnahmen zu garantieren. Vielmehr läge die Einschätzung darüber, ob Minderheitenparteien in den Genuss einer abgesenkten Unterschriftenklausel kämen, in den Händen des einfachen Gesetzgebers.[434]

Obwohl ein Urteil des serbischen Verfassungsgerichts die Herabsetzung des Unterschriftenerfordernisses versagte, besteht die Möglichkeit zur Änderung der Rechtslage. Denn Hauptkritikpunkt des serbischen Verfassungsgerichts waren lediglich formale Einschätzungen, dass die staatliche Wahlkommission sich Kompetenzen des Gesetzgebers angeeignet habe und daher im Ergebnis ihre Verwaltungsbefugnisse überschritten habe.

(c.) Verteilung der Mandate ohne Beachtung der 5%-Hürde

Das serbische Wahlgesetz sieht nunmehr in Artikel 81 Abs. 2 vor, dass Stimmen für Minderheitenparteien auch dann beachtet werden, wenn diese insgesamt unter der ansonsten geltenden 5%-Schwelle bleiben.

---

432 Serbisches Verfassungsgericht, Urteil vom 04.08.2008, Az.: IUp-42/2008.

433 *Vujović*, Serbia, in: Lantschner/Marko/Petričušić (Hrsg.), European Integration and it's Effects on Minority Protection in Europe, 275 (284).

434 Serbisches Verfassungsgericht, Urteil vom 14.04.2011, IUp-42/2008.

Neben der Frage, ob das Unterschriftenerfordernis für Wahllisten von nationalen Minderheiten uneingeschränkt gilt, hatte das serbische Verfassungsgericht in seinem Urteil vom 14.04.2011 auch zu klären, wie die Stimmen für die Parteien nationaler Minderheiten in die Sitzverteilung zum serbischen Parlament miteinfließen. Das Verfassungsgericht prägte hierbei die Formel der „natürlichen Schwelle" (*prirodni prag*).[435]

Nach der verfassungsrechtlichen Rechtsprechung wird für Parteien, die nationale Minderheiten politisch vertreten, ermittelt, wie viele Stimmen insgesamt nötig sind, um rechnerisch einen Sitz in dem Parlament zu erringen. Die Rechnung hängt im Wesentlichen von dem Faktor ab, wie viele Stimmen bei der Wahl für die insgesamt 250 Sitze des serbischen Parlaments abgegeben worden sind.[436] Aus den Erfahrungen der letzten Parlamentswahlen lässt sich ableiten, dass bei einer 55%igen bis 60%igen Wahlbeteiligung regelmäßig 14.000 bis 16.000 Stimmen nötig sind, um mindestens ein Mandat im Parlament zu erhalten.[437] Das Verfassungsgericht führte in dem besagten Urteil aus, dass mit der Anerkennung der Theorie der „natürlichen Schwelle" der einfache Gesetzgeber die verfassungsrechtliche Vorgabe des Artikels 100 Abs. 2 der serbischen Verfassung vollumfänglich beachtet habe. Demnach werden in Übereinstimmung mit dem Gesetz die Gleichberechtigung und Repräsentanz der Geschlechter und der Vertreter nationaler Minderheiten ausreichend sichergestellt.

Trotz der Befreiung der Minderheitenparteien von der 5%-Hürde wird deutlich, dass der Sprung für kleinere nationale Minderheiten nahezu unmöglich ist, da nach der Formel der „natürlichen Schwelle" regelmäßig ein Stimmenanteil von 0,4% bzw. ca. 15.000 Stimmen erforderlich ist. Gerade für zahlenmäßig kleinere nationale Minderheiten bedeutet ein derartiges Stimmenpotential ein nahezu geschlossenes Stimmverhalten seiner Anhänger.

Allgemein wird die Befreiung von Sperrklauseln von Parteien, die nationale Minderheiten vertreten, als wesentliche Erleichterung angesehen, auch wenn die Befreiung keine Garantie auf tatsächliche Teilhabe bedeutet. Dass Vertreter nationaler Minderheiten im Ergebnis dieselbe Anzahl an Stimmen erringen müssen

---

435 Serbisches Verfassungsgericht, Urteil vom 14.04.2011, Az.: IUp-42/2008.

436 *Orlović u.a.*, Poboljšanje Narodne Skupštine [Vorschläge zur Verbesserung des Parlaments], Seite 20.

437 *Orlović*, Političke posledice izbornog sistema u Srbiji [Die politischen Konsequenzen des Wahlsystems in Serbien], Fakultet političkih nauka, Godišnjak 2008 [Das Jahrbuch der politikwissenschaftlichen Fakultät 2008], 19 (27).

wie Vertreter von mainstream-Parteien, um einen Sitz im Parlament zu erhalten, wird hingenommen.[438]

Im Gegensatz dazu erfuhr die serbische Regelung zur Befreiung nationaler Minderheitenparteien von der 5%-Hürde keine uneingeschränkte Unterstützung. Der Beratende Ausschuss hob hervor, dass regelmäßig nur die beiden größten nationalen Minderheiten, nämlich die Ungarn und Bosniaken, Vertreter in das Parlament entsenden können und kleinere nationale Minderheiten gänzlich außen vor bleiben.[439]

(d.) Lösungsvorschläge mit Blick ins Ausland

Damit nationale Minderheiten wirksam an dem politischen Willensbildungsprozess in Serbien mitwirken können, sind Reformen im Bereich des Wahlgesetzes nötig. Insbesondere sollte ein kritischer Blick auf die Teilhabe zahlenmäßig kleiner nationaler Minderheiten geworfen werden.

In Bezug auf das, auch für Minderheitenwahllisten geltende, Unterschriftenerfordernis ist der serbische Gesetzgeber dahingehend gefordert, das Unterschriftenquorum im Einklang mit dem serbischen Parteiengesetz auf höchstens 1.000 Unterschriften herunterzuschrauben, um im Ergebnis Rechtseinheit innerhalb der serbischen Rechtsordnung herzustellen.

(e.) Einführung von Wahlkreisen

Um die wirksame Teilhabe nationaler Minderheiten zu fördern, scheint eine weiter durchgreifende Reform des serbischen Wahlgesetzes unvermeidlich. Zunächst wäre es angebracht, das System des Einwahlkreises aufzuheben und durch die Einteilung mehrerer, nach Zahl der Bevölkerung gleichgewichtiger, Wahlkreise zu ersetzen. Bei der Einteilung der Wahlkreise sollten dabei die territoriale Verteilung nationaler Minderheiten beachtet werden. Künstliche Wahlkreisgrenzen durch Siedlungsgebiete hindurch, in denen mehrheitlich Anhänger nationaler Minderheiten traditionell leben, sollten strikt vermieden werden.[440] Zumindest sollte die aus Artikel 16 RÜ resultierende Konsultationspflicht zur Einteilung von Wahlkreisen mit Vertretern der nationalen Minderheiten eingehalten werden.

Weiterhin sollte das Verhältniswahlsystem, das in Serbien vorherrscht, durch Elemente des Mehrheitswahlrechts kombiniert werden. Das Zusammenspiel von verhältnis- und mehrheitswahlrechtlichen Teilen ist in Serbien nicht gänzlich

---

438 *Lantschner*, in: Hofmann u.a. (Hrsg.), Kommentar RÜ, Art. 15 AT, Rn. 13.

439 Beratender Ausschuss, 3. Stellungnahme zu Serbien, ACFC/OP/III(2013)006, Rn. 178.

440 Beratender Ausschuss, Kommentar über Art. 15, Rn. 88f.

unbekannt. Bis zur letzten Wahl zum Parlament der Autonomen Provinz Vojvodina sah die Verordnung der Autonomen Provinz Vojvodina zur Wahl der Abgeordneten[441] (*Pokrajnska skupštinska odluka o izboru poslanika Skupštinu APV*) vor, dass 60 der insgesamt 120 Abgeordneten aufgrund von Wahllisten durch eine Verhältniswahl gewählt werden sollten. Die restlichen 60 Sitze wurden durch eine personalisierte Mehrheitswahl vergeben, die in den dafür eingeteilten Wahlbezirken erfolgte.[442] Für die kommenden Wahlen zum Parlament der Autonomen Provinz Vojvodina ist wieder eine reine Verhältniswahl auf der Grundlage eines Einheitswahlkreises vorgesehen. Die Änderung der Verordnung zur Wahl der Abgeordneten des Parlaments der Autonomen Provinz erfolgte wegen der ungleichen Aufteilung der Wahlbezirke und der damit einhergehenden Ungleichwertigkeit der Stimmen.[443]

Gleichwohl sprechen aus minderheitenrechtlicher Perspektive gewichtige Argumente für die Einführung mehrheitswahlrechtlicher Elemente in das serbische Wahlsystem. Vorteilhaft wäre beispielsweise die Ergänzung nach dem deutschen Vorbild des personalisierten Verhältniswahlrechts.

Das personalisierte Verhältniswahlsystem zum Deutschen Bundestag sieht keine strikte Trennung zwischen dem Mehrheits- und Verhältniswahlrecht vor, sondern vermengt beide Wahlsysteme miteinander. Dieser Vermengungsgrundsatz wird zunächst aus § 1 Abs. 2 BWG nicht deutlich, dieser bestimmt, dass von den 598 Abgeordneten 299 nach den Wahlkreisvorschlägen in den Wahlkreisen und die übrigen nach den Landeswahlvorschlägen (Landeslisten) gewählt werden.

Das als personalisierte Verhältniswahlsystem bezeichnete Wahlsystem funktioniert derart, dass in den 299 Wahlkreisen die Abgeordneten mit einfacher Mehrheit gewählt werden (§ 5 BWG) und die anderen 299 Sitze nach den Stimmenanteilen der Parteien über deren Landeslisten nach ihrer tatsächlichen Stärke besetzt werden. Im Endergebnis werden die in den Wahlkreisen errungenen Mandate auf die Zahl der aus den Landeslisten bestimmten Mandate angerechnet (§ 6 Abs. 4 und 6 Satz 1 BWG).[444]

Das Element der Verhältniswahl bleibt bei der Wahl zum Deutschen Bundestag der entscheidende Faktor. Mit der Direktwahl einer Person im Wahlkreis soll der Wählerschaft die Möglichkeit zur Beeinflussung der personellen Besetzung

441 Amtsblatt der Autonomen Provinz Vojvodina, Nr. 23/2014.

442 *Bašić*, Političko organisovanje nacionalnih manjina u Srbiji [Politische Organisation nationaler Minderheiten in Serbien], 129 (133).

443 *Bašić*, Političko organisovanje nacionalnih manjina u Srbiji [Politische Organisation nationaler Minderheiten in Serbien], 129 (134).

444 *Frommer/Engelbrecht*, Kommentar BWG, 11.01.; Rn. 4.

des Bundestages eingeräumt werden.[445] Die Erststimme kann dann ausnahmsweise auf die Sitzverteilung des Bundestages Auswirkungen haben, wenn eine Partei nach § 6 Abs. 3 Satz 1 BWG über ihre Landesliste an der 5%-Hürde scheitert, allerdings in mindestens drei Wahlkreisen Direktmandate errungen hat.[446]

Im Gegensatz zu dem obsoleten Wahlsystem der Vojvodina steht innerhalb des deutschen Wahlsystems dem Mehrheitswahlrecht nur eine untergeordnete Rolle zu. Eine Übernahme des deutschen personalisierten Verhältniswahlrechts hätte auf die Teilhabe nationaler Minderheiten in gewählten Körperschaften positive Auswirkungen.

Mit einer von zwei Stimmen hätten die Wähler in einem ersten Schritt über die Anzahl der Sitze einer Partei zu entscheiden. Dabei sollte Artikel 81 Abs. 2 des serbischen Wahlgesetzes, der die Befreiung von Minderheitenparteien von der 5%-Klausel vorschreibt, unangetastet bleiben. In einem nächsten Schritt könnten die Wähler entscheiden, welche Person ihren Wahlkreis vertreten soll. Ausschlaggebend ist hierbei, dass die direkt gewählten Personen zunächst diejenigen Sitze besetzen, die ihre Wahllisten durch die vorausgegangene Verhältniswahl gewonnen haben. Um eine abschließend volle Entscheidungsspanne zu erreichen, sollte ein Stimmensplitting möglich sei.

Die Vorteile eines solchen Wahlsystems liegen für nationale Minderheiten auf der Hand. In Wahlkreisen mit einem hohen Anteil von Minderheitenangehörigen stehen die Chancen für Bewerber um ein Mandat mit Minderheitenhintergrund gut, direkt ins Parlament gewählt zu werden. Der Ausgang der Wahl im Verhältnis zu dem restlichen Staatsgebiet und der Mehrheitsgesellschaft hätten keinen Einfluss auf das Ergebnis des betreffenden Wahlkreises.[447]

Ferner läge ein weiterer Vorteil darin, dass sich Mehrheitsparteien in Wahlkreisen mit hohem Minderheitenbevölkerungsanteil um Direktkandidaten mit entsprechendem Minderheitenhintergrund stark machen würden. Dieser Anreiz für Parteien der Mehrheitsgesellschaft hätte einen gewissen Integrationseffekt. Aller Wahrscheinlichkeit nach, würde das Gefühl der Minderheitenangehörigen gestärkt sein, dem gesamten politischen und gesellschaftlichen Diskurs der Mehrheitsgesellschaft anzugehören. Schließlich bliebe nicht nur die Entscheidung für Angehörige ihrer Minderheiten einen ethnischen Interessenvertreter in das Parlament zu entsenden, sondern auch die Chance vermehrt nach politischen Ausrichtungen zu wählen, wäre erhöht. Jedenfalls ist ein gewisser

445 *Strelen*, in: Schreiber (Hrsg.), Bundeswahlgesetz, § 1 Rn. 115.

446 *Frommer/Engelbrecht*, Kommentar BWG, 11.01., Rn. 4.

447 OSZE, Handbook on Observing and Promoting the Participation of National Minorities in Electoral Processes, Seite 42.

Trend in Mittelosteuropa zu verzeichnen, dass vermehrt Minderheitenparteien Unterstützung von der Mehrheitsgesellschaft erhalten.[448] Die Vorschläge sollen nicht dahingehend verstanden werden, Minderheitenparteien abzuschaffen, sondern verhältnismäßig kleinen Minderheiten zu mehr politischem Gewicht zu verhelfen.

Hierbei muss eingeräumt werden, dass das oben vorgeschlagene Wahlsystem nur denjenigen nationalen Minderheiten zu Wahlerfolgen verhelfen kann, soweit diese geschlossen in einem Wahlbezirk leben und in diesem Wahlbezirk die absolute oder eine ausschlaggebende relative Bevölkerungsmehrheit darstellen. Kleinen nationalen Minderheiten, denen in keinem der einzurichtenden Wahlkreise rechnerisches Gewicht zukommt und auch auf gesamtnationaler Ebene nur einen kleinen Bruchteil der Gesamtbevölkerung ausmachen, würde auch ein ihnen großzügig entsprechender Wahlkreiszuschnitt nicht weiterhelfen. Insbesondere Minderheiten, die unter 1% der serbischen Bevölkerung ausmachen, wie beispielsweise Ashakli, Ägypter, Bunjewatzen, Rumänen, Walachen, Tschechen und Deutschen, wären am Wahlerfolg weiterhin benachteiligt.

(f.) Einführung reservierter Sitze

Zwar erkennt auch die OSZE an, dass eine gewisse natürliche Schwelle bei der Vergabe von Parlamentsmandaten in der Form vorherrscht, dass ein Minderheitenvertreter mindestens so viele Stimmen hinter sich vereinigen kann, die für den Erhalt eines Mandates nötig sind,[449] jedoch sollte auch der politische Wille vorherrschen, dass kleine nationale Minderheiten in den politischen Entscheidungsprozess miteinbezogen werden sollen[450].

Hinter der Förderung politischer Teilhaberechte kleiner nationaler Minderheiten steht der Grundgedanke des Systems der reservierten Sitze. Dabei sind Ausgestaltungen in der Form denkbar, dass Sitze in der gesetzgebenden Gewalt für besondere Minderheiten unabhängig vom Wahlerfolg der Minderheit bereitgestellt werden. Für besonders kleine nationale Minderheiten ist es denkbar, gemeinsame Sitze aller nationalen Minderheiten zur Verfügung zu stellen. Dabei ist es ratsam, eine Rotation unter den Vertretern der nationalen Minderheiten für

448 *Lantschner/Kmezić*, Political Participation of Minorities in Central Europe, in: Lantschner/Constantin/Marko (Hrsg.), Practice of Minority Protection in Central Europe, 223 (231).

449 OSZE, Handbook on Observing and Promoting the Participation of National Minorities in Electoral Processes, Seite 43.

450 OSZE, Handbook on Observing and Promoting the Participation of National Minorities in Electoral Processes, Seite 47.

die gemeinsamen Sitze festzulegen, damit der gemeinsame Vertretungscharakter deutlich wird.[451] Bei der Ausgestaltung der reservierten Sitze ist es von ausschlaggebender Bedeutung, dass die Vertreter nationaler Minderheiten tatsächlich Einfluss auf das Abstimmungsverhalten haben können und deren Rolle nicht auf die eines Beobachters herabgestuft wird.[452] Mit der Problematik der reservierten Sitze in nationalen Parlamenten für Vertreter nationaler Minderheiten stellt sich oft das zusätzliche Problem des doppelten Stimmrechts für Angehörige nationaler Minderheiten. Die entscheidende Frage ist hierbei, ob den Angehörigen nationaler Minderheiten neben der Möglichkeit zur Wahl der reservierten Sitze auch der Zugang zur allgemeinen Wahl eingeräumt werden soll.[453]

Im Folgenden bietet sich ein Blick auf die einschlägigen Regelungen in Slowenien und Kroatien an, da beide Staaten eine gemeinsame Tradition mit Serbien bezüglich des Umgangs mit nationalen Minderheiten haben und auch vor der Herausforderung zur Verankerung kleiner nationaler Minderheiten in ihren Parlamenten stehen. Ferner kann das System reservierter Sitze für nationale Minderheiten in Rumänien aufschlussreich sein.

(aaa). Das System der reservierten Sitze in Slowenien

Slowenien erkennt auf seinem Staatsgebiet die Existenz zweier autochthoner nationaler Minderheiten an. Dabei handelt es sich um die Minderheit der Italiener und Ungarn. Nach der jüngsten Volkszählung im Jahre 2002 lebten insgesamt über 1,9 Mio. Menschen in Slowenien. 2.258 Menschen deklarierten sich selbst als Italiener und 6.243 Menschen als Ungarn. Aus den genannten Angaben ergibt sich, dass 0,16% der slowenischen Bevölkerung zu der italienischen und 0,43% der slowenischen Gesamtbevölkerung zu der ungarischen Minderheit gehören.[454]

Den Mitgliedern der autochthonen nationalen Minderheiten in Slowenien wird aus der Verfassung heraus ein zweifaches Stimmrecht zugestanden. Die Mitglieder der italienischen und ungarischen Minderheiten können einerseits an den allgemeingültigen Wahlen teilnehmen und daneben in Form von besonderen Wahllisten bestimmen, wer die insgesamt zwei für die nationalen Minderheiten reservierten Sitze im slowenischen Parlament erhalten soll.[455] Für das Recht zur Teilhabe an den Wahlen an den besonderen Wahllisten der Minderheiten

451 Beratender Ausschuss, Kommentar über Art. 15, Rn. 91f.
452 Beratender Ausschuss, Kommentar über Art. 15, Rn. 93.
453 Venice Commission, CDL-AD(2008)013, Rn. 8ff.
454 1. Staatenbericht Slowenien, ACFC SR (2000)004, Rn. 14f.
455 1. Staatenbericht Slowenien, ACAF SR(2000)004, Rn. 113.

ist eine vorherige Registrierung der Wähler als Angehöriger der Minderheit vorausgesetzt.[456] Daneben besteht die Besonderheit, dass den beiden Minderheitenvertretern im Parlament ein unverzichtbares Zustimmungserfordernis bei den Gesetzesvorhaben des Parlaments eingeräumt wird, wenn diese Vorhaben Minderheitenrechte ausdrücklich berühren.[457] Diese doch sehr weitreichende Zustimmungsregelung, die einem faktischen Vetorecht der beiden Minderheitenmandatsträger zukommt, kam bisher in der parlamentarischen Praxis nicht zum Zuge.[458]

Das slowenische Verfassungsgericht stufte das doppelte Wahlrecht für Angehörige nationaler Minderheiten in einem Urteil aus dem Jahre 1998 als verfassungsgemäß ein.[459] Das slowenische Verfassungsgericht sah keinen Verstoß in dem Gleichheitsprinzip, da das doppelte Stimmrecht der italienischen und ungarischen Minderheit durch völkerrechtliche Verträge mit Italien und Ungarn zugesprochen sei.[460] Verfassungsrechtliche Bedenken würden erst dann aufkommen, soweit eine übermäßige Abweichung von dem Prinzip der einen Stimme für einen Wähler aufkäme.[461]

Im Zusammenhang mit der besonderen Wählererfassung und dem damit einhergehenden nötigen offenem Bekenntnis zu einer Minderheit gegenüber staatlichen Stellen besteht die Gefahr, dass Standards der Venedig-Kommission verletzt werden, die besagen, dass weder Kandidaten noch Wähler sich zu einer Minderheit bekennen sollen müssen.[462] Die gesonderte Wählererfassung sollte jedenfalls primär dann erst zum Zuge kommen, wenn eine andere technische Möglichkeit zur effektiven Teilnahme nationaler Minderheiten an Wahlen nicht

---

456 *Lantschner*, in: Hofmann u.a. (Hrsg.), Art. 15 AT, Rn. 15.

457 Beratender Ausschuss, 1. Stellungnahme zu Slowenien ACFC/INF/OP/I(2005)002, Rn. 71.

458 *Lantschner/Kmezić*, Political Participation of Minorities in Central Europe, in: Lantschner/Constantin/Marko (Hrsg.), Practice of Minority Protection in Central Europe, 223 (241).

459 *Marko*, The Council of Europe Framework Convention on Protection of National Minorities, in: Weller/Nobbs (Hrsg.), Political Participation of National Minorities, 222 (237).

460 *Lantschner/Kmezić*, Political Participation of Minorities in Central Europe, in: Lantschner/Constantin/Marko (Hrsg.), Practice of Minority Protection in Central Europe, 223 (231).

461 Venedig-Kommission, CDL-AD(2008)013, Rn. 10.

462 Venedig-Kommission, CDL-AD(2002)23rev, Seite 19.

erfolgsversprechend ist. Im Ergebnis kritisierte der Beratende Ausschuss die slowenische Regelung nicht.[463]

(aab). Das System der reservierten Sitze in Kroatien

In Kroatien stellt sich die Lage der ethnischen Bevölkerungsstruktur, ähnlich wie in Serbien, komplexer als in Slowenien dar. Laut der kroatischen Volkszählung aus dem Jahre 2011 geben 7,67% der kroatischen Bevölkerung an, einer nationalen Minderheit anzugehören. Die größte nationale Minderheit bilden mit circa 4,36% der Bevölkerung die Serben. Die übrigen nationalen Minderheiten machen weniger als 1% der kroatischen Gesamtbevölkerung aus. Von den 22 nationalen Minderheiten, die in Kroatien ansässig sind, leben beispielsweise 2.965 Deutsche, 4.753 Slowaken sowie 509 Juden.[464]

Die kroatische Verfassung sieht daher in Artikel 15 Abs. 3 vor, dass Mitgliedern der nationalen Minderheiten durch einfaches Gesetz ein besonderes Wahlrecht zur Bestimmung ihrer Vertreter in dem kroatischen Parlament (*Sabor*) zusteht. Die kroatische Rechtsordnung bestimmt im Wesentlichen durch zwei Verfassungsgesetze die Teilhabe nationaler Minderheiten im kroatischen Parlament. Sowohl das Verfassungsgesetz über die Wahl der Vertreter des kroatischen Parlaments (*zakon o izboru zastupnika u hrvatski Sabor,* im Folgenden kroatisches Wahlgesetz)[465] als auch das kroatische Verfassungsgesetz über die Rechte nationaler Minderheiten (*Ustavni zakon o pravima nacionalnih manjina,* im Folgenden kroatisches Minderheitengesetz)[466] geben konkrete Regelungen vor. Dem Verfassungsgesetz über die Rechte nationaler Minderheiten kommt zwar kein Verfassungsrang zu, jedoch benötigt eine Änderung der Verfassungsgesetze ähnlich wie eine Verfassungsänderung selbst eine Zweidrittelmehrheit im kroatischen Parlament.[467]

Artikel 16 Abs. 2 des kroatischen Wahlgesetzes besagt, dass die Angehörigen der nationalen Minderheiten das Recht haben, acht Abgeordnete in das Parlament durch einen besonderen Wahlkreis zu wählen. Weiterhin sieht Artikel 17 des kroatischen Wahlgesetzes vor, dass die serbische nationale Minderheit drei Abgeordnete in das Parlament im Einklang mit dem kroatischen

463 *Lantschner*, in: Hofmann u.a. (Hrsg.), Kommentar RÜ, Art. 15 AT, Rn. 15.

464 3. Staatenbericht Kroatien, ACFC/SR/IV(2014)012, Seite 32.

465 Amtsblatt der Republik Kroatien Nr. 71/00, zuletzt geändert durch Urteil des kroatischen Verfassungsgerichtes vom 29.07.2011, Az.: U-I-989/2011.

466 Amtsblatt Nr. 155 der Republik Kroatien vom 23.12.2002, zuletzt geändert durch Entscheidung des kroatischen Verfassungsgerichts vom 29.07.2011, Az.: U-I-989/2011.

467 *Ceranić*, Političko predstavljanje nacionalnih manjina [Die politische Vertretung nationaler Minderheiten], Pravnik 45 (2011), 165 (165).

Minderheitengesetz wählt. Die Angehörigen der ungarischen und italienischen nationalen Minderheit wählen jeweils einen Mandatsträger in das Parlament. Die tschechischen und slowakischen Minderheitenangehörigen wählen ebenfalls einen gemeinsamen Abgeordneten ins Parlament. Die Angehörigen der österreichischen, bulgarische, deutschen, polnischen, rumänischen, rusinischen, russischen, türkischen, ukrainischen, walachischen, jüdischen nationalen Minderheit sowie der Romaminderheit wählen einen gemeinsamen Vertreter in den kroatischen Sabor. Die Mitglieder der albanischen, bosnischen, montenegrinischen, mazedonischen und slowenischen nationalen Minderheit wählen ebenso einen gemeinsamen Abgeordneten.

Artikel 19 des kroatischen Minderheitengesetzes stellt abstrakte Wahlregeln auf. So bestimmt er, dass denjenigen nationalen Minderheiten, die mehr als 1,5% der Bevölkerung ausmachen, mindestens drei Sitze im kroatischen Parlament zugesichert werden. Da die Minderheit der Serben, die die einzige nationale Minderheit ist, die das Quorum der 1,5% überspringt, erhält drei Sitze im Parlament. Weitere fünf Sitze werden im Rotationsverfahren unter den restlichen nationalen Minderheiten, wie oben dargestellt, verteilt.

Der Beratende Ausschuss stufte den wechselnden Rotationscharakter unter den verschiedenen nationalen Minderheiten bei der Sitzverteilung zum kroatischen Parlament als zufriedenstellende Maßnahme ein, soweit die gemeinsamen Parlamentsvertreter den Zugang und Kontakt zu allen nationalen Minderheiten, die sie vertreten, aufrechterhalten.[468]

Das kroatische Wahlgesetz bestimmt weiter die konkrete Sitzverteilung. Das kroatische Staatsgebiet wird insgesamt in zehn Wahlkreise eingeteilt. In dem elften Wahlkreis können Auslandskroaten insgesamt drei Abgeordnete ins kroatische Parlament entsenden. Im Zuge einer Reform des Minderheitenwahlrechts sollte der zwölfte Wahlkreis die fünf Sitze derjenigen nationalen Minderheiten beinhalten, die weniger als 1,5% der kroatischen Bevölkerung ausmachen. Daneben sah das neue Minderheitenwahlrechten vor, diesen kleinen nationalen Minderheiten das Recht einzuräumen, sich auch an den übrigen allgemeinen Wahlen zu beteiligen. Die rechtliche und gesellschaftliche Diskussion entfachte sich an dem Begriff des „zusätzlichen Stimmrechts" (*dopunski glas*). Im Gegensatz dazu sollte sich die Liste derjenigen nationalen Minderheiten, die mehr als 1,5% der Gesamtbevölkerung ausmachen, in den allgemeinen zehn Wahlkreisen zur Wahl stellen. Im Ergebnis verweigerte der kroatische Gesetzgeber somit

---

468 Beratender Ausschuss, 2. Stellungnahme zu Kroatien, ACFC/INF/OP/II(2004)002, Rn. 161.

lediglich den Angehörigen der serbischen Minderheit, die als einzige nationale Minderheit über einen Bevölkerungsanteil von über 1,5% der Gesamtbevölkerung verzeichnen können, das zusätzliche Stimmrecht.

In einem von serbischen Interessenverbänden, der Sozialistischen Partei Kroatiens und Menschenrechtsschutzorganisationen angestrengten Verfahren vor dem kroatischen Verfassungsgericht, kippte das oberste kroatische Gericht die vorgesehene Minderheitenwahlrechtsreform.[469]

Das kroatische Verfassungsgericht räumte dem Gesetzgeber einen weiten Ermessensspielraum bei der Frage ein, wie er den verfassungsrechtlich verankerten Auftrag zur Teilhabe nationaler Minderheiten im kroatischen Parlament umsetze. Die rechtliche Möglichkeit bestünde auch darin, den Angehörigen nationaler Minderheiten ein zusätzliches Stimmrecht zuzugestehen.[470] Das kroatische Verfassungsgericht sah jedoch keinen ausreichendend Rechtfertigungsgrund für die Ungleichbehandlung der größten Gruppe der nationalen Minderheiten mit den restlichen kleinen nationalen Minderheiten[471] und erklärte das Änderungsgesetz als verfassungswidrig.

Neben der rechtlichen Einschätzung der Ungleichbehandlung der größten nationalen Minderheit in Form der Vorenthaltung des zusätzlichen Stimmrechts wird in der Wissenschaft der gemeinsame Vertretungscharakter der gemeinsamen vorenthaltenen Sitze in der kroatischen Gesetzgebungskörperschaft kritisiert. Dabei wird ausgeführt, dass nicht nachvollziehbar sei, aus welchem Grund einerseits Tschechen und Slowaken und andererseits die nationalen Minderheiten, die ursprünglich die Völkerschaften in Jugoslawien waren, sich auf einen gemeinsamen Abgeordneten ins Parlament einigen sollen. Gerade das Auseinanderfallen der jeweiligen ehemaligen gemeinsamen Staaten spräche für keinen gemeinsamen Willen zur politischen Fürsprache.[472]

(aac). Reservierte Sitze in Rumänien

Artikel 62 Abs. 2 der rumänischen Verfassung bestimmt, dass Organisationen von Angehörigen nationaler Minderheiten, welche nicht genügend Stimmen für eine Vertretung im Parlament erreichen, vom Wahlrecht einen Sitz zugesprochen bekommen. Das einschlägige Wahlgesetz verleiht den Organisationen

---

469 Kroatisches Verfassungsgericht, Urteil vom 29.07.2011, Az.: U-I-989/2011.

470 Kroatisches Verfassungsgericht, Urteil vom 29.07.2011, Az.: U-I-989/2011.

471 Kroatisches Verfassungsgericht, Urteil vom 29.07.2011, Az.: U-I-989/2011.

472 *Mesić*, Pojam nacionalnih manjina i njihovo političko predstavljanje [Der Begriff der nationalen Minderheit und deren politische Vertretung], Politička misao [Politische Wissenschaft], 50 (2013), 107 (124).

nationaler Minderheiten, die nicht genügend Sitze im Abgeordnetenhaus oder Senat erringen konnten, zusammen das Recht auf ein Abgeordnetenmandat, sofern sie landesweit mindestens 20% der Stimmen erhalten, die im Durchschnitt für eine Mandatszuteilung erforderlich sind.[473] Dabei ist beachtenswert, dass das Wahlgesetz vorschreibt, Organisationen der nationalen Minderheiten, die sich an Wahlen beteiligen, wie politische Parteien zu behandeln.[474]

Im Gegensatz zu den zuvor vorgestellten Wahlsystemen in Slowenien und Kroatien kennt das rumänische Wahlgesetz keine zahlenmäßige Begrenzung der Sitze, die fest für Interessenvertreter nationaler Minderheiten reserviert sind. Ausschlaggebend ist lediglich, dass eine nationale Minderheit nur einen Sitz im Abgeordnetenhaus für sich beanspruchen kann.[475] Das führt dazu, dass regelmäßig 18 Sitze im rumänischen Abgeordnetenhaus für nationale Minderheiten reserviert werden. Hinzu treten die Sitze, die Minderheitenparteien ohne die oben beschriebenen Regelungen erzielen. Insbesondere die Partei der Demokratischen Union der Ungarn in Rumänien schaffte es ohne jegliche Begünstigung Vertreter ins Abgeordnetenhaus zu entsenden. Bei den Wahlen im Jahre 2008 konnte sie insgesamt 22 von 341 Sitze auf sich vereinigen. Bei den letzten Parlamentswahlen konnte die ungarische Minderheitenpartei nur noch 18 Sitze gewinnen.[476]

Neben historischen Aspekten für die Einführung reservierter Sitze für nationale Minderheiten in Rumänien, gilt auch die Schaffung eines Gegengewichtes zu der stärksten Partei nationaler Minderheiten, nämlich der Partei der Demokratischen Union der Ungarn in Rumänien als Hauptbefürworter einer ausgeprägten Autonomie in den ungarischen Siedlungsgebieten, als Hauptgrund.[477]

Kritisch wird bemerkt, dass lediglich eine Minderheitenorganisation, nämlich diejenige, die die meisten Stimmen hinter sich vereinigen kann, einen Vertreter in das Parlament entsenden darf und daher ein Mangel an Abbildung möglicher politischer Pluralität entsteht und oftmals zur politischen Zersplitterung der betroffenen nationalen Minderheit führt.[478] Daraus wird abgeleitet, dass die

---

473 2. Staatenbericht Rumänien, ACFC/SR/II(2005)004, Seite 5.

474 *Pan*, Die Minderheitenrechte in Rumänien, in: Pan/Pfeil (Hrsg.), Minderheitenrechte in Europa, Band 2, 400 (412).

475 Beratender Ausschuss, 2. Stellungnahme zu Rumänien, ACFC/OP/II(2005)007, Rn. 179.

476 Beratender Ausschuss, 3. Stellungnahme zu Rumänien, ACFC/OP/III(2012)001, Rn. 181f.

477 *King/Marian*, Minority Representation in Romania, EEPS 26 (2012), 561 (566).

478 *King/Marian*, Minority Representation in Romania, EEPS 26 (2012), 561 (579f).

Mandatsträger der nationalen Minderheiten bis heute keine staatstragende Rolle einnehmen konnten.[479]

Charakteristisch für die Gruppe der gesetzten Minderheitenmandatsträger ist das geschlossene Abstimmungsverhalten mit der Mehrheit der jeweiligen Regierungskoalition. Dabei war in der Vergangenheit unbeachtlich, ob die Regierung von den Post-Kommunisten oder den liberalen Reformparteien geführt wird.[480] Dabei erhärtete sich der Eindruck, dass die etablierten Minderheitenparteien als Mehrheitsbeschaffer der jeweiligen Regierungskoalition agieren. Gründe für die nahezu durchweg regierungskonforme Haltung der Minderheiten im rumänischen Parlament scheint die Tatsache zu sein, dass diejenige Minderheitenorganisation, die den Sprung ins Parlament schafft, in den Genuss des staatlichen Minderheitenfonds kommt, der wiederum von der Regierungskoalition abhängt.[481] Lediglich die Partei der Demokratischen Union der Ungarn schaffte es nach den Parlamentswahlen 2004 in die rumänische Regierungskoalition einzutreten und dabei den stellvertretenden Ministerpräsidenten sowie mehrere Ministerposten und Staatssekretäre zu stellen.[482] Ähnlich wie in Serbien kam es auch in Rumänien zu dem Phänomen, die rechtlichen Begünstigungen für nationale Minderheiten durch politische Vertreter der Mehrheitsgesellschaft zu nutzen.[483]

Das Urteil des Europäischen Gerichtshofes für Menschenrechte vom 21.04.2015 in dem Fall Danis und die Vereinigung ethnischer Türken gegen Rumänien behandelte das Minderheitenwahlrecht unter Betrachtung zweier miteinander konkurrierender türkischer Minderheitenorganisationen in Rumänien.[484] Die Beschwerdeführer, eine Interessenvertreterorganisation für ethnische Türken in Rumänien, schnitt bei den Parlamentswahlen 2004 nur knapp hinter einer anderen Organisation ab, die ebenfalls die Interessen der türkischen Minderheit vertrat und im Ergebnis den für diese Minderheit reservierten Sitz errang.[485] Im Zuge der

479 *Alionescu*, Parliamentary Representation of Minorities in Romania, SEP 2004, 60 (69).

480 *King/Marian*, Minority Representation in Romania, EEPS 26 (2012), 561 (575).

481 *Constantin*, Assessing the efficiency of EU conditionality in the area of minority protection, Europa Ethnica 64 (2007), 81 (83).

482 Beratender Ausschuss, 2. Stellungnahme zu Rumänien, ACFC/OP/II(2005)007, Rn. 180.

483 *Constantin*, Assessing the efficiency of EU conditionality in the area of minority protection, Europa Ethnica 64 (2007), 81 (83).

484 EGMR, Appl. No. 16632/09, Danis and the Association of Ethnic Turks v. Romania, Urteil vom 21.04.2015.

485 EGMR, Appl. No. 16632/09, Danis and the Association of Ethnic Turks v. Romania, Urteil vom 21.04.2015, Rn. 7f.

Wahlrechtsmodernisierung sah das neue Wahlrecht vor, dass diejenigen Organisationen, die in den Genuss des reservierten Minderheitensitzes kommen wollen, gemeinnützig sein müssen. Ausgenommen von dieser Bestimmung waren die Organisationen, die in der Vergangenheit schon einen reservierten Minderheitensitz im rumänischen Parlament für sich verbuchen konnten.[486] Da das neue Wahlgesetz am 16.03.2008 in Kraft trat und die Parlamentswahlen am 30.11.2008 anstanden, entschied der Europäische Gerichtshof, dass die kurze Zeitspanne zur gesetzlich zwingenden inneren Umstrukturierung der Minderheitenorganisation bis zu den anstehenden Wahlen und die Bevorzugung etablierter Minderheitenparteien einen Verstoß gegen das Diskriminierungsverbot aus Artikel 14 in Verbindung mit dem Recht auf freie Wahlen gemäß Artikel 3 des 1. Zusatzprotokolls und dem allgemeinen Diskriminierungsverbot aus Artikel 1 des 12. Zusatzprotokolls darstelle.[487]

(g.) Zusammenfassendes Ergebnis zu reservierten Sitzen

Um kleineren nationalen Minderheiten die Teilnahme am politischen Leben zu ermöglichen, sollte der serbische Gesetzgeber eine bestimmte Anzahl reservierter Sitze für Vertreter nationaler Minderheiten vorsehen. Dabei sollten diejenigen nationalen Minderheiten bei der Schaffung und Verteilung reservierter Sitze begünstigt werden, die aufgrund ihrer zu erwartenden geringen Wählerschaft die vom serbischen Verfassungsgericht aufgestellte Hürde in Gestalt der „natürlichen Schwelle“ nicht überschritten werden. Dabei sind regelmäßig die nationalen Minderheiten betroffen, die weniger als 1% der Gesamtbevölkerung in Serbien ausmachen. Da die Anzahl der nationalen Minderheiten, die weniger als ein Hundertstel der Gesamtbevölkerung ausmachen, wegen der natürlichen Bevölkerungsabnahme in Serbien wächst und damit momentan um die 13 Minderheiten einen Bevölkerungsanteil unter 1% ausmachen, sollten nach kroatischen Vorbild gemeinsame reservierte Sitze für kleinere nationale Minderheiten eingeführt werden, um das gesamtdemokratische Wahlergebnis nicht zu verzerren.

Denkbar wäre es ein System doppelter reservierte Sitze für eine Gruppe verschiedener nationaler Minderheiten zu schaffen. Dabei wäre die Einteilung derjenigen nationalen Minderheiten, die weniger als 1% der Gesamtbevölkerung stellen, in zwei Gruppen nötig, die wiederum jede Gruppe für sich in etwa 2%

486 EGMR, Appl. No. 16632/09, Danis and the Association of Ethnic Turks v. Romania, Urteil vom 21.04.2015, Rn. 19.

487 EGMR, Appl. No. 16632/09, Danis and the Association of Ethnic Turks v. Romania, Urteil vom 21.04.2015, Rn. 45ff.

der serbischen Bevölkerung ausmacht. Das Kriterium zur Aufteilung in die jeweilige Gruppe ist lediglich die tatsächliche Bevölkerungsstärke. Dabei sollte beachtet werden, dass zwei jeweils in etwa gleichgroße nationale Minderheiten in die jeweils gegensätzliche Gruppe zugeordnet werden.

Auf der Grundlage der Volkszählung 2011 wäre es beispielsweise denkbar folgende nationale Minderheiten in eine Gruppe zusammenzufassen. Die Zahlen in den Klammern sollen die Stärke der nationalen Minderheit gemäß der vergangenen Volkszählung wiedergeben. Die erste Gruppe könnten die Bulgaren (0,26%), die Walachen (0,49%), die Deutschen (0,06%), die Kroaten (0,81%), die Goranen (0,11%), die Mazedonier (0,32%) sowie die Slowenen (0,06%) stellen. Insgesamt würde die erste Gruppe 2,11% der Gesamtbevölkerung ausmachen. Dieser Gruppe könnten dann zwei Sitze im serbischen Parlament vorbehalten werden.

Die nationale Minderheiten der Bunjewatzen (0,23%), der Montenegriner (0,54%), der Russen (0,05%) der Slowaken (0,73%), der Rumänen (0,41%) und der Ukrainer (0,07%) kämen in die zweite Gruppe, die insgesamt einen Bevölkerungsanteil von 2,03% der serbischen Bevölkerung widerspiegelt und ebenso zwei feste Mandate zugeteilt werden würde.

Die Wahlen für die jeweils zwei vorbehaltenen Mandate würden durch zwei besondere Wahlkreise für die jeweilige Minderheitengruppe erfolgen. Da zwei Mandate innerhalb einer Gruppe zu vergeben wären, bestünde die Möglichkeit auch für die kleineren Minderheiten einen Vertreter für einen der reservierten Sitze zu entsenden. Die Vergabe von zwei Mandanten innerhalb einer Gruppe hat mehrere Vorteile. Einerseits wächst mit der Anzahl der Wählerschaft die demokratische Legitimität der Wahl, andererseits erhöht die Anzahl der Mandatsträger den vom Beratenden Ausschuss geforderten Kontaktmechanismus zwischen den Mandatsträgern und den verschiedenen nationalen Minderheiten. Anders als im kroatischen Minderheitenwahlsystem, in dem bis zu zwölf nationale Minderheiten durch nur einen Abgeordneten vertreten werden, wären nach diesem Vorschlag jeweils sieben bzw. sechs nationale Minderheiten durch jeweils zwei Mandatsträger repräsentiert. Es wäre auch denkbar, einen Rotationscharakter innerhalb einer Gruppe zu etablieren. Die beiden nationalen Minderheiten, die bei den vergangenen Wahlen durch eine besondere Liste einen Mandatsträger entsendet haben, könnten für die anstehende Wahl gesperrt werden. Schließlich geht auch der Beratende Ausschuss davon aus, dass eine Rotation innerhalb der nationalen Minderheiten den gemeinsamen Vertretungscharakter stärkt.[488] Für die Teilnahme an den Wahlen in einer der besonderen Wahlkreise, wäre eine

488 Beratender Ausschuss, Kommentar über Art. 15, Rn. 92.

vorherige Registrierung als Angehöriger der betroffenen nationalen Minderheit nötig. Eine solche Registrierung steht nur dann im Einklang mit internationalen Vorgaben, wenn es keine andere technische Möglichkeit gibt, Mitgliedern nationaler Minderheiten das minderheitenrechtliche Wahlprivileg zu ermöglichen.[489] Wie sich aus dem Beispiel der NOPO Partei ergibt und die Wahlen zu den nationalen Minderheitenräten zeigen wird, besteht zumindest die abstrakte Gefahr von verschiedenen politischen Akteuren, minderheitenrechtliche Privilegien unberechtigt auszunutzen. Somit ist eine vorherige Registrierung von Angehörigen nationaler Minderheiten für die Wahlen zum Parlament notwendig.

Dreh- und Angelpunkt aus gesetzgeberischer Sicht zur Einführung reservierter Sitze im serbischen Parlament ist die Schaffung einer eindeutig klaren Regelung. Aus dieser Regelung sollte eindeutig hervorkommen, welche nationalen Minderheiten in den Genuss der reservierten Sitze kommen sollen und wie die Aufteilung in die jeweiligen Gruppen erfolgt. Ebenso sollte die Regelung ein klares Rotationsverfahren unter den betroffenen Minderheiten festlegen, um den gemeinsamen Vertretungscharakter zu unterstreichen. Ferner sollte das Gesetz bestimmen, wie mit einer vorzeitigen Auflösung des Parlaments und wie das Ausscheiden eines Mandatsträgers als gemeinsamer Vertreter von Minderheitengruppen Einfluss auf die Rotation haben soll. Aus der Tatsache heraus, dass sich traditionell mehrere verschiedene Minderheitenparteien bei vergangenen Parlamentswahlen zu einer gemeinsamen Wahlliste zusammengeschlossen haben, lässt sich zumindest der politische Wille bestehender Minderheitenparteien ableiten, dass eine gemeinsame Vertretung erwünscht ist.

Weiterhin sollte sich der serbische Gesetzgeber dahingehend entscheiden, ob er Mitgliedern nationaler Minderheiten ein doppeltes Wahlrecht einräumt. In der Entscheidung sollte dabei beachtet werden, dass keine Unterscheidung zwischen großen und kleinen nationalen Minderheiten getroffen werden sollte. Allenfalls wäre hierfür eine rechtlich tragfähige Begründung nötig, weshalb einigen nationalen Minderheiten ein doppeltes Wahlrecht eingeräumt und anderen dieses wiederum vorenthalten wird. Als mögliche nachvollziehbare Begründung wäre mit dem Festhalten an der Theorie der „natürlichen Schwelle" des serbischen Verfassungsgerichtes die zahlenmäßige Größe einer nationalen Minderheit als Unterscheidungskriterium denkbar. Nur diejenigen nationalen Minderheiten, die trotz geschlossener Wählerschaft keine Aussichten auf Erhalt

489 Venedig-Kommission, Code of Good Practice in Electoral Matters, CDL-AD(2002)23rev, Seite 19.

eines Sitzes im Parlament haben werden, sollten in den Genuss des doppelten Stimmrechts kommen.

Die Einführung eines doppelten Stimmrechts hätte zur Folge, dass Wähler, die zu einer nationalen Minderheit zählen, aus sich aus dem Zwiespalt befreien können, einerseits für eine Partei zu stimmen, die als Fürsprecher ihrer ethnischen Gruppe gilt und andererseits auch Stimmgewicht in allgemeinpolitischen Fragestellungen der Mehrheitsgesellschaft zu erhalten.

Schließlich sollte die slowenische Regelung übernommen werden, die besagt, dass den Vertretern nationaler Minderheiten ein Vetorecht in den Fällen zugesteht, in denen Belange nationaler Minderheiten berührt werden. Auch in diesem Fall ist eine klare und unmissverständliche Aufzählung minderheitenrechtlicher Belange unabdingbar, die das Vetorecht auslösen. Zumindest in den Bereichen des öffentlichen Gebrauchs von Minderheitensprachen, der Schulbildung in der Sprache der Minderheiten sowie zu Fragen rund um die kulturelle Autonomie nationaler Minderheiten sollten den im serbischen Parlament vertretenen Minderheitenvertretern ein Vetorecht zugestanden werden.

Die Möglichkeit nach rumänischen Vorbild jeder nationalen Minderheit einen Vertreter in der gesetzgebenden Körperschaft zuzusprechen birgt die Gefahr in sich, dass neben den Minderheitenvertretern, die ohne gesetzliche Begünstigung in das Parlament gewählt werden, parallele Strukturen entstehen, in denen die Mandatsträger der reservierten Sitze als Gegengewicht zu etablierten Minderheitenparteien lediglich die Rolle eines Mehrheitsbeschaffers einnehmen werden.

(4.) Abriss: Das Wahlrecht auf lokaler Ebene aus minderheitenrechtlicher Sicht

Wie bereits im ersten Abschnitt deutlich geworden ist, leben die Vertreter der nationalen Minderheiten geballt in ihren traditionellen Siedlungsgebieten. Daher lohnt sich eine Darstellung der rechtlichen Augestaltung des Wahlrechts auf lokaler Ebene.

Zunächst regeln die Artikel 188 bis 192 der serbischen Verfassung die örtliche Selbstverwaltung. Nach Artikel 191 Abs. 3 der serbischen Verfassung ist die Versammlung der Gemeinde das höchste Organ. Weitere besondere Regelungen zur Wahl der Gemeindeversammlung lassen sich aus der serbischen Verfassung nicht entnehmen. Ein Rückgriff auf Artikel 100 Abs. 2 der serbischen Verfassung, der die Vertretung von nationaler Minderheiten im serbischen Parlament vorsieht, ist nicht auf die Ebene der kommunalen Selbstverwaltungseinheiten anzuwenden. Denn der eindeutige Wortlaut des Artikels 100 Abs. 2 der serbischen

Verfassung das ausgewogene Repräsentanzgebot für Minderheitenvertreter auf das serbische Parlament beschränkt.

Aus minderheitenrechtlicher Perspektive sieht Artikel 190 Abs. 3 der serbischen Verfassung vor, dass die Gemeinde unter anderem für die Ausübung, den Schutz und die Förderung der Rechte von nationalen Minderheiten sorgt.

Mit dem Gesetz über die kommunalen Wahlen (*zakon o lokalni izbori, im Folgenden: Kommunalwahlgesetz*)[490] verwirklicht der serbische Gesetzgeber die verfassungsrechtlichen Vorgaben im Sinne des Artikels 191 Abs. 5 der serbischen Verfassung, der vorgibt, die Wahlen der kommunalen Organe näher durch Gesetz zu regeln.

Zunächst bestimmt Artikel 9 des Kommunalwahlgesetzes, dass die Einheiten der örtlichen Selbstverwaltungen, in denen eine Bevölkerung mit unterschiedlichen Nationalitäten leben, die Vertretung von nationalen Minderheiten in der Versammlung der Gemeinde ermöglichen soll.

Die zentrale Vorschrift bei der Verteilung der Mandate in der Gemeindeversammlung ist Artikel 40 des Kommunalwahlgesetzes. Nach Abs. 3 dieser Vorschrift werden bei der Verteilung der Mandate nur die eingereichten Wahllisten beachtet, die mindestens 5% der abgegebenen Stimmen erhalten haben. Abs. 4 dieser Vorschrift bestimmt weiter, dass politische Parteien der nationalen Minderheiten auch berücksichtigt werden, wenn diese weniger als 5% aller Stimmen erhalten haben.

Im Ergebnis sieht das Kommunalwahlgesetz ein ähnliches Muster wie das Wahlgesetz vor, da die Parteien nationaler Minderheiten von der 5%-Hürde befreit werden. Allerdings scheinen weitere rechtliche Privilegien, wie die Einführung von Wahlkreisen oder reservierten Sitzen, auf Ebene der örtlichen Selbstverwaltungseinheiten nicht nötig, da nationale Minderheiten regelmäßig geballt in ihren Siedlungsgebieten leben. Der Nachteil einer verringerten Repräsentanz in der Versammlung der Gemeinde droht daher nicht. Denn Grund für die mangelnde Repräsentanz nationaler Minderheiten im serbischen Parlament ist die unterlassene Beachtung regionaler und örtlicher Besonderheiten, indem ein Einheitswahlkreis vorliegt.

Das Kommunalwahlgesetz enthält in Artikel 40 Abs. 6 eine eigene Begriffsbestimmung einer Minderheitenpartei. Demnach sind Politische Parteien nationaler Minderheiten die Parteien, deren allgemeines Ziel die Interessenvertretung nationaler Minderheiten und der Schutz und Verwirklichung der Rechte nationaler Minderheiten im Einklang mit völkerrechtlichen Standards sind.

---

490 Amtsblatt der Republik Serbien, Nr. 129/2007, zuletzt geändert durch Nr. 34/2010.

Ebenso wie das Parteiengesetz kennt das Kommunalwahlgesetz nicht das Erfordernis, dass Minderheitenparteien aus dem Kreis der jeweiligen Minderheit heraus gegründet werden soll. Zwar sind keine umfänglichen Missbrauchsfälle auf kommunaler Ebene bekannt, wie sie bei den Wahlen zum serbischen Parlament in der Vergangenheit aufgetreten sind. Allerdings sollte auch das Kommunalwahlgesetz ein weiteres Merkmal einer Minderheitenpartei dahingehend aufnehmen, dass die Gründung einer Minderheitenpartei aus dem Kreis der betroffenen Minderheit heraus erfolgen soll.

c.) Einrichtung beratender Gremien für Angelegenheiten nationaler Minderheiten

Damit Minderheiten ausreichend Gewicht bei der politischen Entscheidungsfindung, insbesondere bei Angelegenheiten mit Minderheitenbezug, erhalten, besteht die Möglichkeit besondere Beratungsgremien nationaler Minderheiten als Kommunikationskanäle zu formieren. Artikel 15 RÜ selbst enthält keine explizite Pflicht solche Gremien zu errichten. Der thematische Kommentar zu Artikel 15 RÜ befasst sich allerdings ausführlich mit der Errichtung, den Aufgaben und dem Status solcher Gremien.[491] In dem thematischen Kommentar zu Artikel 15 RÜ wird hervorgehoben, dass die Konsultationsgremien einen rechtlich eindeutigen Status haben sollten und die Pflicht zur Konsultation ebenfalls Gesetzesrang zukommen soll.[492] Damit die volle Bandbreite der unterschiedlichen Haltungen unter den Minderheitenangehörigen gewährleitet wird, sollte ein diskriminierungsfreies und transparentes Ernennungsverfahren erfolgen.[493] Als Kernkompetenz der Konsultationsgremien gilt die rechtzeitige Aussprache staatlicher Stellen mit den Minderheitengremien bei geplanten Gesetzesvorhaben, beabsichtigten Verfassungsreformen und internationalen Vertragsverhandlungen, soweit nationale Minderheiten in ihren Angelegenheiten betroffen sein könnten.[494] Schließlich sollte die strikte Unabhängigkeit der Beratungsgremien garantiert werden.[495]

Nicht zu den besonderen Konsultationsgremien gehören besondere Regierungsstellen, die sich hauptsächlich mit Anliegen nationaler Minderheiten beschäftigen. Die tatsächliche Ausgestaltung solcher Regierungsstellen variiert in dem vom Beratenden Ausschuss besuchten Vertragsstaaten. Anzufinden sind

491 Beratender Ausschuss, Kommentar über Art. 15, Rn. 106–119.
492 Beratender Ausschuss, Kommentar über Art. 15, Rn. 107.
493 Beratender Ausschuss, Kommentar über Art. 15, Rn. 111.
494 Beratender Ausschuss, Kommentar über Art. 15, Rn. 111.
495 *Lantschner*, in: Hofmann u.a. (Hrsg.), Kommentar RÜ, Art. 15 AT, Rn. 44.

beispielsweise Ministerien, die sich ausschließlich oder teilweise mit nationalen Minderheiten befassen[496] und häufig mit einem Minderheitenangehörigen besetzt sind[497]. Als abgeschwächte Abwandlungsformen sind die Referate und Abteilungen innerhalb eines zuständigen Ministeriums vorhanden.[498] Der Beratende Ausschuss begrüßte die Einrichtung solcher staatlicher Stellen,[499] die zumeist als politischer Koordinator betrachtet werden und kritisierte zugleich die Abschaffungen oder Herabstufungen dieser Einrichtungen scharf[500].

(1.) Die rechtliche Lage von beratenden Gremien im Überblick

Die Verfassung der Republik Serbien erkennt in Artikel 75 Abs. 2 an, dass die Angehörigen nationaler Minderheiten bezüglich ihrer kollektiven Rechte in Übereinstimmung mit dem Gesetz unmittelbar oder mittels ihrer Vertreter an Entscheidungen mit oder selbst über einzelne Fragen im Zusammenhang mit ihrer Kultur, ihrer Bildung, ihrem Informationswesen und dem amtlichen Gebrauch ihrer Sprache und Schrift entscheiden. Absatz 3 von Artikel 75 gesteht nationalen Minderheiten ein, dass diese in Übereinstimmung mit dem Gesetze eigene nationale Räte wählen können, um ihr Recht auf Selbstverwaltung in den Bereichen Kultur, Bildung, Information und den amtlichen Gebrauch ihrer Sprache und Schrift auszuüben.

Der serbische Gesetzgeber schuf mit dem Gesetz über die nationalen Räte der nationalen Minderheiten (*zakon o nacionalnim savetima nacionalnih manjina*)[501] die rechtliche Grundlage zur Schaffung und Arbeitsweise der nationalen Räte der nationalen Minderheiten (Im Folgenden: nationale Räte).

Da sowohl die Verfassung als auch das Gesetz über die nationalen Räte den nationalen Räten insbesondere im Bereich Kultur weite Aufgaben zuweist, umgrenzt

---

496 Beratender Ausschuss, 1. Stellungnahme zu Montenegro, ACFC/OP/I(2008)001, Rn. 97.

497 Beratender Ausschuss, 1. Stellungnahme zu Serbien Montenegro, ACFC/OP/I(2004)002, Rn. 104.

498 Beratender Ausschuss, 2. Stellungnahme zur Slowakei, ACFC/OP/II(2005)004, Rn. 112.

499 Beratender Ausschuss, 3. Stellungnahme zu Finnland, ACFC/OP/III(2010)007, Rn. 161; Beratender Ausschuss, 3. Stellungnahme zu Italien, ACFC/OP/III(2010)008, Rn. 229.

500 Beratender Ausschuss, 2. Stellungnahme zu Albanien, ACFC/OP/II(2008)003, Rn. 194.

501 Amtsblatt der Republik Serbien, Nr. 72/2009, zuletzt geändert Nr. 20/2014.

die Rechtsgrundlage über die nationalen Räte den rechtlichen Raum für beratende Gremien und die Kulturautonomie nationaler Minderheiten in Serbien.

Neben den nationalen Räten kennt die serbische Rechtsordnung auch die Räte für interkulturelle Beziehungen (*savet za međunacionalne odnose*) in denjenigen Städten und Selbstverwaltungseinheiten mit multiethnischer Zusammensetzung. Die Aufgaben und Wahlen zu den Räten für interkulturelle Beziehungen sind in Artikel 98 des Gesetzes über die Selbstverwaltung[502] (*zakon o lokalnoj samoupravi*) festgelegt. Abs. 1 des besagten Artikels bestimmt, dass in ethnisch gemischten Selbstverwaltungseinheiten Räte für interkulturelle Beziehungen als unabhängiges Organ aus Vertretern des serbischen Volkes und aus Vertretern nationaler Minderheiten bestehen, wobei Abs. 2 weiter festlegt, dass Selbstverwaltungseinheiten mit ethnisch gemischter Bevölkerungszusammensetzung zu gelten haben, in denen eine nationale Minderheit mindestens 5% der Bevölkerung oder die Gesamtheit aller nationaler Minderheiten mehr als 10% der Bevölkerung der betreffenden Selbstverwaltungseinheit ausmacht.

Abschließend nimmt der Gesamtstaatliche Rat der nationalen Minderheiten (*Savet Republike Srbije za nacionalne manjine*) die Position einer Schirmorganisation aller nationalen Räte ein. Nach Artikel 18 des Gesetzes über den Schutz der Rechte und Freiheiten der nationalen Minderheiten (*zakon o zaštiti prava i sloboda nacionalnih manjina*) gründet die Regierung den Gesamtstaatlichen Rat, um die ethnischen, sprachlichen, religiösen und kulturellen Eigenheiten der nationalen Minderheiten und deren Rechte zu bewahren. Weiterhin soll eine Verordnung der Regierung die Zusammensetzung und die Zuständigkeit des Gesamtstaatlichen Rates bestätigen. Abschließend bestimmt Artikel 18 Abs. 3 des Minderheitenschutzgesetzes, dass die Vertreter der nationalen Räte Mitglieder des Gesamtstaatlichen Rates werden sollen. Im Jahre 2009 erfüllte die Regierung Serbiens ihren gesetzlichen Auftrag, indem diese die Verordnung über den Gesamtstaatlichen Rat der Republik Serbien für nationale Minderheiten (*Uredba o savetu Republike Srbije za nacionalne manjine*[503]) erließ.

Die Verordnung sieht vor, dass der Regierungschef sowie acht weitere Ressortminister als Vertreter der Regierung Mitglieder des Gesamtstaatlichen Rates sind. Hinzu kommen die Vorsitzenden der jeweiligen nationalen Räte als Mitglieder. Die Aufgaben orientieren sich an einem Diskussionsforum zwischen Regierungsstellen und den Vertretern der nationalen Minderheiten. So beschränkt sich die Arbeit des Gesamtstaatlichen Rates auf das Vorschlagsrecht für

502 Amtsblatt der Republik Serbien Nr. 129/2007.

503 Amtsblatt der Republik Serbien Nr. 50/2009.

Maßnahmen zur Verbesserung der nationalen Minderheiten in den Bereichen der Gleichbehandlung oder der Verbesserung der Teilhabe nationaler Minderheiten. Obwohl Artikel 5 der Verordnung besagt, dass der Gesamtstaatliche Rat dann zusammentritt, wenn es nötig ist, jedoch mindestens viermal im Jahr, rückt die tatsächliche Praxis von den Vorgaben erheblich ab. So berichtet das Belgrade Human Rights Center in seinem 2013er Jahresbericht, dass nach der konstituierenden Sitzung des Gesamtstaatlichen Rates im Jahre 2009 keine weitere Sitzung des Gesamtstaatlichen Rates stattgefunden habe.[504]

(2.) Der steinige Weg hin zu den nationalen Räten

Die serbische Rechtsordnung kennt seit dem Jahre 2002 die Möglichkeit für nationale Minderheiten nationale Räte zu etablieren. Die erste Grundlage für die nationalen Räte schuf das Gesetz über den Schutz der Rechte und Freiheiten nationaler Minderheiten (*zakon o zaštiti prava i slobode nacionalnih manjina.*). Dieses eher allgemeine Regelwerk zu dem Schutz nationaler Minderheiten vermochte nicht, die erforderlichen Einzelheiten zu der Zuständigkeit, der Arbeitsweise, den Wahlen und die Finanzierung der nationalen Räte in einem ausreichenden Maße auszugestalten.[505] Hintergrund der handwerklich oberflächlichen Regelungen der nationalen Räte rührte von der allgemeinen Lage Serbiens nach dem Sturz der Diktatur her. Einerseits herrschte eine optimistische und euphorische Stimmung wieder in die europäische Politik zurückgekehrt zu sein. Andererseits prägte zu Beginn der 2000er Jahre eine Ungewissheit über die zukünftige Ausgestaltung des Staates in Bezug auf das Kosovo und Montenegro das politische Alltagsgeschehen.[506] Der Beratende Ausschuss ermahnte in seinem ersten Bericht zu Serbien und Montenegro die genaue Rolle sowie die Zuständigkeitsbereiche der nationalen Räte herauszuarbeiten.[507]

Am 31.08.2009 verabschiedete das serbische Parlament ein eigenes Gesetz über die nationalen Räte, das am 11.09.2009 in Kraft trat.

---

504 Beogradski centar za ljudska prava, [Belgrader Zentrum für Menschenrechte], Ljudska prava u Srbiji 2013 [Menschenrechte in Serbien 2013], Seite 273.

505 *Pavlović-Križanić*, Pravni okvir nadležnosti nacionalnih saveta i preporkue [Der rechtliche Rahmen für die Zuständigkeit der nationalen Räte und Vorschläge] in: Evalucija rada nacionalnih saveta [Evaluierung der Arbeit nationaler Räte], Seite 7.

506 *Krivokapić*, The Federal Law on the Protection of Minorities, Yugoslav Law, 30 (2003), 7 (32).

507 Beratender Ausschuss, 1. Stellungnahme zu Serbien und Montenegro, ACFC/INF/OP/I(2004)002, Rn. 167.

In unmittelbaren zeitlichen Zusammenhang mit der Verabschiedung des Gesetzes über die nationalen Räte sah sich das serbische Verfassungsgericht mit neun Verfassungsklagen gegen das Gesetz über die nationalen Räte konfrontiert. Vier der insgesamt neun Klagen legten Bürger ein, wobei die fünf verbliebenen Klagen von Verbänden, darunter auch solche, die Minderheiten vertreten, herrührten.[508] Aus diesem Umstand leitete der Beratende Ausschuss in seinem zweiten Bericht über Serbien die allgemeine Unzufriedenheit mit dem Gesetz über die nationalen Räte her.[509]

Tatsächlich erklärte das serbische Verfassungsgericht mit seinem Urteil vom 16.01.2014 (Az.: IUz-882/2010) mehrere Bestimmungen des Gesetzes über die nationalen Räte als nicht mit der Verfassung vereinbar. Insbesondere Bestimmungen zu den Zuständigkeiten der nationalen Räte erklärte das Verfassungsgericht für nichtig. Weil die Runde der nächsten Wahlen zu den nationalen Räten Ende Oktober 2014 anstand, modifizierte der serbische Gesetzgeber im Mai 2014 unter Beachtung der Rechtsprechung des höchsten Gerichtes das Gesetz über die nationalen Räte den Bereich der Wahlen der nationalen Minderheitenräte. Weitere nötige Gesetzesnovellen für die Reform der Aufgaben und Zuständigkeiten der nationalen Minderheitenräte sind mit Stand von Oktober 2015 für die nähere Zukunft als nicht realistisch einzustufen. Ob die aktuelle Fassung des Gesetzes auch den Anforderungen des Beratenden Ausschusses gerecht wird, soll im Folgenden beleuchtet werden.

(3.) Aufgaben, Zuständigkeiten und Wahlen der nationalen Räte vor und nach der Gesetzesreform

Hauptaufgabe der nationalen Räte war die eigene Verwirklichung der nationalen Minderheiten in den Feldern Kultur, Bildung, Informationswesen und dem amtlichen Gebrauch der Schrift und Sprache der nationalen Minderheiten, so wie es die Verfassung vorgibt.

So bestimmte der vormalige Art. 24 Abs. 1 des Gesetzes über die nationalen Räte, dass auf Initiative eines nationalen Rates die Republik, die Autonome Provinz oder eine Selbstverwaltungseinheit die Rechte über eine Institution im

508 Beogradski centar za ljudska prava [Belgrader Zentrum für Menschenrechte], Ostvarivanje prava nacionalnih manjina [Verwirklichung von Minderheitenrechten], Seite 19.

509 Beratender Ausschuss, 3. Stellungnahme zu Serbien, ACFC/INF/OP/III(2013)006, Rn. 190.

Bereich der Kultur, Bildung oder dem Informationswesen auf diesen nationalen Rat zu übertragen hat.

Abs. 2 der Vorschrift gestaltete sich flexibler, in dem es den Übertragungsanspruch eines nationalen Rates auch dann entstehen ließ, wenn die Einrichtung allgemein eine besondere Bedeutung für die betreffende nationale Minderheit habe.

Der gesetzlich verankerte Übertragungsanspruch auf die nationalen Räte geriet in der serbischen Öffentlichkeit schnell unter Kritik. Hauptkritikpunkt bezüglich des Übertragungsanspruches war der Mangel an klaren Kriterien, ab wann eine Institution mit einer besonderen Bedeutung für eine nationale Minderheit gelten würde.[510] Außerdem war nicht eindeutig geklärt, welche Rechtsfolge einträte, wenn zwei oder mehrere nationale Räte eine Institution gleichzeitig als besonders bedeutend für ihre nationale Minderheit einstufen würden. Während das Gesetz über die nationalen Räte das mehrfache Begehren derart löst, dass jede der nationalen Räte einen Vertreter in den Verwaltungsrat der Institutionen entsendet, besagt Artikel 42 des Kulturgesetzes (*zakon o kulturi*), dass sich die verschiedenen nationalen Räte auf einen gemeinsamen Vertreter einigen müssen.[511]

Das Begehren der kroatischen Minderheit sowie das der Roma und Sinti, die den zoologischen Garten in Palić als besonders bedeutend für ihre jeweilige nationale Minderheit qualifizierten, erlangte in Bezug auf die aufgeworfenen Fragen, Berühmtheit.[512]

Das serbische Verfassungsgericht urteilte am 16.01.2014, dass Artikel 24 des Gesetzes über die nationalen Räte in seiner Gesamtheit nicht mit der Verfassung im Einklang stünde. Das Verfassungsgericht sah den automatischen Übergang der Rechte an den Institutionen im Moment der Initiative des betreffenden nationalen Rates als nicht mehr von Artikel 75 Abs. 1 der Verfassung gedeckt. Insbesondere machte das Verfassungsgericht deutlich, dass eine Entledigung öffentlicher Aufgaben, die eigentlich staatlichen Institutionen obliegen, nicht ohne nähere Kontrolle möglich wäre. Ebenso sei das Fehlen an eindeutigen Kriterien zur Bestimmung der besonderen Bedeutung für eine nationale Minderheit und

510 Beogradski centar za ljudska prava [Belgrader Zentrum für Menschenrechte], Ostvarivanje prava nacionalnih manjina [Verwirklichung von Minderheitenrechten], Seite 19.

511 Beogradski centar za ljudska prava [Belgrader Zentrum für Menschenrechte], Ostvarivanje prava nacionalnih manjina [Verwirklichung von Minderheitenrechten], Seite 14f.

512 *Pavlović-Križanić*, Pravni okvir nadležnosti nacionalnih saveta i preporkue [Der rechtliche Rahmen für die Zuständigkeit der nationalen Räte und Vorschläge] in: Evalucija rada nacionalnih saveta [Evaluierung der Arbeit nationaler Räte], Seite 22.

der Entscheidung der öffentlichen Körperschaften ohne Ermessensausübung ein Faktor, der zu einer nicht hinnehmbaren rechtlichen Unsicherheit führe.

Auch andere sehr weitgehende Bestimmungen im Bereich des Informationswesens fielen der Entscheidung des Verfassungsgerichtes zum Opfer. Artikel 19 Abs. 1 des Gesetzes über die nationalen Räte räumte der Republik, den Autonomen Provinzen oder den örtlichen Selbstverwaltungseinheiten als Gründer von Radio- oder Fernsehstationen, die zumindest teilweise in der Sprache einer nationalen Minderheiten senden, die Möglichkeit ein, mittels eines Vertrages die Rechte ganz oder teilweise auf einen nationalen Rat zu übertragen.

Das serbische Verfassungsgericht knüpft mit seiner Begründung an Artikel 50 Abs. 2 der Verfassung an, der vorgibt, dass die Gründung von Fernseh- und Radiostationen in Übereinstimmung mit dem Gesetz erfolgen soll. Aus Artikel 42 Abs. 1 des Gesetzes über das Rundfunkwesen (*zakon o radiofuziji*) ergebe sich, dass weder die Republik noch eine andere öffentliche Körperschaft oder eine politische Partei eine Genehmigung zur Programmausstrahlung erhalten könne. Da ein nationaler Rat mit Eintragung in das Register der nationalen Räte den Status einer öffentlichen Körperschaft erlangt (Artikel 3 Abs. 3 des Gesetzes über die nationalen Räte), können nationale Räte per se keine Genehmigung zur Programmgestaltung und Ausstrahlung erhalten.

Da die besagten Vorschriften von dem Verfassungsgericht insgesamt als nichtig erklärt wurden und der serbische Gesetzgeber in seiner Gesetzesnovelle keine Ersatzvorschriften schuf, verringerte sich die Kompetenz der nationalen Räte im Feld der Kulturautonomie deutlich.

Im Angesicht des Urteiles des serbischen Verfassungsgerichtes und der Gesetzesreform, bleiben Beratungsaufgaben und Konsultation mit anderen staatlichen Stellen eine Hauptherausforderung der nationalen Räte. Die zentrale Vorschrift bildet herbei Artikel 10, der den Räten die Aufgabe zuweist, über ihre Organe Gesetzesinitiativen sowie die Überwachung der Gesetzesdurchführung im Feld der aus Artikel 75 Abs. 2 der Verfassungen ergebenen rechtlichen Räumen zuweist. Ebenso wird den nationalen Räten die Möglichkeit eingeräumt, Gesetzesänderungen vorzuschlagen.

Daneben haben die nationalen Räte Einfluss auf die personelle Besetzung bestimmter Stellen zu nehmen. So gewährt Artikel 10 Nr. 7 des Gesetzes über die nationalen Räte den nationalen Räte das Vorschlagsrecht zur Besetzung der Mitglieder der Räte für interkulturelle Beziehungen in ethnisch gemischten Selbstverwaltungseinheiten. Ferner kann ein nationaler Rat im Zusammenhang mit der Besetzung eines Schulleiterpostens gemäß Artikel 12 Abs. 1 Nr. 3 des Gesetzes über die nationalen Räte seine Einschätzung über die Kandidaten abgeben.

Darüber hinaus haben die nationalen Räte das Vorschlagsrecht zur Gestaltung der Lehrpläne gegenüber dem für die Lehrpläne der Schulen zuständigen Bildungsrat (Art. 13 Gesetz über die nationalen Räte). Ebenso wichtig für den Bereich der Schulbildung ist die Möglichkeit der nationalen Räte Vorschläge zur Verwendung von Schulheften im Unterricht in den Sprachen der nationalen Minderheiten dem zuständigen Minister zu unterbreiten.

Im Bereich des öffentlichen Gebrauchs der Sprache und der Schrift haben die nationalen Räte einerseits das Vorschlagsrecht zur Einführung von Orts- und Straßennamen in denjenigen Gebieten, in denen nationale Minderheiten siedeln, in der Sprache der betreffenden nationalen Minderheit zu unterbreiten. Andererseits kommt den nationalen Räten die Kontrollaufgabe nach Art. 22 Nr. 1 des Gesetzes über die nationalen Räte zu, die Schreibweise von Ortbezeichnungen in der Sprache der nationalen Minderheit zu bestätigen.

Abschließend sei erwähnt, dass den nationalen Räten gemäß Art. 10 Nr. 12 des Gesetzes über die nationalen Räte auch das Recht auf Einleitung von Verfahren vor dem Verfassungsgericht und dem Ombudsmann zum Schutz der Grundrechte eingeräumt wird, wenn es nach Einschätzung der nationalen Räte zu einer Verletzung von Minderheitenrechte gekommen ist.

(4.) Wahlen zu den nationalen Räten

Obwohl Fragen der Zuständigkeiten der nationalen Räte in den verschiedenen Bereichen des Gesetzes über die nationalen Räte mit anderen Gesetzen in Widerspruch standen und das serbische Verfassungsgericht viele Zuständigkeitsnomen für verfassungswidrig erklärt hat, sah der serbische Gesetzgeber keine Veranlassung die besagten Zuständigkeitsreglungen zu reformieren. In der Phase der Gesetzesreform hatte der serbische Gesetzgeber vielmehr die Fragen zu den Wahlen der nationalen Räte im Blickfeld. Die Angelegenheiten zu den Wahlen betrafen die Registrierung als Minderheitenangehöriger, den Schutz sensibler Personendaten sowie den Wahlmodus.

Sowohl das Reformgesetz über die Wahlen zu den nationalen Räten als auch das Vorgängergesetz sehen als Ausgangspunkt für die Wahlen die Registrierung der Wählerschaft der nationalen Minderheiten in besonderen Registern vor. Diese Wählerregister werden vom zuständigen Ministerium geführt und beinhalten persönliche Daten der eingetragenen Wahlberechtigten (Artikel 44 des Gesetzes über die nationalen Räte). Zu den Daten zählen der Name, Vorname, Geburtsdaten, Anschrift sowie die Angabe zur ethnischen Zugehörigkeit.

Da das Gesetz über die Minderheitenräte aus dem Jahre 2009 in Artikel 47 Abs. 2 den Eintragungsakt ungenau umschrieb, dass die Mitglieder einer nationalen Minderheit den Eintrag in das besondere Wählerregister lediglich freiwillig unternehmen müssen, kam es vor den Wahlen im Jahr 2009 zu massiven Unregelmäßigkeiten.

Während der Registrierungsphase nutzten Minderheitenorganisationen, insbesondere Minderheitenparteien, die schwammige Gesetzesformulierung aus, indem mit Hilfe von Ausweiskopien serbischer Bürger in deren Namen, aber ohne deren Kenntnis, Anträge auf Aufnahme in das Register gestellt wurden. Auch die Verordnung des damaligen Ministeriums für Menschen- und Minderheitenrechte zur Durchführung der Minderheitenwahlen sah vor, dass juristische Personen, insbesondere Minderheitenparteien, die Aufnahme in Minderheitenregistern übernehmen können.[513] Auf Nachfrage des Ombudsmannes für Datenschutz erklärte das Menschen- und Minderheitenrechtsministerium seine Gesetzesauslegung dahingehend, dass eine eigenhändige Unterschrift unter dem Antrag auf Aufnahme in das besondere Minderheitenregister erforderlich sei, allerdings nicht das persönliche Erscheinen zur Antragsstellung.[514] So kam es zum Beispiel in den Städten Petrovac und Veliko Gradište nach Ermittlungen der Polizei dazu, dass insgesamt 86 von 101 Ersuchen auf Aufnahme in das Wahlregister der walachischen Minderheit nicht von den Antragsstellern gewünscht waren.[515] Auch die Vertreter der deutschen Minderheit kamen in den Verdacht Anträge auf Aufnahme in das Wahlregister systematisch zu begehen. Unter dem Deckmantel autonomer Statistikerhebungen wurden Unterschriften Angehöriger der deutschen Minderheit eingeholt sowie Fotografien von deren Ausweisdokumenten geschossen.[516] Der Ombudsmann für Datenschutz ordnete in mehreren Fällen das Löschen personenbezogener Daten im Einklang mit den einschlägigen datenschutzrechtlichen Bestimmungen an und veranlasste weitere strafrechtliche Ermittlungen.[517]

Damit ähnliche Registrierungspannen zu den letzten Wahlen zu den nationalen Räten vermieden werden sollten, änderte das serbische Parlament Artikel 47 des Gesetzes über die nationalen Räte. Seit dem bestimmt Artikel 47 Abs. 3, dass sich ein Angehöriger einer nationalen Minderheit ausschließlich selbst in das besondere Wahlregister eintragen lassen kann.

---

513 Verordnung Nr. 290-111-00-00009/2009-05 des Ministeriums für Menschen- und Minderheitenrechte vom 07.12.2009.

514 Commissioner for data protection, Annual report 2010, Seite 68.

515 Beogradski centar ljudska prava [Belgrader Zentrum für Menschenrechte], Ljudska prava u Srbiji 2010 [Menschenrechte in Serbien 2010], Seite 299.

516 Commissioner for data protection, Annual report 2010, Seite 59.

517 Commissioner for data protection, Annual report 2010, Seite 68.

Das Gesetz über die nationalen Räte sieht grundsätzlich zwei verschiedene Wahlmodi vor. Artikel 29 Abs. 1 bestimmt, dass die Mitglieder der nationalen Räte durch direkte Wahlen oder durch Wahlvertreter gewählt werden. Welcher der beiden Wahltypen anwendbar ist gibt Abs. 2 vor, indem dieser besagt, dass die Direktwahl stattfindet, wenn sich 24 Stunden vor den Wahlen 40% der Mitglieder einer nationalen Minderheit gemessen an der letzten Volkszählung in dem entsprechenden Wahlregister dieser Minderheit haben registrieren lassen.

Bei den vergangenen Wahlen zu den nationalen Räten Ende Oktober 2014 wählten drei der insgesamt 19 nationalen Minderheiten ihre nationalen Räte durch Wahlvertreter. Dabei handelte es sich um die Räte der montenegrinischen, kroatischen und mazedonischen Minderheiten.[518] Die unmittelbaren Wahlen sind stark an die allgemeinen Wahlen zum Parlament angelehnt. Hauptfiguren der Wahlen sind auch hierbei die vorher eingereichten Wahllisten, die um die Gunst der Wähler konkurrieren. Die Verteilung der einzelnen Mandate erfolgt gemäß Artikel 98 des Gesetzes über die nationalen Räte nach den Grundsätzen der Verhältniswahl. Ferner ist hervorzuheben, dass der Wahlzettel sowohl auf Serbisch mit kyrillischen Schriftzeichen als auch in der Schrift der jeweiligen nationalen Minderheit bedruckt sein muss (Artikel 89 des Gesetzes über die nationalen Räte).

Für diejenigen Minderheiten, die die erforderliche Schwelle für die Direktwahlen bei der Registrierung nicht erfüllen konnten, wählen in einem ersten Schritt Wahlvertreter, welche Angehörige der betreffenden nationalen Minderheit sein müssen. Die Anzahl der nötigen Wahlvertreter richtet sich nach den Ergebnissen der aktuellsten Volkszählung. So reicht die Spanne von 20 Wahlvertretern für die Minderheiten, bei denen weniger als 10.000 Bürger angaben, dieser Minderheit anzugehören bis hin zu 100 Wahlvertretern, wenn sich über 100.000 Bürger bei der letzten Volkszählung offiziell zu der Minderheit bekennen. Die gewählten Wahlvertreter wählen in der Wahlversammlung die Mandatsträger der zuständigen nationalen Räte. Die Aufgaben, Zuständigkeiten und Arbeitsweisen der nationalen Räte, die direkt und über Wahlvertreter legitimiert worden sind, unterscheiden sich nicht.

(5.) Politisierung der nationalen Räte

Wie sich schon aus dem Abschnitt über die Wahlen zu den nationalen Räten ergab, spielt die Einflussnahme politischer (Minderheiten-) Parteien eine

518 Republička izborna komisija [Staatliche Wahlkommission], Rezultati izbora za nacionalne savete [Ergebnisse der Wahlen zu den nationalen Räten], abrufbar unter: http://www.rik.parlament.gov.rs/latinica/propisi_frames.htm.

entscheidende Rolle. Gerade im Hinblick auf die bosniakische Minderheit kam es in der Vergangenheit bei den Wahlen zu den nationalen Räten zu einer Überpolitisierung. Der Hintergrund der politisch aufgeheizten Phase des Wahlkampfes sind die beiden unterschiedlichen Strömungen der bosniakischen Minderheit, die auch zu den Wahlen zum serbischen Parlament regelmäßig als erbitterte politische Kontrahenten auftreten. Bei den ersten Wahlen im Jahr 2009 führte die politisch aufgeheizte Stimmung unter den Angehörigen der bosniakischen Minderheit zu einem harten Wahlkampf, wobei schon die Registrierungsphase primär als Stimmungsmache gegen das jeweils andere Lager ausgenutzt wurde.

Nach den Wahlen zu den nationalen Räten der nationalen Minderheiten führte das damalige serbische Ministerium für Menschen- und Minderheitenrechte für den bosnischen Minderheitenrat eine qualifizierte Mehrheit aller gewählten Vertreter für die konstituierende Sitzung des Rates ein.[519] Da das erhöhte Quorum nur für den bosniakischen Minderheitenrat galt, forderte die damalige Kommissarin für Gleichberechtigung die damalige serbische Regierung auf, die ungleiche Behandlung innerhalb der verschiedenen Minderheitenräte zu beenden und die für den bosnischen Minderheitenrat geltende Verordnung des Ministeriums zurückzunehmen.[520] Die serbische Regierung beachtete die Aufforderung der Gleichbehandlungskommissarin nicht und erklärte im Einklang mit Art. 137 Abs. 3 des Gesetzes über die nationalen Räte der nationalen Minderheiten, dass wegen der nicht erfolgreich stattgefundenen konstituierenden Sitzung des nationalen Rates der im Jahre 2003 gewählte nationale Rat der bosniakischen Minderheit bis zu den nächsten Wahlen geschäftsführend im Amt verbleiben soll. Der Beratende Ausschuss gab sein Bedauern kund, dass die serbische Regierung in die Funktionsweise des nationalen Rates eingriff. Einen solchen Eingriff stufte der Beratende Ausschuss als politisch motiviert ein und gab zu bedenken, dass das Vorgehen der serbischen Regierung den Streit innerhalb der bosniakischen Minderheit vertiefe und den Eindruck in der Gesellschaft erhärte, dass die bosniakische Minderheit problembehaftet sei.[521] Bei den aktuellen Wahlen zu den Minderheitenräten im Jahre 2014 ist keine Einflussnahme serbischer Behörden auf die Zusammensetzung des bosniakischen Minderheitenrates ersichtlich.

---

519 Beratender Ausschuss, 3. Stellungnahme zu Serbien, ACFC/OP/III(2013)006, Rn. 192.

520 Commissioner for protection of equality, Mitteilung abrufbar unter: http://www.ravnopravnost.gov.rs/sr/nacionalna-pripadnost/pritu%C5%BEba-protiv-ministarstva-za-ljudska-i-manjinska-prava-republike-srbije-zbog-diskriminacije-u-pogledu-usl.

521 Beratender Ausschuss, 3. Stellungnahme zu Serbien, ACFC/OP/III(2013)006, Rn. 192.

(6.) Herausforderungen für die Räte für interkulturelle Beziehungen

Wie oben bereits angedeutet, sieht Artikel 98 des Gesetzes über die Selbstverwaltung vor, dass in ethnisch vielfältigen Städten und Gemeinden Räte für interkulturelle Beziehungen gegründet werden. Unter den Begriff der ethnisch vielfältigen Städte und Gemeinden fallen die Selbstverwaltungseinheiten, in denen eine nationale Minderheit 5% der Gesamtbevölkerung der betreffenden Gemeinde ausmacht oder 10% der Gemeindebürger einer nationalen Minderheit angehören. Die Weiterentwicklung des Schutzes und der Förderung von Minderheitenrechten sind genauso wie die Herstellung von Gleichheit zwischen Minderheits- und Mehrheitsgesellschaft zentrale Aufgaben der Räte für interkulturelle Beziehungen (Artikel 98 Abs. 3 des Gesetzes über die Selbstverwaltung). Sowohl die Mitgliedschaft als auch die Wahl der Mitglieder des interkulturellen Rates und die Arbeitsweise werden auf die Entscheidung des Stadtparlamentes übertragen (Artikel 98 Abs. 4 des Gesetzes über die Selbstverwaltung).

Im Gegensatz zu den nationalen Räten vertreten die Räte für interkulturelle Beziehungen nicht eine Minderheit, sondern sind Fürsprecher aller ethnischen Gruppen, einschließlich der serbischen Mehrheitsgesellschaft. Daher bestimmt Abs. 4 des Gesetzes über die Selbstverwaltung, dass der entsprechende Rat aus der Gesellschaft der nationalen Minderheiten und der serbischen Mehrheitsgesellschaft zusammengesetzt sein muss. Das Gesetz verbietet ausdrücklich ein eindeutiges Stimmenverhältnis für die Minderheits- oder Mehrheitsgesellschaft.

Eine Verknüpfung zwischen den nationalen Räten und den Räten für interkulturelle Beziehungen stellt Artikel 98 Abs. 7 des Selbstverwaltungsgesetzes her, der im Wesentlichen Artikel 18 Abs. 3 des Minderheitenschutzgesetzes entspricht. Für den Fall des Bestehens eines nationalen Rates einer nationalen Minderheit bestimmen die Mitglieder der nationalen Räte die Mitglieder der entsprechenden nationalen Minderheit im Rat für interkulturelle Beziehungen.

Die gesetzlichen Aufgaben des Rates für interkulturelle Beziehungen beschränkt sich auf die Kontrolle kommunaler Akte auf die Vereinbarkeit mit minderheitenrechtlichen Vorgaben und räumt den Räten für interkulturelle Beziehungen ein Vorschlagsrecht ein (Artikel 98 Abs. 9).

Das grundsätzliche Problem der Räte für interkulturelle Beziehungen besteht darin, dass ethnisch vielfältige Gemeinden nicht verpflichtet sind, solche Räte zu etablieren. Zahlen aus dem Jahr 2014 gehen davon aus, dass lediglich 43 Städte und Gemeinden Räte für interkulturelle Beziehungen etabliert haben, wobei 68

Gebietskörperschaften in Serbien unter den Begriff der ethnisch vielfältigen Gemeinde fallen würden.[522]

Darüber hinaus verleiht die regelmäßig schwache Beratungsfunktion der Räte für interkulturelle Beziehungen diesen nur wenig Gewicht im kommunalen Politikumfeld. Schließlich werden Bedenken in Bezug auf die Verknüpfung mit den nationalen Räten kritisiert, da die oftmals parteipolitisch beeinflussten nationalen Räte den parteipolitischen Druck auf die Räte für interkulturelle Beziehungen weitergeben.[523]

(7.) Zur abschließenden Beurteilung der beratenden Gremien

Die Wahlen zu den nationalen Räten der nationalen Minderheiten konnten Ende Oktober 2014 nur durchgeführt werden, da das serbische Parlament durch eine nötige Gesetzesreform die Umstände rund um die Wahlen der Minderheitenräte nach der Entscheidung des serbischen Verfassungsgerichtes änderte. Insbesondere dient das Erfordernis eines persönlichen Antrages auf Aufnahme in das entsprechende Wahlregister der nötigen Bekämpfung von Wahlmissbrauch und der Einhaltung datenschutzrechtlicher Vorgaben.

Die durch das Urteil des serbischen Verfassungsgerichtes vom 16.01.2014 entstandenen Lücken im Bereich der Aufgaben und Zuständigkeiten der nationalen Räte der nationalen Minderheiten sind noch nicht geschlossen worden. Hierbei ist es erforderlich, dass die serbische Regierung in enger Absprache mit den Vertretern der nationalen Minderheiten eine weitere Gesetzesreform vorantreibt.

Bei den zukünftigen Zuständigkeit und den Aufgaben, die den Minderheitenräten von Gesetzes wegen übertragen werden, sollte die Forderung der Minderheitenvertreter nach mehr politischer Mitbestimmung geprüft werden. Da das vorherige Gesetz über die nationalen Räte der nationalen Minderheiten, die Aufgabe der Räte in der Beurteilung eines Sachverhaltes erschöpfte, verlangten Vertreter der nationalen Minderheiten mehr Gewicht im Entscheidungsprozess selbst. Denkbar wäre es, den Minderheitenräten ein Vetorecht bei Entscheidungen der serbischen Behörden, die die Belange einer nationalen Minderheit berühren, einzuräumen.

Die anstehende Gesetzesreform sollte die Schaffung von klaren Kriterien zum Gegenstand haben, wann eine Einrichtung für eine nationale Minderheit

---

522 *Gojković*, Sistem zaštita nacionalnih Manjina u Republici Srbiji [Das Schutzsystem nationaler Minderheiten in der Republik Serbien], Seite 11.

523 FEO [Forum za etničke odnose], Manjinska politika i integracija u Srbiji [Minderheitenpolitik und Integration in Serbien], Seite 33.

besondere Bedeutung hat. Diese gesetzliche Klarstellung ist von besonderer Bedeutung, da der Mangel an solchen Kriterien medienwirksame Kritik erfuhr. Denkbar wäre es beispielsweise die besondere Bedeutung an historischen, kulturellen oder sprachlichen Aspekten einer nationalen Minderheit zu knüpfen, die nicht nur ein subjektives Empfinden der nationalen Minderheit widerspiegelt, sondern auch durch objektive Tatsachen nachvollziehbar ist.

Ferner sollte bei der Gesetzesreform der serbische Gesetzgeber auch die Möglichkeit nutzen das Reformgesetz über die nationalen Räte der nationalen Minderheiten im Einklang mit anderen Gesetzes zur Herstellung einer einheitlichen Rechtsordnung zu erlassen. Dabei sollte der Konflikt mit dem bestehenden Kulturgesetz gelöst werden, der dann offensichtlich wird, wenn mehrere Räte nationaler Minderheiten eine Institution als für ihre Minderheit besonders wichtig einstufen. Dabei sollte die Regelung des Kulturgesetzes übernommen werden, der besagt, dass sich mehrere nationale Minderheiten auf einen gemeinsamen Vertreter im Verwaltungsrat der Institution einigen müssen. Diese Vorgehensweise hat zum einen den Vorteil, die Anzahl der Verwaltungsratsmitglieder in einem angemessenen Rahmen überschaubar zu halten und andererseits eine gemeinsame Arbeit unter den nationalen Minderheiten zu fördern.

Schließlich sollte die serbische Regierung ihren gesetzlichen Verpflichtungen nachkommen, indem sie den Gesamtstaatlichen Rat aller nationalen Räte einberuft. Denn lediglich die enge Konsultation zwischen der Staatsspitze und den Spitzenvertretern der nationalen Minderheiten garantieren das ausreichende Maß an politischem Gewicht bei anstehenden Gesetzesreformen.

Im Bereich der Räte für interkulturelle Beziehungen steht die serbische Rechtsordnung nur bedingt im Einklang mit den Vorgaben des Artikels 15 RÜ. Die gesetzlichen Bestimmungen zu den Räten für interkulturelle Beziehungen fallen insgesamt zu knapp aus. Da Artikel 15 RÜ vorgibt, dass Aufgaben und Zuständigkeiten beratender Gremien eine gesetzliche Grundlage haben sollen, genügt die Vorgabe von Artikel 98 Abs. 4 des serbischen Selbstverwaltungsgesetzes nicht, dass das jeweilige Stadtparlament die Zuständigkeiten und Arbeitsweisen der Räte für interkulturelle Beziehungen bestimmt.

Ferner besteht die Schlüsselproblematik darin, dass eine Großzahl von serbischen Städten und Gemeinden keine Räte für interkulturelle Beziehungen errichtet haben, obwohl sie die formalen Voraussetzungen dazu erfüllen. Denkbar wäre die Einführung einer gesetzlichen Pflicht der Gemeinden zur Schaffung dieser Räte. Die Erfüllung der Pflicht zur Einführung der Räte für interkulturelle Beziehungen könnte einer staatlichen Kommunalaufsicht unterstellt werden, die Pflichtverletzungen, wie die das Unterlassen der Schaffung solcher Räte, mit angemessenen Sanktionen verknüpft.

E.) Die Achtung und der Schutz nationaler Minderheiten und Serbiens Weg in die Europäische Union

Als höchste Priorität der serbischen Politik gilt ein möglichst zügiger Beitritt des Landes in die Europäische Union. Dieser politische Drang zum Beitritt zur Europäischen Union wird von jeder seit dem Jahre 2000 bestehenden Regierung, ungeachtet ihrer politischen Couleur, angestrebt.

Wie schon unter D. aufgezeigt wurde der Schutz und die Achtung nationaler Minderheiten als eine Voraussetzung für den Beitritt eines Landes in die Europäische Union durch die *Kopenhagener* Kriterien festgelegt. Im kommenden Kapitel soll neben dem geschichtlichen Verlauf der Beitrittsverhandlungen der Europäischen Union mit Serbien das Verhältnis der Europäischen Union zu Minderheitenrechten und die Bedeutung der Achtung und des Schutzes von Minderheitenrechten für den Beitritt Serbiens zur Europäischen Union dargestellt werden. Ferner wird auf die Lage der Roma und Sinti, der traditionell am häufigsten benachteiligte Minderheitengruppe in Serbien, eingegangen. Mit in die Bestandsaufnahme fließt der angebliche Asylmissbrauch vieler Roma und Sinti in einigen Mitgliedstaaten der Europäischen Union sowie die Forderung derer nach schärferen Asylgesetzen ein.

I.) Der Beitritt Serbiens aus einer historischen Perspektive

Während der bis zum 05.10.2000 anhaltenden Herrschaft Slobodan Milošević' zeigte die aus den Teilrepubliken Serbien und Montenegro bestehende Bundesrepublik Jugoslawien keine ernsthaften Ambitionen für eine Annäherung an die Europäische Union oder gar für einen Beitritt zur Europäischen Union.

Der Weg Serbiens zu einem möglichen Beitritt zur Europäischen Union setzte sich in zeitlich unmittelbaren Anschluss an den Sturz Slobodan Milošević' auf dem EU-Gipfeltreffen vom 24.11.2000 in Zagreb fort. Den Ländern der westlichen Balkanhalbinsel wurde eine konkrete Beitrittsmöglichkeit eröffnet. In der Abschlusserklärung der Regierungschefs der Mitgliedstaaten erklärten diese, dass die neuerlichen historischen Ereignisse einen neuen Weg für regionale Kooperationen eröffnen und neue Impulse auf dem Feld des Schutzes von Minderheiten bieten können.[524]

524 Europäische Kommission, Erklärung vom 24.11.2000 (Zagreb), Ziffer 2.

Auf dem EU Westbalkan-Gipfel vom 21.06.2003 in Thessaloniki erhielt die Staatenunion Serbien und Montenegro mit den anderen westlichen Balkanstaaten den Status eines potentiellen Kandidaten. Die Regierungschefs der Mitgliedstaaten der Europäischen Union betonten in ihrer Abschlusserklärung, dass unter anderem die Rechte von Minderheiten zu den gemeinsamen Werten der Europäischen Union zählen.[525]

Der Stabilisierungs- und Assoziierungsprozess geht den eigentlichen Beitrittsverhandlungen voraus. Der rechtliche Rahmen des Stabilisierungs- und Assoziierungsprozesses bildet das Stabilisierungs- und Assoziierungsabkommen. Neben dem letztendlichen Ziel einer Vollmitgliedschaft in der Europäischen Union fokussiert das Stabilisierungs- und Assoziierungsabkommen mit dem jeweiligen potentiellen Bewerberland die wirtschaftliche und politische Stabilisierung des betroffenen Landes und die Förderung regionaler Beziehungen mit den jeweiligen Nachbarstaaten. Als wirtschaftlicher Anreiz für die potentiellen Bewerberstaaten bilden weitreichende Handelszugeständnisse mit den Mitgliedstaaten der Europäischen Union sowie das Instrument für Heranführungshilfe (IPA).[526]

Begleitet wird der Reformprozess des potentiellen Bewerberlandes mit periodischen Berichten der Europäischen Kommission zu den innerstaatlichen Reformbemühungen.

Zunächst stellte sich heraus, dass eine unzureichende Zusammenarbeit mit dem Internationalen Strafgerichtshof für das ehemalige Jugoslawien (International Crime Tribunal for the former Yugoslavia, ICTY) die Beitrittsverhandlungen bremsten.[527] Erst als die beiden mutmaßlichen Kriegsverbrecher Ratko Mladić und Goran Hadžić an das Kriegsverbrechertribunal ausgeliefert worden waren, kamen die ins Stocken geratenen Beitrittsverhandlungen wieder in Gang. Serbiens Antrag auf Mitgliedschaft in die Europäische Union auf dem EU-Gipfel in Brüssel vom Dezember 2011 wurden wegen des Widerstandes der Bundesrepublik Deutschland abgelehnt.[528] Der Grund für die ablehnende

525 Gipfel des Europäischen Rates vom 19.-21.06.2003 (Thessaloniki), Pressetext C/03/163 vom 21.06.2003.

526 *Falke/Czauderna*, Serbien vor der Eröffnung von EU-Beitrittsverhandlungen, WiRO 2014, 33 (34).

527 *Vučić*, Serbia, in: Lantschner/Marko/Petričušić, European Integration and it's Effects on Minority Protection in South Eastern Europe, 275 (276).

528 *Falke/Czauderna*, Serbien vor der Eröffnung von EU-Beitrittsverhandlungen, WiRO 2014, 33 (35).

Haltung der Bundesrepublik Deutschland war das bis dahin angespannte Verhältnis Serbiens zum Kosovo.[529]

Erst mit dem Abschluss des Vertrages über die Normalisierung der Beziehungen mit dem Kosovo unter Beteiligung der Europäischen Union erteilte der Europäische Rat Serbien auf dem EU- Gipfel in Brüssel vom 01.03.2013 den Status eines Beitrittskandidaten.[530] Am 01.09.2013 trat das Stabilisierungs- und Assoziierungsabkommen zwischen der Europäischen Union und Serbien in Kraft.

Aufgrund der politischen Erfahrungen mit vorherigen Beitritten mittel- und osteuropäischer Staaten zur Europäischen Union rücken die Kapitel 23 (Justiz und Grundrechte) und 24 (Sicherheit, Freiheit und Recht), zu denen auch die Achtung und der Schutz nationaler Minderheiten gehören, in den Vordergrund der zukünftigen Beitrittsverhandlungen mit Serbien. Die Verhandlungen über die Inhalte von Kapitel 23 und 24 sollen auf der Grundlage der neuen Erweiterungsstrategie der Europäischen Union[531] schon zum Auftakt Gesprächsinhalt werden. Die Überlegungen der neuen Erweiterungsstrategie deuteten darauf hin, dass die beitrittswilligen Staaten traditionell Schwierigkeiten haben, europäische Standards im Bereich von Justiz, Menschenrechten und Sicherheit effektiv ins innerstaatliche Recht umzusetzen. Indem die Europäische Kommission die Themen Menschenrechte, Justiz und Sicherheit schon in einem frühen Stadium der Beitrittsverhandlungen auf die Agenda setzt, erhofft man sich auf Seiten der Europäischen Union eine solide Verankerung der Reformen im jeweiligen innerstaatlichen Recht.[532]

II.) Schutz und Achtung nationaler Minderheiten im Unionsrecht

Wie schon erörtert, erhob die Europäische Union schon 1993 den Schutz und die Achtung von Minderheitenrechten in den Kopenhagener Kriterien zu einer Bedingung beitrittswilliger Länder in die Europäische Union. Im Gegensatz dazu blieb die Frage, was den Inhalt des Minderheitenschutzes aus gemeinschaftsrechtlicher Perspektive ausmacht, unbeantwortet. Eine genaue und

529 Gipfel des Europäischen Rates vom 09.12.2011, Schlussfolgerungen des Vorsitzenden, Ziffer 13.

530 Gipfel des Europäisches Rates vom 01./02.03.2012, Schlussfolgerungen des Vorsitzenden, Ziffer 39.

531 Mitteilung der Europäischen Kommission an das Parlament und den Rat, Erweiterungsstrategie und wichtige Herausforderungen 2013–2014, Com (2013)700.

532 Mitteilung der Europäischen Kommission an das Parlament und den Rat, Erweiterungsstrategie und wichtige Herausforderungen 2013–2014, Com (2013)700, Seite 8.

uneingeschränkt eindeutige Antwort auf die aufgeworfene Frage besteht auch heutzutage nicht. Bevor der Einfluss und die Fortentwicklung des Minderheitenrechts in Serbien aufgrund des Beitritts Serbiens zur Europäischen Union untersucht werden, ist es in einem ersten Schritt nötig, den minderheitenrechtlichen Inhalt des Gemeinschaftsrechts zu ermitteln.

1.) Ursprünge des Minderheitenschutzrechtes in der Europäischen Union

Als einen Erklärungsversuch dafür, warum sich die Europäische Union so spät und inhaltlich unvollkommen mit dem Schutzgehalt von Minderheitenrechten auseinandersetzte, wird angeführt, dass die Europäische Gemeinschaft bzw. die Europäische Union in ihrer ursprünglichen Ausgestaltung eine Wirtschaftsgemeinschaft war. Erst der Wandel von einer Wirtschaftsgemeinschaft hin zu einer Wertegemeinschaft ermöglichte eine schrittweise Herangehensweise an grundrechtsrelevante Themen, zu denen auch die Achtung und der Schutz nationaler Minderheiten üblicherweise zählen.[533]

Erste Bemühungen dafür, die Achtung von Minderheitenrechten im Primärrecht der Europäischen Union zu verankern, lassen sich in den geplanten Vertrag über eine Verfassung für die Europäische Union aus dem Jahre 2004 finden. Demnach sah Art I-2 vor, dass zu den Werten, auf die sich die Europäische Union gründet, auch die Wahrung der Menschrechte einschließlich der Recht der Personen, die Minderheiten angehören, zählen. Trotz der Widerstände einiger Mitgliedstaaten zur Aufnahme eines ausdrücklichen Bekenntnisses zum Schutz der Rechte von Personen, die Minderheiten angehören, wurde die Formulierung in den gemeinsam gefassten Verfassungstext eingefügt. Zu den Widerstand leistenden Mitgliedstaaten zählten Frankreich und Griechenland, aber auch bis zu einem gewissen Maße Belgien und die Niederlande.[534]

Eine Erklärung für die gesteigerte Aufmerksamkeit der Europäischen Union in Bezug auf minderheitenrechtliche Fragestellungen ist, dass die seit 2004 erweiterte Europäische Union mehr Mitgliedstaaten aus Mittel- und Osteuropa aufweisen kann, die mit Fragen des Minderheitenschutzes traditionell konfrontiert sind.[535] Diese Staaten waren im Rahmen ihres Beitrittsprozesses zur Europäischen Union selbst einer minderheitenrechtlichen Untersuchung ausgesetzt. So kam der

533 *Hilpold*, Minderheiten im Unionsrecht, AdV 39 (2001), 432 (434).
534 *De Schutter*, Die Anerkennung der Rechte von Minderheiten, EZAR 11 (2010), 25.
535 *Calliess/Ruffert*, EUV/AEUV, Art. 2 EUV, Rn. 28.

tragende Vorstoß für die Aufnahme einer Minderheitenbestimmung aus Ungarn.[536] Wegen der ablehnenden Volksentscheide in Frankreich und den Niederlanden wurde der geplante gesamteuropäische Verfassungsentwurf verworfen.[537]

Die Bestimmung über die Rechte der Personen, die Minderheiten angehören, fand trotz Scheitern des geplanten Verfassungsvertrages im Rahmen des Lissabonner Reformprozesses aus dem Jahre 2009 wortlautgleich Einzug in Artikel 2 des EUV.

Neben Artikel 2 EUV verwirklichte der Lissabonner Vertrag auch an anderer Stelle einen Bezug zum Minderheitenschutzrecht. Artikel 6 Abs. 1 EUV verleiht der im Jahre 2000 verkündeten Charta der Grundrechte der Europäischen Union nunmehr Rechtsverbindlichkeit. In der Charta der Grundrechte wiederrum findet man in Artikel 21 Abs. 1 das Verbot der Diskriminierung aufgrund der Zugehörigkeit zu einer nationalen Minderheit.

In diesem Zusammenhang ist auch Artikel 22 der Grundrechtecharta zu sehen, der die Europäische Union zur Achtung der Vielfalt der Kulturen, Religionen und Sprachen verpflichtet.

2.) Das Gemeinschaftsrecht im Lichte des Minderheitenschutzes

Auf den ersten Blick hat die Problematik der Minderheitenrechte mit dem Vertrag von Lissabon erstmals ausdrücklich Beachtung im Primärrecht der Europäischen Union gefunden.[538] Die Frage, was unter dem Inhalt des Minderheitenrechts im Gemeinschaftsrecht zu verstehen ist, benötigt eine rechtliche Interpretation.

a.) Der Vertrag über die Europäische Union und der Schutz nationaler Minderheiten

Bei näherer Betrachtung des Wortlautes von Artikel 2 Abs. 1 EUV wird deutlich, dass lediglich ein allgemeiner Bezug zum Schutz von Minderheiten garantiert wird. Die Auslegung des Wortlautes könnte im Ergebnis auch Angehörige neuer Minderheiten, wie beispielsweise Migranten oder Asylanten, in den Schutzgehalt der Norm aufnehmen.[539]

---

536 *Hoffmeister*, Grundlagen und Vorgaben für den Schutz der Minderheiten im EU-Primärrecht, ZaöRV 68 (2008), 175 (181).

537 *Streinz/Ohler/Hermann*, Der Vertrag von Lissabon, 17.

538 Europäisches Parlament, Mainstreaming Human and Minority Rights in EU, 28.

539 *Pippan*, Minderheitenschutz als Teil des „Verfassungskerns" der Europäischen Union, in: FS Karl, 214 (220).

Aus der Entstehungsgeschichte der Norm und die anschließende Erklärung zu den Bestimmungen der Verfassung bezüglich der Samen[540] und die Stellung der Åland-Inseln[541], lässt den Schluss zu, dass die Mitgliedstaaten der Europäischen Union hauptsächlich Angehörige nationaler Minderheiten bei der Schaffung von Artikel 2 Abs. 1 EUV im Blickfeld hatten.[542] Jedenfalls fallen nationale Minderheiten unter den übergeordneten Begriff der Minderheit.[543]

Abgesehen von dem eher weiten Interpretationsspielraum in Bezug auf die allgemeine Wortwahl des Artikels 2 Abs. 1 EUV wird deutlich, dass Artikel 2 Abs. 1 EUV lediglich einen individualisierten Minderheitenschutz gewährleistet, da er explizit auf Rechte der Personen, die Minderheiten angehören Bezug nimmt. Kollektive Minderheitenrechte oder gar positive Maßnahmen zur Förderung von Minderheiten, was das klassische Wesen des Minderheitenrechts ausmacht, kann aus dem eindeutigen Wortlaut der Norm nicht abgeleitet werden.[544]

Mit der Schaffung von Artikel 2 Abs. 1 EUV wird der individuelle Minderheitenschutz im Ergebnis Teil des europäischen Verfassungskerns[545]. Besondere Wirkung entfaltet die Bestimmung dahingehend, dass die Organe der Europäischen Union bei ihrem Tätigwerden innerhalb ihrer Befugnisse nun auch an den individualisierten Minderheitenschutz als ein Grundwert der Europäischen Union gebunden sind und bei der rechtlichen Ausgestaltung beim Kampf gegen Diskriminierung nunmehr nationale Minderheiten im Blickfeld haben.[546]

Erst in der Gesamtzusammenschau mit den weiteren Bestimmungen des EUV wird die Bedeutung des individualisierten Minderheitenschutzes innerhalb der Europäischen Union deutlich.

Eine gewisse Fernwirkung wird der individualisierte Minderheitenschutz in den jeweiligen Mitgliedstaaten der Europäischen Union haben. Das Homogenitätsprinzip besagt, dass die Mitgliedstaaten die Grundwerte aus Artikel 2 Abs. 1 EUV wahren und durch ihr staatliches Handeln nicht verletzen dürfen.[547] Als

540 Abl. 2004 C310/465.
541 Abl. 2004 C310/465.
542 *Heintschel von Heinegg*, in: Vedder/Heintschel von Heinegg (Hrsg.), Art. 2, Rn. 11.
543 *Toggenburg/Rautz*, ABC des Minderheitenschutzes, Seite 158.
544 *Pippan*, Minderheitenschutz als Teil des „Verfassungskerns“ der Europäischen Union, in: FS Karl, 214 (219).
545 *Pippan*, Minderheitenschutz als Teil des „Verfassungskerns“ der Europäischen Union, in: FS Karl, 214 (221).
546 *Toggenburg*, The European Union and Minorities, EYMI 10 (2011), 503 (504).
547 *Calliess/Ruffert*, EUV/AEUV, Art. 7 EUV, Rn. 5.

Sanktionsmechanismus gegen derartige schwerwiegende Verstöße dient Artikel 7 Abs. 1 EUV. In jüngster Vergangenheit gab es Bestrebungen des Europäischen Parlamentes und der ehemaligen Europäischen Kommissarin für Justiz, Grundrechte und Bürgerschaft Viviane Reding ein solches Sanktionsverfahren gegen Ungarn wegen unterschiedlicher Verfassungsänderungen voranzutreiben. Hauptgründe für das angedrohte Sanktionsverfahren lagen in der Verabschiedung eines restriktiven Mediengesetzes und einer geplanten Personalreform im Justizwesen. Allerdings war auch die desolate Situation von Angehörigen der Roma für die Motivation einer Einleitung des Sanktionsverfahrens ausschlaggebend. Angehörige der Romaminderheit sind in Ungarn häufig gewaltvollen Übergriffen ausgesetzt, ohne dass sie dagegen staatliche Schutzmaßnahmen in Anspruch nehmen können.[548] Nach der vierten Verfassungsänderung durch das ungarische Parlament kam es nach einer kritischen Begutachtung durch die Europäische Kommission für Demokratie durch Recht- der Venedig-Kommission des Europarates- zu einem gemeinsamen Brief des ehemaligen Kommissionspräsidenten der Europäischen Union Barroso und dem Generalsekretär des Europarates Jagland.[549] Die ungarische Regierung unter Führung des Ministerpräsidenten Orbán lenkte aufgrund des wachsenden Drucks aus Brüssel und Straßburg ein und änderte mehrere Gesetze, darunter auch das umstrittene Gesetz über die verfrühte Pensionierung von Richtern und Staatsanwälten. Daraufhin erklärte die Europäische Kommission das Verfahren über mögliche Rechtsbrüche Ungarns gegen Gemeinschaftsrecht für erledigt.[550] Ob weitere Maßnahmen gegen Ungarn im Sinne von Artikel 7 Abs. 1 EUV angestrebt werden, ist ungewiss und bleibt im Ergebnis abzuwarten. Das Beispiel Ungarns zeigt, dass schlechte Lebensbedingungen von Minderheiten den Sanktionsmechanismus des Artikels 7 Abs. 1 EUV auf die politische Tagesordnung bringen kann.

Gemäß Artikel 3 Abs. 1 EUV erhält die Europäische Union unter anderem den Auftrag, ihre Werte zu fördern. Aus Artikel 13 Abs. 1 EUV lässt sich die Aufgabe der Europäischen Union ableiten, ihren Werten Geltung zu verschaffen. Artikel 3 Abs. 1 und Artikel 13 Abs. 1 EUV wird ein Rahmen zum Umgang mit

---

548 EU Parlament, Pressemitteilung vom 03.07.2013, Ungarn muss die Werte der EU respektieren.

549 EU Kommission, Pressemitteilung vom 11.03.2013, Statement oft the President oft he European Commission and the Secretary General, abrufbar unter: http://europa.eu/rapid/press-release_MEMO-13-201_en.htm.

550 EU Kommission, Pressemitteilung vom 20.11.2013, European Commission closes infringement procedure, abrufbar unter: http://europa.eu/rapid/press-release_IP-13-1112_en.htm.

den Werten aus Artikel 2 Abs. 1 EUV im Form der begrenzten Einzelermächtigung vorgesetzt. Denn die Europäische Union darf gemäß Artikel 5 Abs. 1 EUV nur tätig werden, soweit die Mitgliedstaaten der Europäischen Union ihr in den Verträgen eine Zuständigkeit eingeräumt haben.[551]

Derzeit ist keine Befugnisnorm ersichtlich, die der Europäischen Union die Kompetenz verleiht, Vorschriften im Bereich des Minderheitenschutzes zu errichten oder völkerrechtliche Verträge zu diesem Themenkreis zu schließen.[552]

b.) Die „Antidiskriminierungsrichtlinien“ und der Schutz nationaler Minderheiten

Eine gewisse Sonderstellung nimmt Artikel 19 des Vertrages über die Arbeitsweise der Europäischen Union (AEUV) ein. Demnach kann der Rat der Europäischen Union nach Zustimmung des Europäischen Parlamentes geeignete Vorkehrungen unter anderem zur Bekämpfung von Diskriminierung aufgrund der ethnischen Herkunft treffen.

Auf Grundlage von ex-Artikel 13 EGV, der Vorgängernorm des Artikels 19 AEUV, sind nunmehr drei Richtlinien erlassen worden, Richtlinie 2000/43 zur Anwendung des Gleichbehandlungsgrundsatzes ohne Unterschied der Rasse oder der ethnischen Herkunft, Richtlinie 2000/78 zur Verwirklichung der Gleichbehandlung in Beschäftigung und Beruf sowie Richtlinie 2004/13 zur Gleichbehandlung von Männern und Frauen beim Zugang zu und bei der Versorgung mit Gütern und Dienstleistungen.

Die letztgenannte Richtlinie bleibt bei der weiteren Untersuchung außen vor, da sie zur Bekämpfungen der Geschlechtsdiskriminierung dient und daher keinen besonderen Bezug zum Minderheitenrecht aufweist.

Die beiden anderen Richtlinien stellen einen solchen Bezug sehr wohl her, da der Schutz vor Diskriminierungen wegen den Merkmalen der Rasse und der ethnischen Herkunft auch auf Angehöriger nationaler Minderheiten angewendet werden kann.

Der 6. Erwägungsgrund der Richtlinie 2000/43/EG macht deutlich, dass die Europäische Union Theorien zurückweist, die die Existenz verschiedener menschlicher Rassen zu belegen versucht. Die Aufnahme des Wortes „Rasse“ soll vielmehr einen Bezug zu dem realen Problem des Rassismus’ herstellen.[553] Dem

551 *Bast*, in: Grabitz/Hilf/Nettesheim (Hrsg.), Recht der EU, Art. 5, Rn. 13.

552 *Pippan*, Minderheitenschutz als Teil des „Verfassungskerns“ der Europäischen Union, FS Karl, 214 (228).

553 BT Drucks. 16/1780, 31.

gesetzgeberischen Sinn folgend meint der Begriff der Rasse solche unveränderlichen Körpermerkmale, wie beispielsweise die Hautfarbe.[554]

Die Abgrenzung unter den Diskriminierungsmerkmalen Rasse und ethnische Herkunft ist oftmals schwierig. Unter dem Begriff der ethnischen Herkunft wird im Allgemeinen eine Menschengruppe verstanden, die kulturell, religiös oder historisch sich von anderen Menschengruppen unterscheidet.[555] Die genannten Merkmale unterscheiden Angehörige nationaler Minderheiten regelmäßig von der Mehrheitsbevölkerung. Daher ist die Kritik an den Antidiskriminierungsrichtlinien einiger Autoren[556] unbeachtlich, dass die Richtlinien den Begriff der nationalen Minderheit nicht explizit ausführen. Schließlich geht auch die Agentur der Europäischen Union für Grundrechte davon aus, dass der Begriff der ethnischen Herkunft mit der Zugehörigkeit zu einer nationalen Minderheit verbunden ist.[557]

Die beiden Richtlinien weisen zusammen einen breiten sachlichen Anwendungsbereich auf. Die Richtlinie 2000/43/EG gilt für den privaten und öffentlichen Bereich. Sie deckt gemäß Artikel 3 Abs. 1 lit. h insbesondere den Bereich zum Zugang von Gütern und Wohnraum ab. Ferner ist festzuhalten, dass die Richtlinie 2000/78/EG zur Herstellung von Gleichberechtigung in den Feldern Beschäftigung und Beruf gilt. Diese Felder können ebenso minderheitenspezifische Auswirkungen haben. So hat das Ministerkomitee des Europarates in Bezug auf das Rahmenübereinkommen zum Schutze nationaler Minderheiten in seinen Resolutionen die Förderung von Gleichstellung im Berufsleben als einen Schlüsselfaktor für die wirtschaftliche Integration von Minderheitenangehörigen dargestellt.[558]

Primäres Ziel der Richtlinien ist es, das Recht auf Gleichheit aller Menschen herzustellen und die soziale Integration zu fördern. Diese Zielrichtung ist ein typisches Merkmal für Antidiskriminierungsrecht. Ein Minderheitenschutzsystem stellt zwar in seiner Grundkonzeption auch auf die Herstellung von Gleichheit zwischen Angehörigen der Mehrheitsgesellschaft und Angehörigen nationaler Minderheiten ab, jedoch ist die Einführung von Gruppenrechten und die Förderung von Rechten, wie beispielsweise das Erlernen der Minderheitensprache ein elementarer Teil des Minderheitenrechts.[559] Diesen rechtlichen

---

554 *Roloff*, BeckOK AGG, § 1 Rn. 1.

555 *Roloff*, BeckOK AGG, § 1 Rn. 1.

556 *Kaiser*, Minderheiten in der EU, Seite 151.

557 Agentur der EU für Grundrechte, Handbuch zum Antidiskriminierungsrecht, Seite 125, abrufbar unter: https://fra.europa.eu/sites/default/files/fra_uploads/1510-FRA-CASE-LAW-HANDBOOK_DE.pdf.

558 Resolution des MK des Europarates vom 06.02.2002 zu Kroatien, ResCMN (2002)1.

559 *Pan*, Schutz und Rechte der europäischen Minderheiten, in: FS Karl, 203 (210f.).

Erwartungen hinken die „Antidiskriminierungsrichtlinien“ hinterher, da sie die Einführung positiver Maßnahmen von einer Ermessensentscheidung der Mitgliedssaaten abhängig machen.

Im Ergebnis stellen auch die Richtlinien 2000/43/EG und 2000/78/EG nur einen Ausschnitt des Minderheitenrechts dar. Zwar kann der Begriff der nationalen Minderheit unter das Diskriminierungsmerkmal der ethnischen Herkunft subsumiert werden, jedoch garantieren die Richtlinien nur Schutz vor Ungleichbehandlungen und verschließen sich vor verpflichtender Einführung positiver Maßnahmen.

c.) Die Grundrechtecharta und der Schutz nationaler Minderheiten

Um ein Gesamtverständnis über den Gehalt des Minderheitenrechts in der Europäischen Union zu erhalten, muss auch Artikel 21 der GRC herangezogen werden. Artikel 21 GRC gibt ein generelles Verbot der Diskriminierung unter anderem wegen der Zugehörigkeit zu einer nationalen Minderheit und der Sprache vor. Der Grundsatz der Nichtdiskriminierung aufgrund eines der in Artikel 21 GRC genannten Merkmale bindet nicht nur die Organe und Einrichtungen der Europäischen Union, sondern auch die Mitgliedstaaten gemäß Artikel 51 Abs. 1 GRC, wenn diese Gemeinschaftsrecht umsetzen.

Nach seinem eindeutigen Wortlaut heraus, verbietet Artikel 21 GRC (negative) Diskriminierungen.[560] Die Möglichkeit positive Maßnahmen zu ergreifen bleiben nach Artikel 21 GRC aus. Diese Interpretation fußt auf der Argumentation, dass positive Maßnahmen in der GRC nur punktuell vorgesehen sind. So sieht beispielsweise Artikel 23 Abs. 2 GRC vor, dass Vergünstigungen für das unterrepräsentierte Geschlecht keine Diskriminierung darstellen.[561]

Nach Artikel 22 GRC achtet die Europäische Union die Vielfalt der Kulturen, Sprachen und Religionen. Artikel 22 GRC nimmt eine Sonderstellung ein, da sich die Grundkonzeption des Artikels 22 GRC von dem ansonsten üblichen Diskriminierungsverbot wegbewegt und der Europäischen Union einen Auftrag zur Achtung von Rechten auferlegt, die für Minderheiten und deren Mitglieder für ihre Identitätswahrung elementar sind.

Artikel 22 GRC ist aus seiner Entstehungsgeschichte heraus eng mit dem Minderheitenrecht verknüpft. Aufgrund der Erkenntnis, dass ein reines Diskriminierungsverbot für ein Minderheitenschutzsystem auf Gemeinschaftsebene nicht ausreicht, wurde die Forderung nach minderheitenspezifischen Regelungen auf

---

560 *Hilpold*, Minderheiten im Unionsrecht, AVR 39 (2001), 432 (470).
561 *Kaiser*, Minderheiten in der EU, 150.

dem Grundrechtekonvent lauter. Unterstützt wurde die Forderung von deutschen und österreichischen Mitgliedern des Konvents.[562] Letztlich scheiterte der Vorschlag in Artikel 22 GRC ein ausgeprägtes Minderheitenschutzsystem zu integrieren, da Artikel 22 GRC alleine ein objektiv-rechtlicher Grundsatz ist,[563] indem die Europäische Union bei ihrem Handeln die Vielfalt der Kulturen achten muss. Einen Auftrag zur Förderung von Minderheiten lässt sich aus Artikel 22 GRC nicht entnehmen. Somit lässt sich aus Artikel 22 GRC kein Minderheitenschutzsystem ableiten.

Insgesamt lässt sich festhalten, dass der Begriff der nationalen Minderheiten durch den Lissabonner Vertrag Einzug auf unterschiedliche Weise in das Primärrecht der Europäischen Union gefunden hat.[564] Durch Artikel 2 Abs. 1 EUV ist zumindest der individuelle Minderheitenschutz zum Bestandteil des Wertekanons der Europäischen Union geworden. Artikel 21 Abs. 1 GRC vermittelt einzelnen Angehörigen von Minderheiten einen Schutz vor Benachteiligungen. Da weitere Bestimmungen, insbesondere kollektive Rechte für ganze Minderheitengruppen fehlen, kann von einem umfassenden Minderheitenschutzsystem auf gemeinschaftsrechtlicher Ebene nicht ausgegangen werden.

d.) Die Rechtsprechung des Europäischen Gerichtshofes für Menschenrechte, die Europäische Menschenrechtskonvention und das Rahmenübereinkommen als Interpretationshilfen

Der Europäische Gerichtshof ist der originäre Interpret der Grundrechtecharta. Im Bereich des Minderheitenschutzes ist bisher keine ausgefeilte Judikatur im Sinne eines umfassenden Minderheitenschutzrechtes ergangen.

Der Europäische Gerichtshof hat in einem Urteil Bickel/Franz aus dem Jahre 1998 festgestellt, dass der Schutz einer nationalen Minderheit einen legitimen Grund darstellen kann, um einen Eingriff in den europarechtlichen Grundsatz des Diskriminierungsverbotes wegen der Staatsangehörigkeit zu rechtfertigen. In dem zugrundeliegenden Fall beriefen sich ein österreichischer und ein deutscher Staatsangehöriger, gegen die ein Strafverfahren in der italienischen Provinz Bozen anhängig war, auf das Recht der dortigen deutschsprachigen Minderheit, das Gerichtsverfahren auf Deutsch abgehalten werden können. Die italienischen

562 *Hölscheidt*, in: Meyer (Hrsg.), Grundrechtecharta, Art. 22, Rn. 11.
563 *Hölscheidt*, in: Meyer (Hrsg.), Grundrechtecharta, Art. 22, Rn. 17.
564 Agentur der EU für Grundrechte, Respect for and Protection of National Minorities, 22, abrufbar unter: http://fra.europa.eu/sites/default/files/fra_uploads/1769-FRA-Report-Respect-protection-minorities-2011_EN.pdf.

Behörden verwehrten den beiden Angeklagten ein Strafverfahren auf Deutsch mit der Begründung, dass sich nur Mitglieder der deutschsprachigen Minderheit auf das Recht der Abhaltung von Gerichtsprozessen in deutscher Sprache berufen können. Im Ergebnis verneinte der Europäische Gerichtshof einen ausreichenden Rechtfertigungsgrund, da nicht ersichtlich sei, warum die Gewährung eines deutschsprachigen Gerichtsverfahrens in dem vorliegenden Fall den beabsichtigten Schutz der deutschsprachigen Minderheit tangiere.[565]

Dieses Ergebnis bestätigte der Europäische Gerichtshof mit seinem Urteil vom 27.03.2014. Gegenstand des anhängigen Vorabentscheidungsersuchen war eine zivilrechtliche Schadensersatzklage einer deutschen Staatsangehörigen gegen eine tschechische Staatsangehörige in Bozen. Auch hier gelangte der Europäische Gerichtshof zu dem Ergebnis, dass Artikel 18 und 21 AEUV dahingehend auszulegen sind, dass sie einer nationalen Regelung entgegenstehen, die das Recht, vor Gerichten eines Mitgliedstaates in einer bestimmten Gebietskörperschaft eine andere Sprache als die übliche Amtssprache zu verwenden, nur auf die dort ansässige Bevölkerung anzuwenden.[566]

Ein weiteres Vorabentscheidungsverfahren aus der italienischen Provinz Südtirol aus dem Jahre 2000 warf Berührungspunkte zu dem Schutz nationaler Minderheiten auf. Der Europäische Gerichtshof hatte die Frage zu entscheiden, ob ein Verstoß gegen das Verbot der Ungleichbehandlung aufgrund der Staatsangehörigkeit (ex-Artikel 48 EGV) vorliege, wenn eine Bank im Falle einer Einstellung für den nötigen Nachweis der Zweisprachigkeit nur ein Zertifikat zuließ, welches lediglich in dieser Provinz erworben werden konnte. Der Europäische Gerichtshof stufte die alleinige Möglichkeit den Nachweis der Zweisprachigkeit nur über ein besonderes Zertifikat zu führen als eine europarechtswidrige Ungleichbehandlung aufgrund der Staatsangehörigkeit ein.[567]

(1.) Die Rechtsprechung des Europäischen Gerichtshofes für Menschenrechte und die Europäische Menschenrechtskonvention als Interpretationshilfe

Eine andere Möglichkeit der Ermittlung des minderheitenrechtlichen Schutzgehaltes bietet die Rechtsprechung des Europäischen Gerichtshofes für Menschenrechte. Denn der Europäische Gerichtshof pflegt, die Rechtsprechung des Europäischen Gerichtshofes für Menschenrechte zur Ermittlung des Grundrechtsgehalts auf Ebene der Europäischen Union- unter Hinnahme gewisser

565 EuGH, Urteil vom 24.11.1998, Rs. C-274/96.
566 EuGH, Urteil vom 27.03.2014, Rs. C-322/13.
567 EuGH, Urteil vom 06.06.2000, Rs. C-281/98.

Grenzen- heranzuziehen.[568] Diese Arbeitsweise ist nunmehr durch Artikel 6 Abs. 3 EUV abgesichert, indem die Europäische Menschenrechtskonvention (EMRK) neben der gemeinsamen Verfassungsüberlieferung der Mitgliedstaaten zu den allgemeinen Grundsätzen des Gemeinschaftsrechts zählt. Ebenso manifestiert Artikel 6 Abs. 2 EUV das politische Ziel, dass die Europäische Union der EMRK beitritt.

Wie schon angesprochen ist in Artikel 14 der Europäischen Menschenrechtskonvention ein Diskriminierungsverbot aufgrund der Zugehörigkeit zu einer nationalen Minderheit normiert. Artikel 14 EMRK stellt jedoch kein absolutes Gleichbehandlungsgebot dar. Als Voraussetzung für eine Verletzung von Artikel 14 EMRK ist normiert, dass der aufgeworfene Sachverhalt Berührungspunkte mit mindestens einem anderen aus der Konvention garantiertem Recht aufweisen muss.[569] Für Minderheitenfragen besonders relevant zeigten sich das Recht auf Achtung des Privat- und Familienlebens (Artikel 8 EMRK), das Recht auf Vereinigungsfreiheit (Artikel 11 EMRK) sowie die Religionsfreiheit (Artikel 9 EMRK).[570]

Aus der überblicksmäßigen Gesamtschau der einschlägigen Normen mit Minderheitenbezug ist offensichtlich, dass Artikel 14 EMRK hinter den Mindeststandards der Europäischen Union zurückbleibt. Einerseits ist der Wortlaut des Artikels 14 EMRK enger als der des Artikels 22 GRC, da Artikel 14 EMRK nur diejenigen Diskriminierungen bei der Inanspruchnahme anderer Konventionsrechte verbietet und kein allgemeines Diskriminierungsverbot gewährleistet.[571] Andererseits ermöglicht Artikel 14 EMRK wegen seines engen Wortlautes keine staatlichen Schutzmaßnahmen.[572] Der unterschiedliche Schutzgehalt ist in dieser Kombination mit der Grundrechtecharta der Europäischen Union vereinbar. Artikel 52 Abs. 3 der Grundrechtecharta sieht nämlich vor, dass soweit die Grundrechtecharta Rechte enthält, die den durch die EMRK garantierten Rechte entsprechen, sie die gleiche Bedeutung und Tragweite verliehen wird. Dieser Bestimmung steht jedoch nicht entgegen, dass das Recht der Union einen weiter gehenden Schutz gewährt.

---

568 *Klein*, Das Verhältnis des Europäischen Gerichtshofes zum Europäischen Gerichtshof für Menschenrechte, in: Merten/Papier (Hrsg.), Handbuch Grundrechte, § 167, Rn. 53.

569 *Meyer-Ladewig*, EMRK, Art. 14, Rn. 5.

570 *Hoffmeister*, Grundlagen und Vorgaben für den Schutz der Minderheiten im EU-Primärrecht, ZaöRV 68 (2008), 175 (183).

571 *Pippan*, Minderheitenschutz als Teil des „Verfassungskerns" der Europäischen Union, in: FS Karl, Seite 223.

572 *Pippan*, Minderheitenschutz als Teil des „Verfassungskerns" der Europäischen Union, in: FS Karl, Seite 223.

Die Rechtsprechung des Europäischen Gerichtshofes wies in seinem Fallrecht viele verschiedene Facetten zum Schutze nationaler Minderheiten auf. Während der erste Teil der Arbeit sich vermehrt mit politischen Rechten, wie beispielsweise der Ausgestaltung des Wahlrechts oder Parteiengesetzes und deren Auswirkungen auf nationale Minderheiten hatte, erfolgt an dieser Stelle ein Überblick zu der Rechtsprechung des Straßburger Menschenrechtsgerichtshofes bezüglich der Diskriminierung nationaler Minderheiten. Bemerkenswert ist insbesondere, dass eine Vielzahl von Fällen mit der Diskriminierung von Roma in Verbindung steht. Insgesamt lässt sich die ergangene Rechtsprechung des Europäischen Gerichtshofes grob in drei verschiedene Fallgruppen einteilen.

(a.) Baunutzungsvorschriften und Verbot der Wohnwagenstationierung

Ausgangpunkt der Rechtsprechung des Europäischen Gerichtshofes für Menschenrechte mit Minderheitenrechtsbezug bildete der Fall Buckley gegen das Vereinigte Königreich.[573] Dem Beschwerdeverfahren lag der wesentliche Sachverhalt zugrunde, dass der Beschwerdeführerin, die zur Volksgruppe der fahrenden Roma gehörte, das Aufstellen von Wohnwagen auf ihrem Grundstück zwecks Errichten eines Lebensmittelpunktes in Gestalt eines ihrer Kultur folgenden Lebensstils behördlich untersagt wurde. Die Mehrheit der zur Entscheidung berufenen Richter sah in bauplanungsrechtlichen und straßenrechtlichen Erwägung zur Vermeidung von Gefahren ein ausreichendes legitimes Ziel, um den Lebensstil der Fahrenden einzuschränken und damit keine Verletzung des Rechts auf Schutz der Wohnung in Verbindung mit dem Diskriminierungsverbot (Artikel 8 und Artikel 14 EMRK).[574]

In seiner teilweise abweichenden Meinung hob Richter Pettiti die über Jahrzehnte hinweg dauernde Diskriminierung der Romaminderheit in Europa hervor und befürwortete die Wiedergutmachung durch die EMRK.[575]

Im Anschluss an den Fall Buckley hatte die Große Kammer des Europäischen Gerichtshofes erneut einen Fall aus dem Vereinigten Königreich zu entscheiden, indem die Baugenehmigungsbehörde das Aufstellen von Wohnwagen auf dem Eigentum einer Roma untersagte und anderweitige Stellplätze nicht vorhanden waren.[576] Zwar fanden die unterschiedlichen internationalen Entwicklungen im

573 EGMR, Appl. No. 20348/92, Buckley v. United Kingdom, Urteil vom 29.09.1996.

574 EGMR, Allp. No. 20348/92, Buckley v. United Kingdom, Urteil vom 29.09.1996, Rn. 62f.

575 EGMR; Appl. No. 20348/92, Buckley v. United Kingdom, Urteil vom 29.09.1996, dissenting opinion of judge Pettiti.

576 EGMR, Appl. No. 27238/95, Chapman v. United Kingdom, Urteil vom 18.01.2001.

Bereich des Minderheitenschutzes in dem besagten Urteil Beachtung, jedoch schloss sich die Mehrheit der Richter nicht der Argumentationslinie der Beschwerdeführerin an, dass insbesondere das Rahmenübereinkommen den weiten Ermessenspielraum der Staaten in Bezug auf besonders verletzliche Gruppen einschränke.

Die Mehrheit der Richter erkannten vielmehr an, dass die Vertragsstaaten des Rahmenübereinkommens lediglich generelle Vorgaben gemacht habe, ohne sich auf konkrete Mittel geeinigt zu haben.[577]

Sieben Richter führten in ihrer abweichenden Meinung aus, dass das Rahmenübereinkommen eine überwältigende Übereinstimmung unter den Vertragsstaaten aufgezeigt habe, die die besonderen Bedürfnisse für nationale Minderheiten und die Verpflichtung der Staaten zum Schutz der Lebensweise und Identität der Minderheiten anerkannt habe.[578] Für die Richter mit einer abweichenden Meinung wog der Umstand besonders schwer, dass den betroffenen umherziehenden Roma keine rechtmäßige Alternativnutzung ihres Grundstückes möglich war.[579]

Zum ersten Mal erkannte der Europäische Gerichtshof für Menschenrechte in dem Beschwerdeverfahren Connors gegen das Vereinigte Königreich eine Verletzung des Rechts auf Schutz der Wohnung gemäß Artikel 8 EMRK in Bezug auf die umherfahrenden Romaminderheit an.[580] Der Fall unterschied sich von den bisherigen Fällen dahingehend, dass eine Romafamilie mit ihren Stellwagen nahezu 15 Jahre auf einem öffentlichen Platz lebte und Behörden eine Zwangsräumung wegen Streitigkeiten vollzogen. Der Straßburger Menschenrechtsgerichtshof erkannte schließlich, dass die unterlegene Position der Roma als Minderheit besondere Beachtung für ihren unterschiedlichen Lebensstil finden müsse.[581]

Den vorläufigen Abschluss der Rechtsprechung zur Wohnsituation der Roma bildet der Fall Yordanova und andere gegen Bulgarien. In dieser Entscheidung wehrten sich die Bewohner einer illegal errichteten, ghettoähnlichen Romasiedlung auf dem Stadtgebiet von Sofia gegen den angedrohten Abriss der Siedlung. Der Menschenrechtsgerichthof betonte, dass die grundlegende Modernisierung

---

577 EGMR, Appl. No. 27238/95, Chapman v. United Kingdom, Urteil vom 18.01.2001, Rn. 94.

578 EGMR, Appl. No. 27238/95, Chapman v. United Kingdom, seperate opinion of judge Bonello, Rn. 3.

579 EGMR, Appl. No. 27238/95, Chapman v. United Kingdom, seperate opinion of judge Bonello Rn. 3.

580 EGMR, Appl. No. 66746/01, Connors v. United Kingdom, Urteil vom 27.05.2004.

581 EGMR, Appl. No. 66746/01, Connors v. United Kingdom, Urteil vom 27.05.2004, Rn. 84.

von Wohnanlagen im technischen und wirtschaftlichen Sinne der Gesundheitsfürsorge dienen kann und letztendlich einen Eingriff in Artikel 8 EMRK rechtfertigen könne.[582] Jedoch erkannte der Europäische Gerichtshof in dem Fall an, dass in Ausnahmefällen die Vertragsstaaten insbesondere gegenüber verletzlichen Gruppen eine Pflicht zur Sicherung von Wohnraum treffen könne.[583]

Aus der Gesamtschau der Rechtsprechung des Europäischen Gerichtshofes für Menschenrechte wird eine Öffnung des Gerichtshofes zu einer besonderen staatlichen Schutzverpflichtung zugunsten einer Minderheit wie der Roma abgeleitet. Jedoch lässt sich die Rechtsprechung nicht dahingehend interpretieren, dass der Gerichtshof ein besonderes Recht auf Schaffung neuen Wohnraumes aus Artikel 8 EMRK ableitet.[584]

(b.) Rassisch motivierte Ermittlungsverfahren staatlicher Behörden

Zu der zweiten Fallgruppe zählen diejenigen Fälle vor dem Europäischen Gerichtshof für Menschenreche, in denen staatliche Behörden aus rassischen Gründen strafrechtliche Ermittlungsverfahren anstrengen bzw. solche Ermittlungen wegen der Zugehörigkeit zu einer nationalen Minderheit unterlassen. Auch in dieser Fallgruppe zählten Mitglieder der Roma zu den betroffenen Beschwerdeführern.

In dem Fall Moldovan und andere gegen Rumänien ging es hauptsächlich um die gewaltvollen Aufstände der rumänischen Bevölkerung einer Stadt gegen die Bewohner der Roma, nachdem ein rumänischer Bewohner der Stadt von drei Roma umgebracht worden war. Die Unruhen gegen die Roma führten soweit, dass die von der Romaminderheit bewohnten Häuser niedergebrannt wurden.[585] Im Anschluss an die Aufstände weigerten ranghohe Vertreter der Polizei, Ermittlungen gegen die Aufständischen einzuleiten, wobei auch der Vorwurf der Strafvereitelung im Raum stand.[586] Anschließende zivil- und strafrechtliche Verfahren der betroffenen Roma vor rumänischen Gerichten hatten nur teilweise

582 EGMR, Appl. No. 25446/06, Yordanova a.o. v. Bulgaria, Urteil vom 24.04.2012, Rn. 113.

583 EGMR, Appl. No. 25446/06, Yordanova a.o. v. Bulgaria, Urteil vom 24.04.2012, Rn. 130.

584 *Weber*, Schutz und Förderung der Roma in der EU in menschenrechtlicher Perspektive, ZAR 2013, 188 (191).

585 EGMR, Appl. Nos. 41138/98, 64320/01, Moldovan a.o. v. Romania, Urteil vom 12.07.2005, Rn. 17ff.

586 EGMR, Appl. Nos. 41138/98, 64320/01, Moldovan a.o. v. Romania, Urteil vom 12.07.2005, Rn. 33.

erfolgt. Aus den unterschiedlichen Urteilen kam eine besonders negative Haltung gegenüber Roma zum Ausdruck.[587]

Der Europäische Gerichtshof für Menschenrechte erkannte aus den Gesamtumständen des Einzelfalles eine rassistisch fehlerhafte Ermittlung, die im Ergebnis zu der Anerkennung der Verletzung der Rechte der Beschwerdeführer aus Artikel 3 in Verbindung mit Artikel 8 EMRK (Verbot der Folter und Recht auf Schutz der Wohnung) führte.[588] Insbesondere betonte der Gerichtshof, dass eine Diskriminierung aus rassischen Gründen eine Verletzung der menschlichen Würde als Folge erniedrigender Behandlung im Sinne von Artikel 3 EMRK führen könne.[589] Darüber hinaus gelangte der Straßburger Gerichtshof zu dem Ergebnis, dass eine Verletzung von Artikel 14 EMRK (Diskriminierungsverbot) in Verbindung mit Artikel 6 und 8 EMRK vorläge.[590]

Einen ähnlich gelagerten Fall hatte der Europäische Gerichtshof für Menschenrechte in dem Beschwerdeverfahren Nachova u.a. gegen Bulgarien zu entscheiden. Die Straßburger Richter erkannten eine Verletzung des Rechts auf Leben gemäß Artikel 2 EMRK sowie eine Verletzung des Diskriminierungsverbotes gemäß Artikel 14 EMRK in Verbindung mit Artikel 2 EMRK. Dem Beschwerdeverfahren lag die Tötung zweier wegen unerlaubten Entfernens von der Truppe fahnenflüchtiger Roma durch die Heerespolizei zugrunde.[591] Aus den Gesamtumständen des Falles leitete der Gerichtshof eine unzureichende Verwirklichung der Untersuchungspflicht der bulgarischen Behörden ab und sah darin eine Verletzung Artikel 2 Abs. 1 EMRK.[592]

Von weitaus wichtigerer Bedeutung war die Tatsache, dass der Europäische Gerichtshof für Menschenrechte im Rahmen der Prüfung von Artikel 14 EMRK dann eine Beweislastumkehr zu Lasten des Staates anerkannte, soweit klar ungenügende Untersuchungen von staatlichen Gewalttaten oder Ignorierung bestehender

---

587 EGMR, Appl. Nos. 41138/98, 64320/01, Moldovan a.o. v. Romania, Urteil vom 12.07.2005, Rn. 44.

588 EGMR, Appl. Nos. 41138/98, 64320/01, Moldovan a.o. v. Romania, Urteil vom 12.07.2005, Rn. 108f.

589 EGMR, Appl. Nos. 41138/98, 64320/01, Moldovan a.o. v. Romania, Urteil vom 12.07.2005, Rn. 111.

590 EGMR, Appl. Nos. 41138/98, 64320/01, Moldovan a.o. v. Romania, Urteil 12.07.2005, Rn. 139.

591 EGMR, Appl. Nos. 43577/98, 43579/98, Nachova a.o. v. Bulgaria, Urteil vom 26.02.2004, Rn. 9f.

592 EGMR, Appl. Nos. 43577/98, 43579/98, Nachova a.o. v. Bulgaria, Urteil vom 26.02.2004, Rn. 141.

Anzeichen einer möglichen Diskriminierung im Raum stehen.[593] Der betreffende Staat könne sich dadurch entlasten, indem er aufgrund zusätzlicher Beweise vorbringe, die eine nicht diskriminierungsorientierte Haltung des Staates in den gerügten Vorgängen untermauern.[594]

Die Große Kammer des Gerichtshofes bestätigte das Urteil der ersten Kammer mit Urteil vom 06.07.2005.[595]

Aus einer Gesamtschau der Fälle zur Rassendiskriminierung und Minderheitenschutz vor dem Europäischen Gerichtshof für Menschenrechte lässt sich eine geänderte Haltung des Gerichtshofes dahingehend ableiten, dass der Gerichtshof einen gemeinsamen Standard der Konventionsstaaten feststellt, der das Ermessen der nationalen Behörden insgesamt einschränkt.[596]

(c.) Bildungsdiskriminierung

Als letzter Eckpfeiler der Rechtsprechung des Europäischen Gerichtshofes für Menschenrechte stellt die Diskriminierung von Roma im Feld der Bildungspolitik dar. Das erste Beschwerdeverfahren dieser Fallgruppe war der Fall D.H. und andere gegen die Tschechische Republik aus dem Jahre 2006. Insgesamt 18 Schülerinnen und Schüler mit Romahintergrund aus der tschechischen Stadt Ostrava riefen nach der erfolglosen Erschöpfung des innerstaatlichen Rechtweges den Europäischen Gerichtshofes für Menschenrechte an, da sie sich aufgrund der Zuteilung zu Förderschulen (*special schools*) sich wegen ihrer ethnischen Herkunft diskriminiert fühlten. Laut dem unbestrittenen Tatsachenvortrag der Beschwerdeführer waren 56% der Schüler der Sonderschulen in Ostrava Roma, obwohl nur 2,26% aller Schüler der Stadt von Roma abstammten. Die Gesamtstatistik ergab ferner, dass lediglich 1,8% der Schüler, die in die Förderschulen zugewiesen wurden, keinen Romahintergrund hatten. Im Ergebnis war die statistische Wahrscheinlichkeit, dass ein Romakind in eine Förderschule eingeschult werden sollte, 17 Mal höher als bei einem Nicht-Romakind.[597] Das erstinstanzliche Urteil der 2. Kammer konnte keine Verletzung von Artikel 14 EMRK in Verbindung mit Artikel 2 des

---

593 EGMR, Appl. Nos. 43577/98, 43579/98, Nachova a.o. v. Bulgaria, Urteil vom 26.02.2004, Rn. 169.

594 EGMR, Appl. Nos. 43577/98, 43579/98, Nachova a.o. v. Bulgaria, Urteil vom 26.02.2004, Rn. 171.

595 EGMR, Appl. Nos. 43577/98, 43579/98, Nachova a.o. v. Bulgaria Urteil vom 06.07.2005.

596 *Thürer/Dold*, Rassismus und Rule of Law, EuGRZ 32 (2005), 1 (8).

597 EGMR, Appl. No. 57325/00, D.H. a.o. v. Czech Republic, Urteil vom 13.11.2007, Rn. 18.

ersten Zusatzprotokolls der EMRK feststellen. Die Kammer führte dazu aus, dass in den gesetzlichen Regelungen zur Einschulung kein Anknüpfungspunkt zu der ethnischen Herkunft der Schüler gegeben sei, sondern vielmehr die Zielsetzung habe, den besonderen Bedürfnissen der Schüler gerecht zu werden.[598]

Die Mehrheit der Richter der Großen Kammer verurteilte die Tschechische Republik wegen einer Verletzung von Artikel 14 EMRK in Verbindung mit Artikel 2 des 1. Zusatzprotokolls zur EMRK.[599] Unter Bezugnahme der Rechtsprechung des Falles Nachova u.a. gegen Bulgarien betonte der Gerichtshof, dass die Beweislast nach der Vorlage statistischer Daten, die für eine Diskriminierung sprechen, auf die Regierung übergehe.[600] Weiterhin stellte die Große Kammer des Gerichtshofes zu ersten Mal unter Bezugnahme auf das Rahmenübereinkommen und die Anti-Diskriminierungsrichtlinien der Europäischen Union nicht auf eine individuelle Diskriminierung, sondern auf eine strukturelle und systematische Diskriminierung ab.[601]

In unmittelbarer zeitlicher Nähe zu dem Urteil in der Sache D.H. und andere gegen die Tschechische Republik kam es zu ähnlichen Beschwerdeverfahren von Romaschülern, die sich wegen ihrer von Schülern der Mehrheitsgesellschaft isolierten Schulbildung den Vorwurf der Diskriminierung erhoben.

In Bezug auf die Beschwerde von fünfzehn kroatischen Schülern, die während ihrer achtjährigen Grundschulbildung hauptsächlich, aber nicht ausschließlich, in besonderen Roma-Klassen mit einem inhaltlich verringerten Lehrplan unterrichtet wurden, erkannte die erste Kammer des Straßburger Menschengerichtshofes keine Verletzung von Artikel 14 EMRK in Verbindung mit Artikel 2 des 1. Zusatzprotokolls zur EMRK an. Die Richter der ersten Kammer hoben dabei insbesondere die Unterschiede zu dem tschechischen Parallelfall hervor. Während die Förderschulen in Tschechien vordergründig zum Ausgleich mentaler Nachteile der Schüler zum Ziel hatte, zielte die kroatische Vorgehensweise zur Überbrückung von Sprachschwierigkeiten der betroffenen Schüler ab. Daraus

598 EGMR, Appl. No. 57325/00, D.H. a.o. v. Czech Republic, Urteil vom 07.02.2006, Rn. 49.

599 EGMR, Appl. No. 57325/00, D.H. a.o. v. Czech Republic, Urteil vom 13.11.2007, Rn. 210.

600 EGMR, Appl. No. 57325/00, D.H. a.o. v. Czech Republic, Urteil vom 13.11.2007, Rn. 189.

601 EGMR, Appl. No. 57325/00, D.H. a.o. v. Czech Republic, Urteil vom 13.11.2007, Rn. 187; ebenso: *Weber*, Schutz und Förderung der Roma in der EU in menschenrechtlicher Perspektive, ZAR 2013, 188 (193).

leiteten die Richter der ersten Kammer keinen rassistischen Hintergrund für die Einteilung der Klassen ab.[602]

Mit einer knappen Mehrheit von neun zu acht Stimmen entschied die Große Kammer des Gerichtshofes, dass eine Verletzung der Rechte der Beschwerdeführer aus Artikel 14 EMRK in Verbindung mit Artikel 2 des 1. Zusatzprotokolls zur EMRK vorliege.[603] Der Gerichtshof bekräftigte seine Rechtsprechung zur Verteilung der Beweislast, die auf die Regierung übergehe, soweit Anscheinsbeweise für eine Diskriminierung vorlägen.[604] Zwar räumte die Große Kammer des Gerichtshofes ein, dass die statistischen Zahlen in dem kroatischen Fall weniger eindeutig seien als in dem Vorgängerfall aus der Tschechischen Republik, da prozentual mehr Romaschüler eine übliche Schulklasse besuchten.[605] Allerdings konnte die Mehrheit von neuen Richtern in der Schaffung von ausschließlichen Romaklassen kein ausreichendes Mittel identifizieren, dass dem legitimen Ziel zur Förderung der kroatisch Sprachkenntnisse der betroffenen Minderheit fördere. Insbesondere urteilte die Große Kammer, dass die zur Einteilung in die Klassen unternommenen Tests eher physiologischen und psychologischen Test gleichkämen.[606] Die kroatische Rechtswissenschaft nahm das Urteil der Großen Kammer nur zögerlich an, indem der knappe Ausgang der Entscheidung und die finanziellen Auswirkungen der ausgesprochenen Schadensersatzzahlungen an die Beschwerdeführer betont wurden.[607]

(d.) Ergebnis zu der Rechtsprechung des Europäischen Gerichthofes für Menschenrechte

Mittlerweile ist ein ganzes Bündel an Rechtsprechung des Europäischen Gerichtshofes für Menschenrechte im Feld der Diskriminierung von Minderheiten auch unter Bezugnahme auf das Rahmenübereinkommen ergangen. Zu Beginn der Periode der Rechtsprechung mit minderheitenrechtlichen Einschlag wurde die Rechtsprechung des Europäischen Gerichtshofes für Menschenrechte als zu zögerlich in Bezug auf den Schutz von nationalen Minderheiten kritisiert. Insbesondere wurde kritisch angeführt, dass die Straßburger Richter hinter ihren

602 EGMR, Appl. No. 15766/03, Oršuš a.o. v. Croatia, Urteil vom 17.07.2008, Rn. 66–67.
603 EGMR, Appl. No. 15766/03, Oršuš a.o. v. Croatia, Urteil vom 16.03.2010, Rn. 185.
604 EGMR, Appl. No. 15766/03, Oršuš a.o. v. Croatia, Urteil vom 16.03.2010, Rn. 150.
605 EGMR, Appl. No. 15766/03, Oršuš a.o. v. Croatia, Urteil vom 16.03.2010, Rn. 152.
606 EGMR, Appl. No. 15766/03, Oršuš a.o. v. Croatia, Urteil vom 16.03.2010, Rn. 160.
607 *Grgić*, Recognizing Formal and Substantive Equalitiy in the Oršuš Case, EYMI 9 (2010), 327 (362f.).

Möglichkeiten im Feld des Minderheitenschutzes zurückgeblieben sind.[608] Als Einleitung einer Rechtsprechungsänderung hin zu einem erweiterten Minderheitenschutz im Raum der EMRK kann die Rechtsprechung des Europäischen Gerichtshofes für Menschenrechte im Fall D.H. gegen die Tschechische Republik angesehen werden, deren positive Entwicklung auf weitere Fälle vor dem Straßburger Menschengerichtshof Ausstrahlungswirkung hatte.

Letztendlich kann von einem wahrhaftigen Minderheitenrechtsschutzsystem in der EMRK nicht ausgegangen werden. Der Grund dafür liegt nicht nur in der anfänglich betonten zögerlichen Rechtsprechung des Straßburger Gerichtshofes, sondern vielmehr in den fehlenden Bestimmungen der EMRK zum Minderheitenschutz. Die EMRK kennt keine speziellen Minderheitenrechte, die den Minderheiten einen Anspruch auf staatliche Förderung vermitteln würde.[609] Ferner setzte ein effektiver Minderheitenschutz die rechtliche Anerkennung von Gruppenrechten voraus, was der Europäische Gerichtshof für Menschenrechte zumindest im Prinzip getan hat.[610]

Damit kann Artikel 14 EMRK und die auf Artikel 14 EMRK fußende Rechtsprechung zur Ermittlung des materiellen Schutzgehaltes des gemeinschaftsrechtlichen Minderheitenschutzes nur bedingt herangezogen werden.

(e.) Völkerrechtliche Verträge über den Schutz der Menschenrechte als Interpretationshilfe

Der Europäische Gerichtshof zog zur Interpretation von Grundrechten wiederholt diejenigen völkerrechtlichen Verträge auf dem Gebiet des Menschenrechtsschutzes heran, an deren Abschluss die Mitgliedstaaten der Europäischen Union beteiligt waren oder denen sie beigetreten sind.[611] Hierbei stellt sich die Frage, ob der Inhalt des Rahmenübereinkommens (RÜ) auch als Interpretationshilfe gelten könnte, da die überwiegende Anzahl der Mitgliedstaaten der Europäischen Union- mit Ausnahme Frankreichs- das RÜ unterzeichnet haben.[612] Die

608 *Hofmann*, Minority Protection in Europe: Standard-Setting by the Council of Europe and the OSCE, in: Thürer/Kędzia (Hrsg.), Managing Diversity, 31 (42).

609 *Pippan*, Minderheitenschutz als Teil des „Verfassungskerns" der Europäischen Union, in: FS Karl, 214 (223).

610 *Wolfrum*, Aspekte des Schutzes von Minderheiten unter dem Europäischen Menschenrechtsschutzsystem, in: FS Ress, 1109 (1119).

611 EuGH, Gutachten vom 18.12.2014- C-2/13 Rn. 37; EuGH Urteil vom 17.12.1970, Rs. 11/70 Rn. 4; EuGH, Urteil vom 14.05.1974, Rs. 4/74, Rn. 13.

612 Übersicht der Vertragsstaaten abrufbar unter: http://www.coe.int/t/dghl/monitoring/minorities/1_AtGlance/PDF_MapMinorities_bil.pdf.

mangelnde Unterzeichnung des RÜ durch Frankreich und die noch immer ausgebliebene Ratifizierung des RÜ durch die Mitgliedstaaten Belgien, Luxemburg, und Griechenland stellen grundsätzlich kein Hindernis für eine Interpretationshilfe für den Gehalt von Minderheitenrechten in der Europäischen Union dar. Der Europäische Gerichtshof stellt nämlich die Formel auf, dass diejenigen völkerrechtlichen Verträge im Bereich der Menschenrechte zur Interpretation von Grundrechten der Europäischen Union herangezogen werden können, an deren Abschluss die Mitgliedstaaten insgesamt beteiligt waren oder denen sie beigetreten sind.[613] Da auch Frankreich bei der Schaffung des RÜ beteiligt war, wäre der Weg für eine Interpretationshilfe des RÜ für den Gehalt von Grundrechten des Gemeinschaftsrechts geebnet.[614]

Im Ergebnis ist festzuhalten, dass der Europäische Gerichtshof in seiner jetzigen Rechtsprechung keinen Bezug zum RÜ genommen hat.

Ob der Europäische Gerichtshof in naher Zukunft auf die EMRK und das RÜ als Interpretationshilfe für Minderheitenrechte in seinem Zuständigkeitsbereich zurückgreifen wird, bleibt gerade unter dem beabsichtigten Beitritt der Europäischen Union zur Europäischen Menschenrechtskonvention abzuwarten. Insgesamt wäre auch ein Beitritt der EU zum RÜ denkbar, obwohl der EUV hierfür kein ausdrückliches Mandat vorsieht. Es ist jedoch anzumerken, dass nicht jeder Beitritt der Europäischen Union zu einem internationalen Menschenrechtsvertrag eine ausdrückliche Ermächtigung benötigt, wie das Beispiel des Beitritts der Union zur UN-Behindertenkonvention beweist.[615] Abgesehen vom individualisierten Minderheitenschutzrecht bleibt der Gehalt von Minderheitenrechten im Rahmen der Europäischen Union daher ungenau.

III.) Serbiens Weg in die Europäische Union und der Schutz nationaler Minderheiten als Beitrittsbedingung zur Europäischen Union

Obwohl der Schutzgehalt von Minderheiten, wie oben aufgezeigt, innerhalb der Europäischen Union nicht eindeutig klar ist, stellen der Schutz und die Achtung von Minderheitenrechten ein beachtliches Beitrittskriterium zur Europäischen Union dar. Wichtigstes Instrument der Europäischen Union zur

613 EuGH, Stellungnahme 2/94 vom 28.3.1996, EUGHE 1996-III, Rn. 33.

614 *Hoffmeister*, Grundlagen und Vorgaben für den Schutz der Minderheiten im EU-Primärrecht, ZaöRV 68 (2008), 175 (184).

615 *Toggenburg*, Das Recht der Europäischen Union und das Rahmenübereinkommen, in: Hofmann u.a. (Hrsg.), Kommentar RÜ, Rn. 30.

Geltendmachung von Missständen im Bereich des Minderheitenschutzes bieten die jährlichen Fortschrittsberichte der jeweiligen Kandidatenländer.

Der Mangel an einem eindeutigen Schutzgehalt von Minderheitenbestimmungen bietet eine Grundlage für Kritik an dem Umgang der Europäischen Union mit beitrittswilligen Staaten. So wird angeführt, dass wegen fehlenden minderheitenrechtlichen Bezugspunkten im Europarecht keine schlüssige Überwachung von Minderheitengruppen in den jeweiligen Staaten erfolgen kann. Ebenso fuße die Einschätzung der Situation von Minderheiten in den jeweiligen Beitrittskandidaten regelmäßig auf der Grundlage von Arbeiten anderer internationaler Organisationen.[616]

Aller Kritik zu Trotz soll im nächsten Schritt die Wirkungen der Beitrittsverhandlungen Serbiens zur Europäischen Union dargestellt werden.

1.) Wirkungen der Beitrittsverhandlungen zur Europäischen Union in vorherigen Erweiterungsrunden auf Minderheitenrechte

Ungeachtet dieser Kritik ist die Europäische Union aufgrund ihres politischen Gewichts neben der Organisation für Sicherheit und Zusammenarbeit und dem Europarat zu der dritten Kraft zum Schutze nationaler Minderheiten in Europa aufgestiegen.[617]

Erfahrungen der ersten Osterweiterung der Europäischen Union, die im Jahre 2004 ihren Abschluss fand, zeigten, dass die Beitrittsverhandlungen eine erhebliche Wirkung auf die Lage nationaler Minderheiten haben können.

Als Paradebeispiel für weitreichende Effekte der Beitrittsverhandlungen auf die Situation nationaler Minderheiten gilt die Situation der russischen Minderheit in Lettland und Estland. Im Rahmen der Beitrittsverhandlungen zur Europäischen Union deutete die Europäische Kommission in ihren jährlichen Fortschrittsberichten über die beiden baltischen Staaten auf die schwierige Lage der russischen Minderheitsbevölkerung hin. Unter besonderer Kritik standen die restriktiven Staatsangehörigkeitsgesetze der jeweiligen Staaten, die überhöhten Nachweise an Sprachanforderungen für die Zulassung zu bestimmten Berufen sowie die hohen

616 *Marko/Lantschner*, European Integration and its Effects on Minority Protection, in: Lantschner/Marko/Petričušić (Hrsg.), 359 (374).

617 *Toggenburg*, The Protection of Minorities at the EU-level, in: Lantscher/Marko/Petričušić (Hrsg.), 83.

Hürden für die Beteiligung von Mitgliedern der russischen Minderheit an politischer Teilhabe.[618]

Im Falle von Lettland übte die Europäische Kommission Kritik, indem sie in ihrer Stellungnahme über den Antrag Lettlands zur Aufnahme in die Europäische Union die hohen Anforderungen der lettischen Sprache und Kenntnisse in der Geschichte und dem Staatsaufbau des Landes nannte.[619] Ebenso wurde Unverständnis zum Ausdruck gebracht, dass Ausländern die Zulassung zu privaten Berufen, wie die zur Rechtsanwaltschaft, versagt wurde.[620] Schließlich rügte die Europäische Kommission die fehlende Beteiligung von Minderheitenangehörigen im lettischen Parlament.[621]

Auf Empfehlung der Europäischen Union und der Organisation für Sicherheit und Zusammenarbeit in Europa liberalisierte Lettland sein Staatsangehörigkeitsgesetz. Der Einbürgerungstest in lettischer Sprache und Geschichte wurde insgesamt verschlankt und die Quotenregelung in Bezug auf das Alter von Antragsstellern abgeschafft.[622] Auch die Bedingungen eines Nachweises über Kenntnisse der lettischen Sprache für die Ausübung von Berufen im privaten Sektor wurden gelockert.[623]

Erst ein Urteil des Europäischen Gerichtshofes für Menschenrechte[624] bewegte das lettische Parlament dazu, das Erfordernis eines Sprachnachweises für Kandidaten eines Listenplatzes bei Wahlen zum Parlament abzuschaffen.[625]

Die Europäische Kommission schätze die Lage der russischen Minderheit in Estland ähnlich ein wie die der russischen Minderheit in Lettland. Die Europäische Kommission kritisierte das restriktive Staatsangehörigkeitsgesetz und die unverhältnismäßig hohen Einbürgerungsgebühren.[626]

---

618 *Hoffmeister*, Monitoring Minority Rights in the Enlarged European Union, in: Toggenburg (Hrsg.), Minority Protection and the Enlarged EU, 87 (94).

619 Europäische Kommission, Stellungnahme zum Antrag auf Beitritt Lettlands zur EU vom 15.07.1997, Seite 20.

620 Europäische Kommission, Stellungnahme zum Antrag auf Beitritt Lettlands zur EU vom 15.07.1997, Seite 21.

621 Europäische Kommission, Stellungnahme zum Antrag auf Beitritt Lettlands zur EU vom 15.07.1997, Seite 22.

622 Europäische Kommission, Fortschrittsbericht Lettland 2000 vom 08.11.2000, Seite 21.

623 Europäische Kommission, Fortschrittsbericht Lettland 2000 vom 08.11.2000, Seite 24.

624 EGMR, Appl. No. 46726/99, Podkolzina v. Latvia, Urteil 09.04.2002.

625 *Hoffmeister*, Monitoring Minority Rights, in: Toggenburg (Hrsg.), Minority Protection and the Enlarged EU, 87 (95).

626 Europäische Kommission, Stellungnahme zum Antrag auf Beitritt Estlands zur EU vom 15.07.1997, Seite 20.

Aufgrund der engen Zusammenarbeit der estnischen Regierung mit den Vorgaben der Europäischen Union und der Organisation für Sicherheit und Zusammenarbeit in Europa erfuhr das estnische Staatsangehörigkeitsgesetz erhebliche Änderungen. Die Voraussetzungen für die Kenntnisse im Bereich Staatsbürgerkunde wurden herabgesetzt und die Möglichkeit des Erwerbs der estnischen Staatsangehörigkeit in öffentlichen Kampagnen kundgetan.[627]

2.) Die Beitrittsverhandlungen mit Serbien und deren Wirkung auf den Schutz nationaler Minderheiten

Seit dem Jahre 2010 sind für Serbien insgesamt fünf Fortschrittsberichte der Europäischen Kommission veröffentlicht worden. In jedem der fünf Berichte wurde auch die Lage zur Achtung und dem Schutz nationaler Minderheiten beleuchtet.

Alle Fortschrittsberichte der Europäischen Union bescheinigen der serbischen Rechtsordnung ein hohes Niveau zum Schutz nationaler Minderheiten. Einerseits hob der erste Fortschrittsbericht aus dem Jahre 2011 die Einrichtung und die Wahlen zu den verschiedenen Räten der Minderheiten hervor, andererseits machte der 2011er Fortschrittsbericht auf die ethnisch basierten Spannungen in der nördlichen Provinz Vojvodina sowie auf ähnliche Spannungen unter verschiedenen islamischen Organisationen der Bosniaken im Sandžak aufmerksam.[628] Der im Jahre 2012 erschienene Fortschrittsbericht lobt wiederum den hohen Schutzstandard, den die Angehörigen nationaler Minderheiten formal genießen, macht jedoch gleichzeitig auch auf die unterschiedlich erfolgreichen Umsetzungen der gesetzlichen Bestimmungen der verschiedenen Landesteile in diesem Themenfeld deutlich. Der Provinz Vojvodina wird hierbei das höchste Maß an Umsetzungseifer beigepflichtet, während in südlichen Landesteilen um die Gemeinden Preševo, Bujanovac und Medveđa mit einer mehrheitlich albanischen Bevölkerung nur eine schleppende Umsetzung von Minderheitenrechten aufgrund unzureichender Zusammenarbeit zwischen lokalen und gesamtstaatlichen Behörden festgestellt wird.[629] Der Fortschrittsbericht aus dem Jahre 2014 stellt den regional unterschiedlichen Schutzstandard der Minderheitenrechte in Serbien heraus. Insbesondere die wirtschaftlich schlechte Lage und die mangelnde Teilhabe nationaler Minderheiten im Sandžak und den Gemeinden Preševo, Bujanovac und Medveđa werden in dem Fortschrittsbericht aus dem Jahre 2014 bemängelt, wohingegen die weiteren Fortschritte der Autonomen Provinz

627 Europäische Kommission, Fortschrittsbericht Estland 2000 vom 08.11.2000, Seite 20f.
628 Europäische Kommission, Fortschrittsbericht Serbien 2011 vom 09.11.2010, Seite 16f.
629 Europäische Kommission, Fortschrittsbericht Serbien 2012 vom 10.10.2012, Seite 17.

Vojvodina im Feld des Minderheitenschutzes gelobt werden.[630] Der aktuellste Fortschrittsbericht betont die weiterhin schwierige Lage der Roma in Serbien und ruft die serbischen Behörden zur Verbesserung der allgemeinen Lebensbedingungen der Roma sowie zum verstärkten Kampf gegen die Diskriminierung dieser Minderheiten auf.[631]

3.) Die Wirkungen der Beitrittsverhandlungen zur Europäischen Union auf die Lage der Minderheiten in Serbien unter besonderer Beachtung der Roma

Im Zusammenhang mit der nationalen Minderheit der Roma spricht die Europäische Kommission in ihren periodischen Fortschrittsberichten verschiedene rechtliche und politische Bereiche an. Neben den Erläuterungen zu der Lage der nationalen Minderheiten, zu denen die Angehörigen der Roma in Serbien eindeutig zählen, zieht die Europäische Kommission auch die Entwicklung der serbischen Gesetzgebung in Bezug auf Antidiskriminierung sowie soziale Rechte und Beschäftigungspolitik für Angehörige der Romaminderheit heran. An Hand dieser Vorgehensweise wird die These bestätigt, dass das Minderheitenrecht innerhalb der Europäischen Union sich auch aus den Teilbereichen Antidiskriminierungsrecht und sozialen Rechten, wie beispielsweise der Beschäftigungspolitik, zusammensetzt.

a.) Woher kommen das Engagement der Europäischen Union und deren Mitgliedstaaten für Roma?

Die ursprüngliche Motivation der Europäischen Union für ihren Einsatz für Angehörige der Romaminderheit lässt sich damit erklären, dass die Europäische Union im April 2011 einen EU-Rahmen für nationale Strategien zur Integration der Roma bis 2020 vorgelegt hat.[632] Innerhalb dieses EU-Rahmens setzt sich die Europäische Union das Ziel, die Integration der Roma auch in die Gesellschaften beitrittswilliger Drittstaaten voranzutreiben. Die Umsetzung der befürworteten Romaintegration soll durch finanzielle Unterstützung von Projekten, die Einbindung von Vertretern der Zivilgesellschaft und eine Überwachung der Tätigkeiten in diesem Feld durch ein Monitoring-Verfahren erfolgen.[633]

---

630 Europäische Kommission, Fortschrittsbericht Serbien 2014 vom 08.10.2014, Seite 49.
631 Europäische Kommission, Fortschrittsbericht Serbien 2015, Seite 17.
632 Europäische Kommission, KOM(2011) 173.
633 Europäische Kommission, KOM(2011) 173, Seite 13.

Die Mittel der Heranführungshilfe stellen die Finanzierung der Projekte zur Integration der Roma in Serbien sicher. Hierbei kommt es zwischen den verschiedenen Akteuren im Feld des Minderheitenschutzes zur Zusammenarbeit. Bei dem Projekt über die technische Unterstützung für die Integration der Roma in Serbien bedient sich die Europäische Union der Koordinierung durch die OSZE-Mission in Serbien.[634]

Weiterhin haben einzelne Mitgliedstaaten der Europäischen Union, darunter auch die Bundesrepublik Deutschland, ein gewisses Interesse daran, dass Serbien für Mitglieder der Romaminderheit ein sicherer Heimatstaat ist, in dem die Minderheitenrechte der Roma effektiv beachtet und umgesetzt werden. Mit dem Wegfall der Visumspflicht für serbische Staatsangehörige mit Wirkung zum 19.12.2009 innerhalb der Schengenstaaten für einen 90 tätgigen Aufenthalt gemäß Anhang II Teil 1 der EU-VisaVO ist die Anzahl der Asylanträge serbischer Staatsangehöriger drastisch angestiegen.

Laut Asylstatistik des Bundesamtes für Migration und Flüchtlingen sind im Jahr 2014 insgesamt 17.172 Asylanträge serbischer Staatsangehöriger bzw. von Menschen aus Serbien gestellt worden.[635] Den Löwenanteil der um Asyl suchenden Menschen aus Serbien bildeten die Roma. Insgesamt 90% der Asylanträge der aus Serbien stammenden Antragssteller waren Roma.[636] Damit belegte Serbien in der Asylstatistik für das Berichtsjahr 2014 den zweiten Platz hinter Syrien, da insgesamt 39.332 Syrer im Jahre 2014 Asyl beantragt haben.

Die Zahlen für das erste Halbjahr 2015 verzeichnen keinen signifikanten Rückgang der Menschen aus Serbien, die in Deutschland um Schutz vor Verfolgung suchten. Mit weiterhin 10.126 Asylantragsstellern bleibt die Zahl der Asylsuchenden aus Serbien nahezu unverändert. Lediglich die stark angestiegenen Zahlen von Asylsuchenden aus Syrien, dem Kosovo und Albanien relativieren die Zahlen serbischer Asylsuchender.[637]

---

634 Europäische Kommission, Fakten zur Erweiterung, Roma in Südosteuropa, Seite 2.

635 BAMF, Asylgeschäftsstatistik 2014, abrufbar unter: http://www.bamf.de/SharedDocs/Anlagen/DE/Downloads/Infothek/Statistik/201407-statistik-anlage-asyl-geschaefts bericht.pdf?__blob=publicationFile.

636 BAMF, Anzahl der Asylbewerber 2013, abrufbar unter: http://www.bamf.de/Shared Docs/Pressemitteilungen/DE/2014/20140110-0001-pressemitteilung-bmi-asylzah len-dezember.html.

637 BAMF, Schlüsselzahlen Asyl 2015, 1. Halbjahr, Seite 2, abrufbar unter: http://www.bamf.de/SharedDocs/Anlagen/DE/Publikationen/Flyer/flyer-schluesselzahlen-asyl-halbjahr-2015.pdf?__blob=publicationFile.

Die Antragssteller aus Serbien bleiben mit ihren Anträgen auf Asyl jedoch in der überwiegenden Zahl erfolglos. Die Zahlen aus dem Jahre 2014 sind vielmehr ernüchternd. Lediglich einem Antragssteller wurde in der zuvor genannten Periode die Flüchtlingseigenschaft nach § 3 Abs. 1 AsylVfG anerkannt. Das Bundesamt für Migration und Flüchtlinge erteilte weiteren 13 Antragsstellern subsidiären Schutz nach § 4 Abs. 1 AsylVfG und bei weiteren 14 Asylsuchenden verhängte das Bundesamt für Migration und Flüchtlinge ein Abschiebungsverbot gemäß § 60 Abs. 5 bzw. 7 AsylVfG.[638]

Die Behördenpraxis scheint im Einklang mit der ständigen Rechtsprechung der deutschen Verwaltungsgerichte zu stehen. Die meisten Urteile deutscher Verwaltungsgerichte schätzten die Situation der Roma in Serbien als schwierig ein. Insbesondere seien Vorurteile der breiten serbischen Öffentlichkeit gegenüber Roma zu erkennen und es gäbe auch Übergriffe auf Roma von Seiten Privater. Die Schwelle einer Gruppenverfolgung sei jedoch nicht erreicht, da die hierfür erforderliche „Verfolgungsdichte“ nicht gegeben sei.[639]

Der Koalitionsvertrag für die 18. Legislaturperiode des Deutschen Bundestages zwischen CDU, CSU und SPD sah vor, die Länder der westlichen Balkanhalbinsel, darunter auch Serbien, zu sicheren Herkunftsstaaten zu ernennen[640]. Dazu hatte das Bundesinnenministerium ein Referentenentwurf zur Änderung des AsylVfG vorgelegt, in dem bestimmt werden sollte, dass Serbien und die ehemalige jugoslawische Republik Mazedonien als sichere Herkunftsstaaten eingestuft werden.[641] Der Bundestag stimmte der Gesetzesänderung am 03.07.2014 zu. Nach der Zustimmung des Bundesrates trat die Gesetzesnovelle am 31.10.2014 in kraft.

Mit der gesetzlichen Einstufung Serbiens als sicherer Herkunftsstaat im Sinne der Anlage II zu § 29a AsylVfG hat aus rechtlicher Sicht eine entscheidende Beweislastumkehr zum Nachteil für Asylsuchende aus Serbien zur Folge. Mit der gesetzlich festgelegten Ernennung Serbiens als sicherer Drittstaat gemäß Anlage II zu § 29a AsylVfG wird vermutet, dass ein Asylantragssteller aus

---

638 BAMF, Asylgeschäftsstatistik 2014.

639 Beispielhaft: VG Sigmaringen, Urteil vom 24.4.2014, Az.: 1 K 234/14, OVG NRW, Beschluss vom 19.8.2014, Az.: 5 A 416/11.A; ebenso: VGH Baden-Württemberg, Urteil vom 24.06.2015, Az.: A 6 S 1259/14.

640 Koalitionsvertrag zwischen CDU, CSU und SPD, Deutschlands Zukunft gestalten, Seite 109, abrufbar unter: http://www.bundesregierung.de/Content/DE/_Anlagen/2013/2013-12-17-koalitionsvertrag.pdf;jsessionid=F0B381EB1118350ACFD5A4599C2A75E9.s1t2?__blob=publicationFile&v=2.

641 Gesetzesentwurf abrufbar unter: http://dipbt.bundestag.de/dip21/brd/2014/0183-14.pdf.

Serbien grundsätzlich aus einem sicheren Herkunftsstaat stammt und daher keinen Schutz als Flüchtling in der Bundesrepublik genießen kann. Der Asylsuchende muss vielmehr besondere Gründe seines Einzelfalles nachweisen, die nachvollziehbar darlegen, dass er Flüchtling im Sinne der Genfer Flüchtlingskonvention ist.[642]

Das Bundesinnenministerium rechtfertigte die Entscheidung unter anderem damit, dass die serbische Regierung selbst um die Einstufung als sicheren Herkunftsstaat bat.[643] Diese Bitte der serbischen Regierung ist jedoch vielmehr dahingehend zu verstehen, dass Serbien befürchtet, die für ihre Staatsbürger eingeräumten Visaliberalisierungen verlieren werde. Hierbei ist nicht zu unterschätzen, dass das visafreie Reisen für serbische Staatsbürger eine enorme Signalwirkung auf die serbische Bevölkerung hatte und eine Rückgängigmachung dieses Privilegs Einfluss auf die Wahlen in Serbien haben könnte.

b.) Maßnahmen der serbischen Regierung zur Verhinderung von Asylmissbrauch

Die serbische Regierung reagierte auf die wachsende Zahl von Asylsuchenden aus ihrem Land in westeuropäischen Ländern mit mehreren rechtlichen Maßnahmen, um eine drohende Wiedereinführung der Visumspflicht zu vermeiden. Zunächst erließ die serbische Regierung am 02.06.2011 eine Verordnung zur näheren Ausgestaltung der Arbeitsweise der serbischen Grenzbehörden zur Überprüfung von Personen und deren Verpflichtungen beim Übertritt der serbischen Staatsgrenzen (*Uredba o bližem uređivanju načina vršenja policijskih ovlaštenja policijski službenika, granične policije i dužnostima lica koje prelazi državnu granicu*).[644] Die Verordnung sieht ihren Zweck gemäß Artikel 1 in dem Schutz der Interessen der Republik Serbien und deren Bürger, indem Missbrauch des visumsfreien Reisens in die Länder der Europäischen Union vorgebeugt wird. Die Verordnung besteht nur aus drei Artikeln und ermächtigt staatliche Grenzbehörden dazu, ausreisewillige Menschen neben den nötigen Ausweispapieren auf Verdacht hin die Herausgabe weiterer Nachweise zu verlangen, die den

642 UNHCR, Stellungnahme zum Gesetzesentwurf, Seite 5, abrufbar unter: http://www.unhcr.de/fileadmin/rechtsinfos/fluechtlingsrecht/3_deutschland/3_2_unhcr_stellungnahmen/FR_GER-HCR_sichere_Herkunftslaender_032014.pdf.

643 BMI, Bundesregierung beschließt Gesetzentwurf zu sicheren Herkunftsstaaten, abrufbar unter: http://www.bmi.bund.de/SharedDocs/Kurzmeldungen/DE/2014/04/sichere-herkunftstaaten.html.

644 Amtsblatt Republik Serbien, Nr. 39/2011.

Zweck der Reise in die Staaten der Europäischen Union belegen. Hierzu zählen beispielsweise eine Hotelreservierung, ein Versicherungsschein, ein gültiges Rückreiseticket oder auch ausreichend viel Bargeld bzw. eine Kreditkarte. Können solche Nachweise von Reisenden nicht herausgegeben werden, kann der Grenzübertritt von den Grenzbehörden versagt werden.

Nach serbischen Medienberichten verhinderten serbische Grenzbehörden im Jahre 2012 auf Grundlage der Verordnung circa 5.000 Menschen den Übertritt der Staatsgrenzen.[645] Auf der Grundlage eines „face-screenings" treffen die Ausreisebehinderungen nahezu ausnahmslos Mitglieder der Romaminderheit.[646]

Im Rahmen einer Strafrechtsreform fügte der serbische Gesetzgeber § 350a in das serbische Strafgesetzbuches ein, der das Organisieren eines Grenzübertritts mit der Absicht der Erschleichung von Asyl in einem anderen Staat zu ermöglichen mit einer Freiheitsstrafe von drei Monaten bis zu drei Jahren anordnet. Der Wortlaut der Norm umfasst vordergründig die Bekämpfung organisierter Kriminalität. Beispielsweise sieht Absatz 2 der Vorschrift eine Strafschärfung vor, wenn eine Bande die Tat begeht. Zwar beteuerten Vertreter der serbischen Regierung, dass nur die bandenmäßige Kriminalität mit der Gesetzesnovelle bekämpft werden sollte,[647] jedoch ist der Wortlaut der Norm eindeutig weiter gefasst. Die Strafbarkeit nach § 350a Abs. 1 des serbischen Strafgesetzbuches wird auch dann begründet, wenn eine Person sich oder einem anderen einen Vorteil sichert, eine Überfahrt, Weiterfahrt, Unterkunft oder Versteck ermöglicht oder durch eine andere Art und Weise einem Staatsbürger Serbiens eine Beförderung mit der Absicht organisiert, in einem anderen Staat unter Tatsachentäuschung in Bezug auf seine gelogenen Menschen- oder Freiheitsrechtsverletzungen absichtlich Asyl in einem anderen Staat zu beantragen.

Der Ombudsmann für die Verteidigung der Menschenrechte in der Republik Serbien schätze die oben genannten Gesetzesreformen in seinem jährlichen Bericht zur Lage der Menschen- und Minderheitenrechte für das Jahr 2012 kritisch ein. Insbesondere bezweifelte er, ob die Gesetze und Rechtsverordnungen mit dem verfassungsrechtlich garantierten Recht auf Verlassen der Republik Serbien gemäß

645 *Barać*, Uredbom su povećana ovlašćenja granične policije [Mit der Verordnung sind die Befugnisse der Grenzpolizei erweitert] Politika vom 27.12.2012, abrufbar unter: http://www.politika.rs/rubrike/ostali-komentari/Uredbom-su-povecana-ovlascenja-granicne-policije.lt.html.

646 *Müller*, European Framework for National Roma Policies, EYMI 10 (2011), 397 (398).

647 *Waringo*, Serbien als sicherer Herkunftsstaat?, Seite 40.

Artikel 39 Abs. 1 und 2 der serbischen Verfassung im Einklang stehen.[648] Nach Artikel 39 Abs. 1 der serbischen Verfassung hat jeder unter anderem das Recht die Republik Serbien zu verlassen. Nach Abs. 2 dieser verfassungsrechtlichen Vorgaben kann das Recht aus Abs. 1 nur durch ein Gesetz eingeschränkt werden, wenn dies zur Durchführung eines Strafverfahrens, zum Schutze der öffentlichen Ordnung und des öffentlichen Friedens, zur Verhütung der Ausbreitung ansteckender Krankheiten oder zur Verteidigung der Republik Serbien unerlässlich ist.

Zweifel an dem verfassungsgemäßen Vorgehen der serbischen Regierung bestehen schon an den formalen Anforderungen. Nach dem eindeutigen Wortlaut von Artikel 39 Abs. 2 der serbischen Verfassung muss die einschränkende Maßnahme auf der Grundlage eines Gesetzes erfolgen. Begründet werden kann diese Argumentation mit dem Rückgriff auf die allgemeine verfassungsrechtliche Bestimmung über die Einschränkung von Menschen und Minderheitenrechten (Artikel 20 serbischen Verfassung). Danach können Menschen- und Minderheitenrechte nur durch ein Gesetz im materiellen Sinne eingeschränkt werden.[649] Da die serbischen Grenzbehörden jedoch bei ihren Grenzkontrollen auf Basis einer Rechtsverordnung der Regierung handeln, entspricht das Vorgehen nicht den verfassungsrechtlichen Vorgaben. Ein Gesetz, das die Ermächtigungsgrundlage für eine das Recht auf Verlassen der Republik begrenzende Maßnahme auf eine Rechtsverordnung delegiert, ist nicht ersichtlich.

Weiter scheint es zweifelhaft, ob die Maßnahmen in Form der Verhinderung von Grenzübertritten materiellen Anforderungen entspricht. Der serbische Verfassungsgeber gibt dem Gesetzgeber hohe materielle Hürden an ein Gesetz vor, dass das Recht auf Verlassen der Republik einschränkt. Dem Wortlaut und dem verfassungsrechtlichen Leitbild sind nur besondere Ausnahmefälle, wie beispielsweise Naturkatastrophen oder der Verteidigungsfall, gemeint.[650] Einer verfassungsrechtlichen Prüfung würden die Maßnahmen aller Wahrscheinlichkeit nicht Stand halten, da nicht von Ausnahmefällen die Rede sein kann, wenn Regierungsstellen ausgehen, dass im Jahre 2012 die Grenzpolizei etwa 5.000 Menschen auf Grundlage des Maßnahmenpaktes am Verlassen Serbiens hinderten.

In eine ähnliche Richtung deutet die Entschließung des Europäischen Parlamentes zum europäischen Integrationsprozess Serbiens aus dem Jahre 2012. Das Europäische Parlament weist die serbischen Regierungsbehörden darauf hin, dass Maßnahmen zur Verhinderung der visumsfreien Reiseregelungen auf

648 Protector of Citizens, Annual Report 2012, Seite 16, abrufbar auf Englisch unter: http://www.ombudsman.rs/attachments/Annual%20Report%202012.pdf.

649 *Pajvančić*, komentar ustav [Kommentar der Verfassung], Seite 31.

650 *Pajvančić*, komentar ustav [Kommentar der Verfassung], Seite 54.

rechtsstaatlicher Grundlage stehen müssen und Menschen nicht auf willkürlicher Weise am Verlassen ihres Heimatlandes gehindert werden.[651]

In Bezug auf die Strafvorschrift des § 350a des serbischen Strafgesetzbuches ist umstritten, ob neben des Organisieren der Überfahrt auch das eigenständige Verlassen der Republik Serbien umfasst ist, um im Ausland aufgrund vorgetäuschter Tatsachen einen Asylantrag zu stellen. In der Praxis der serbischen Strafgerichte findet § 350a des serbischen Strafgesetzbuches kaum Anwendung. Nach der Auskunft der Mehrheit der serbischen erst- und zweitinstanzlichen Strafgerichte ist im Zeitraum vom 01.01.2012 bis zum 31.12.2014 kein Strafverfahren auf der Grundlage von § 350a des serbischen Strafgesetzbuches eingeleitet worden.[652]

c.) Zur Anwendung der Rechtsprechung des Europäischen Gerichtshofes für Menschenrechte auf die Maßnahmen der serbischen Regierung zur Verhinderung von Asylmissbrauch

Der Europäische Gerichtshof für Menschenrechte in Straßburg hatte im Jahr 2012 einen ähnlich gelagerten Fall zur Ausreisehinderung eines Staatsbürgers durch seine Heimatbehörden in Hinsicht auf Bulgarien zu entscheiden.[653] Dem Urteil lag der Sachverhalt zugrunde, dass der Antragssteller, ein bulgarischer Staatsangehöriger, mit einem Studentenvisum in die Vereinigten Staaten von Amerika einreiste. Nachdem der Antragssteller sein Studium abgebrochen hatte, nahm er eine Beschäftigung an. Da die Arbeitsaufnahme innerhalb der Bestimmungen des Studentenvisums nicht vorgesehen war, schoben die US-amerikanischen Einreisebehörden den Antragssteller im Jahre 2003 nach Bulgarien ab. Die bulgarischen Behörden verhängten gegenüber dem Antragssteller ein zweijähriges Ausreiseverbot sowie die Aushändigung seines Reisepasses an einheimische Behörden. Da Bulgarien zu dem Zeitpunkt der Verhängung des Ausreiseverbotes nicht Mitglied der Europäischen Union war, begründeten die bulgarischen Behörden das gegen den Antragssteller verhängte Ausreiseverbot, ähnlich wie die serbischen Behörden, damit, dass erst durch diese rechtlichen Maßnahmen der Kampf gegen die illegale Einreise in die Staaten der Europäischen Union erfolgen könne. Ebenso sei erst mit dieser Art von Maßnahmen die politische

651 Europäisches Parlament, Entschließung P7_TA(2012)0114 vom 29.3.2012.

652 Schweizerische Flüchtlingshilfe, Serbien: Ausreisehindernisse für Roma und Ashkali, Seite 14, abrufbar unter: https://www.fluechtlingshilfe.ch/assets/herkunftslaender/europa/serbien/150326-ser-ausreise-romaashkali.pdf.

653 EGMR, Appl. No. 29713/05, Stamose v. Bulgaria, Urteil vom 27.11.2012.

Gefahr der Wiedereinführung der Visumspflicht für bulgarische Staatsangehörige in die Staaten der Europäischen Union gebannt.

Serbien ist ebenso wie Bulgarien Vertragspartei des 4. Zusatzprotokolls zur Europäischen Menschenrechtskonvention. Es unterzeichnete das Zusatzprotokoll am 03.04.2003 und ratifizierte dieses am 03.03.2004. Am gleichen Tag trat es für Serbien in Kraft.[654]

Das Straßburger Gericht verurteilte Bulgarien wegen Verletzung von Artikel 2 des 4. Zusatzprotokolls zur Europäischen Menschenrechtskonvention. Artikel 2 Nr. 1 des 4. Zusatzprotokolls zur Europäischen Menschenrechtskonvention gewährt jedem das Recht unter anderem sein Land zu verlassen.

Eine Einschränkung des Rechts auf Verlassen eines Landes darf gemäß Artikel 2 Nr. 2 des 4. Zusatzprotokolls zur Europäischen Menschenrechtskonvention darf nur erfolgen, wenn die Einschränkungen gesetzlich vorgesehen und in einer demokratischen Gesellschaft für die nationale und öffentliche Sicherheit, zur Aufrechterhaltung der öffentlichen Ordnung, zur Verhütung von Straftaten, zum Schutze der Gesundheit, der Moral oder zum Schutz der Rechte und Freiheiten anderer notwendig sind.

Der Europäische Gerichtshof für Menschenrechte klärte in seiner Rechtsprechung, dass unter dem Begriff „gesetzlich vorgesehen“ nicht nur Gesetze im materiellen Sinne zu verstehen sind, sondern auch solche im formellen Sinn. Die Einschränkung des Artikels 2 des 4. Zusatzprotokolls ist wegen seiner wortlautgleichen Formulierung der Artikel 8 bis 11 der Europäischen Menschenrechtskonvention an dem Wortlaut der Artikel 8 bis 11 der Menschenrechtskonvention auszulegen.[655] In seiner Rechtsprechung zu Artikel 9 der Europäischen Menschenrechtskonvention ordnete der Straßburger Gerichtshof auch Normen unterhalb des Gesetzesranges als ausreichende Eingriffsgrundlage ein.[656] Daher wäre nach der Rechtsprechung des Straßburger Gerichtshofes die Verordnung der serbischen Regierung für einen Eingriff in die Freizügigkeit aller Wahrscheinlichkeit nach ausreichend.

Als weitere Voraussetzung an ein einschränkendes Gesetz verlangt der Europäische Gerichtshof in ständiger Rechtsprechung, dass die gesetzliche Grundlage vorhersehbar ist. Hierbei könnten Zweifel an der Vorhersehbarkeit der Verordnung aufkommen, da die Verordnung nicht genau umreißt, welche Unterlagen ein Reisender vorweisen können muss, um einen ungehinderten Grenzübertritt

---

654 Überblick der Vertragsstaaten abrufbar unter: http://conventions.coe.int/Treaty/Commun/ChercheSig.asp?NT=046&CM=7&DF=01/09/2014&CL=ENG.

655 *Meyer-Ladewig*, Kommentar EMRK, Artikel 2, 4. ZP, Rn. 7.

656 EGMR, Appl. No. 44774/98, Leyla Sahin v. Turkey, Urteil vom 10.11.2005, Rn. 54.

zu erreichen. Der Menschenrechtsgerichtshof legt den Begriff der Vorhersehbarkeit weit aus. Insbesondere räumt er im Rahmen seiner Rechtsprechung zur Beschränkung der Freizügigkeit ordnungsrechtlichen Maßnahmen einen gewissen Grad an rechtlicher Flexibilität ein. Dabei geht er von dem Leitbild aus, dass die Freizügigkeit einschränkenden Gesetze nicht jede Eventualität abdecken können muss.[657] Unter Beachtung dieser Rechtsprechung ist die offene Gestaltung der einschlägigen Verordnung als konventionsgemäß einzuordnen.

Die formalen Anforderungen an den Einschränkungen der Freizügigkeit im Sinne von Artikel 2 des 4. Zusatzprotokolls der Europäischen Menschenrechtskonvention sind daher eingehalten.

Ob die Maßnahmen der serbischen Grenzbehörden auch die materiellen Anforderungen erfüllen, ist mit Hilfe der Rechtsprechung des Europäischen Gerichtshofes für Menschenrechte zu ermitteln.

Der Straßburger Gerichtshof zog es zwar in Erwägung, die Vermeidung von Rechtsbrüchen gegen Einreise- und Aufenthaltsgesetze eines dritten Staates als eine ausreichende Rechtfertigung für einen Eingriff in Artikel 2 des 4. Zusatzprotokolls zur EMRK zu qualifizieren, ließ die Frage im Ergebnis jedoch offen.[658]

Der Menschengerichtshof betrachtet es als übliche Rechtsfolge, dass derjenige, der Einreis- und Aufenthaltsgesetze eines fremden Staates verletzt, mit einem Ausreisegebot sowie mit einem Wiedereinreiseverbot durch den fremden Staat konfrontiert wird. Die Auferlegung eines vollständigen Verbotes des Verlassens des eigenen Staates durch den Heimatsstaat selbst qualifiziert der Europäische Gerichtshof für Menschenrechte als drakonisch. Im Gegensatz dazu beurteilte der Gerichtshof die Verhängung eines Ausreiseverbotes von insgesamt zwei Jahren als nicht zu lange.[659]

Vielmehr begründete der Europäische Gerichtshof für Menschenrechte die Verurteilung Bulgariens damit, dass eine automatische Verhängung eines Ausreiseverbotes ohne nähere Abwägungsentscheidung unter Einbezug der persönlichen Verhältnisse des Betroffenen erfolgte.[660]

Würde man die Rechtspraxis serbischer Grenzbehörden an dem Maßstab der Rechtsprechung des Europäischen Gerichthofes messen, käme man aller Wahrscheinlichkeit nach zu einer Verletzung von Artikel 2 Nr. 1 des 4. Zusatzprotokolls zur Europäischen Menschenrechtskonvention. Insbesondere ersetzt

657 EGMR, Appl. No. 33129/96, Olivieira v. The Netherlands, Urteil vom 04.06.2002, Rn. 54.

658 EGMR, Appl. No. 29713/05, Stamose v. Bulgaria, Urteil vom 27.11.2012, Rn. 36.

659 EGMR, Appl. No. 29713/05, Stamose v. Bulgaria, Urteil vom 27.11.2012, Rn. 34.

660 EGMR, Appl. No. 29713/05, Stamose v. Bulgaria, Urteil vom 27.11.2012, Rn. 36.

die nur summarische und lediglich auf Indizien erfolgte Prüfung der serbischen Grenzbehörden nicht eine ausgewogene Ermessensentscheidung. Die Prüfung der serbischen Grenzbehörden, ob Reisende weitere Reiseunterlagen oder ausreichend Bargeld bei sich führen, ersetzt keine ausgewogene Prüfung der persönlichen, wirtschaftlichen oder familiären Verhältnisse des Reisenden. Ebenso würde erschwerend hinzutreten, dass die Maßnahmen der serbischen Grenzbehörden vornehmlich Roma treffen und damit ein Abwägungsdefizit auf Seiten der serbischen Einwanderungsbehörden vorliegt, indem im Wege einer Prognoseentscheidung aufgrund der Zugehörigkeit zu einer ethnischen Minderheit auf einen zukünftigen Rechtsbruch von Aufenthaltsbestimmungen in einem dritten Staat geschlossen wird. Schließlich fällt gegen die Maßnahmen der serbischen Grenzbehörden erschwerend ins Gewicht, dass die Rechtsverordnung keine klaren Vorgaben für die Dauer eines Ausreiseverbotes bestimmt. Aufgrund der eher faktischen Natur der Maßnahmen liegt die Befürchtung nahe, dass eine wiederholte Hinderung am Grenzübertritt stattfindet und damit Mitgliedern der Romaminderheit die Ausreise aus Serbien faktisch verwehrt wird.

4.) Fazit: Die Wirkung der Beitrittsverhandlungen zwischen der Europäischen Union und Serbien auf die Lage der Minderheiten

Ohne Zweifel hat die Europäische Union ihre Position zum Achtung und zum Schutz der Minderheitenrechte in beitrittswilligen Staaten gestärkt. Besonderen Auftrieb konnte die Europäische Union dadurch erlangen, dass durch die erste Osterweiterungsrunde mittel- und osteuropäische Staaten der Europäischen Union beigetreten sind, die auf eine, wenn auch nur fragmentarische, Einführung eines Minderheitenrechtes in die neugeschaffenen Verträge der Europäischen Union gepocht haben. Da bei einer Diskussion über den Schutz nationaler Minderheiten im Zusammenhang mit der Europäischen Union stets der Einwand der Doppelstandards angeführt wird, sollte die Europäische Union rechtliche Klarheit über den Gehalt von Minderheitenrechte auf der Ebene des Gemeinschaftsrechts schaffen.

Mit einem klaren Umriss über den aquis communautaire in Bezug auf Minderheitenrechte wäre eine europarechtskonforme Ausarbeitung von Minderheitenrechten für beitrittswillige Staaten rechtssicherer zu bewältigen. Weiterhin wäre ein sichtbares Engagement der Europäischen Union für die Achtung und den Schutz von Minderheitenrechte in Serbien wünschenswert. Offensichtlich ist hierbei, dass die Europäische Union bei der Weiterentwicklung von Minderheitenstandards in Serbien für die Hauptakteure in diesem Feld nur ein nachrangiger Partner ist. So zeigt die Kommissarin für den Schutz der Gleichberechtigung in ihren jährlichen Lageberichten die Zusammenarbeit mit den verschiedenen internationalen Organisationen auf. Darunter lassen sich beispielsweise die Vereinten Nationen, der Europarat und die Organisation für Sicherheit und Zusammenarbeit in Europa finden, jedoch fehlen Ausführungen zur Europäischen Union.[661] Hierbei sollte die Europäische Union sich nicht nur auf die Finanzierung von Projekten anderer internationaler Organisationen beschränken, sondern auch eigene Projekte in Bezug auf den Schutz nationaler Minderheiten durchführen.

Wie wichtig ein adäquater Schutz nationaler Minderheiten in Serbien für die Europäische Union und deren Mitgliedstaaten sein kann, zeigt die oftmals heikle Situation der Roma in Serbien. Hierbei müssen insbesondere die Mitgliedstaaten bei der Formulierung ihrer Forderungen in Bezug auf angeblichen Missbrauch des Asylrechts durch Roma Augenmaß beweisen. Ansonsten besteht die Gefahr, dass der Integrationsprozess Serbiens in die Europäische Union negative Auswirkungen auf Mitglieder der Romaminderheit haben kann, wie das Beispiel der Vorgehensweisen der serbischen Grenzbehörden bei der Ausreise von Roma zeigt. Die Gefahr bestünde nicht nur in der verhinderten Ausreisemöglichkeit der Roma, sondern auch darin, dass die Mehrheitsgesellschaft die Roma als Sündenböcke dafür sieht, dass die lang ersehnte Liberalisierung der Reisefreiheit in die Länder der Europäischen Union auf dem Spiel steht.[662]

---

661 *Calliess/Ruffert*, EUV/AEUV, Art. 2 EUV, Rn. 28.

662 *Müller*, European Framework for National Roma Policies, EYMI 10 (2011), 397 (398).

F.) Zur abschließenden Beurteilung der politischen Teilhaberechte nationaler Minderheiten in Serbien

Ein Wesensmerkmal der Demokratie ist es, einer politischen Minderheit die Möglichkeiten und Chancen zu eröffnen in einem politisch fairen Kampf zur Mehrheit zu werden. Im Falle von nationalen Minderheiten zielen politische Teilhaberechte darauf, einen Ausgleich für die demographische Unterlegenheit nationaler Minderheiten im Vergleich zu der Mehrheitsgesellschaft zu schaffen.

Die serbische Staatsgeschichte ist geprägt von nationalen Minderheiten, die wegen der territorialen Expansion Serbiens bzw. des jugoslawischen Staates Teil der serbischen Gesellschaft geworden sind. Wie unter dem historischen Abriss deutlich geworden ist, schwankte die Lage der verschiedenen nationalen Minderheiten von Epoche zu Epoche. Neben den Grenzverschiebungen, die Minderheiten nach dem ersten Weltkrieg in einer Vielzahl von Staaten entstanden ließen, wurzelt das Verhältnis zu Minderheiten auf sehr alte und tradierte Belastungen zwischen der Mehrheits- und der Minderheitsgesellschaft.[663]

Da das Minderheitenschutzrecht in den ersten Phasen des serbischen Staatswesens zunächst auf religiöse Schutz- sowie Ausübungsrechte beschränkt war[664] und später auf das Gleichbehandlungsgebot und Bildungsrecht nationaler Minderheiten erweitert wurde, bestand kein explizites Recht nationaler Minderheiten auf politische Teilhabe. Die Bausteine der religiösen Ausübungsrechte, des Gleichbehandlungsgebotes und des Rechts auf Schulbildung nationaler Minderheiten in ihrer Muttersprache hatten jedoch mittelbare Auswirkungen auf die politische Teilhabe nationaler Minderheiten. Das Dreiergespann aus religiösen Rechten, dem Gleichbehandlungsgebot und dem Bildungsrecht in der Muttersprache der nationalen Minderheiten führte im Ergebnis dazu, dass nationale Minderheiten in Serbien sichtbar wurden, sie ihre Identität bewahren konnten und letztendlich politische Beachtung fanden.

Spätestens ab der Schaffung eines vereinten südslawischen Königreiches bildeten sich Parteien nationaler Minderheiten, die im demokratischen Wettbewerb

---

663 *Hummer/Hilpold*, Die Jugoslawien-Krise als ethnischer Konflikt, EA 1992, 87 (88).

664 *Pritchard*, Der völkerrechtliche Minderheitenschutz, Seite 62.

um Wählerstimmen teilnahmen.[665] Die Situation der jeweiligen nationalen Minderheiten kann in der Zeit zwischen den beiden Weltkriegen nicht eindeutig bewertet werden. Ob nationale Minderheiten politische Erfolge für sich verzeichnen konnten, hing vermehrt von verschiedenen Faktoren ab. Besonders wichtig waren hierbei die Faktoren, ob nationale Minderheiten auf die Unterstützung ihres ursprünglichen Heimatstaates zählen konnten oder die Mitglieder nationaler Minderheiten die Tendenz aufwiesen, Parteien der Mehrheitsgesellschaft zu unterstützen.[666]

Zwar zeigte schon die Verhandlungstaktik der südslawischen Delegation auf der Pariser Friedenskonferenz, dass der Schutz und die Rechte nationaler Minderheiten nicht gewollt war,[667] jedoch ist festzuhalten, dass der Grund für das abschließende Verbot von Parteien nationaler Minderheiten im jugoslawischen Königreich wegen der ethnischen Tumulte unter den jeweiligen südslawischen Völkern erfolgte und das Verbot ethnischer Parteien Parteien nationaler Minderheiten als Nebenfolge traf.

Im Laufe der Zeit wuchs die Bedeutung des außenpolitischen Faktors an. Diplomatische und wirtschaftliche Gründe sprachen dafür, nationale Minderheiten mehr Rechte zu gewähren. Denjenigen Staaten, die ihren Machtanspruch auf Gebiete Jugoslawiens weiterhin mitunter aggressiv beanspruchten oder Handel in Aussicht stellten, konnten den Schutzstandrad ihrer Minderheiten in Jugoslawien erhöhen.

Der außenpolitische Faktor zieht sich wie ein roter Faden durch die Geschichte der nationalen Minderheiten in Serbien. Wegen des eher negativen Charakters, der oft im Zusammenhang mit Gebietsansprüchen von Nachbarstaaten stand, entstand eine ablehnende Haltung der verschiedenen jugoslawischen Regierungen gegenüber Minderheitenrechten. Wie das Beispiel der Rechte nationaler Minderheiten auf Bildung in ihrer Muttersprache verdeutlichte, empfand die herrschende Klasse Minderheitenschutzstandards als innenpolitischen Störfaktor.

Der jeweilige Umgang mit nationalen Minderheiten stand oftmals im Zusammenhang mit tatsächlichen Gegebenheiten. Während zahlenmäßig große nationale Minderheiten von der Mehrheitsgesellschaft als Bedrohung wahrgenommen

---

665 *Janjetović*, National Minorities in Yugoslavia 1918–1941, Review of Croatian History 8 (2012), 61 (70).

666 *Janjetović*, Deca careva [Kinder des Zaren], Seite 376.

667 *Janjetović*, Pitanje zaštite nacionalnih manjina u Kraljevini SHS na konferenciji mira [Fragen um den Schutz nationaler Minderheiten im Königreich SHS auf der Friedenskonferenz] Istorija 20. Veka, 18 (2000), 31 (37).

wurden, genossen zahlenmäßig kleine nationale Minderheiten Vorteile. Deutlich wurde dieser Umgang am Beispiel von Bildungsrechten nationaler Minderheiten in der Phase zwischen den beiden Weltkriegen. Während die deutsche nationale Minderheit in Solwenien oder dem nördlichen Kroatien als größte nationale Minderheit im Bildungsbereich Einschränkungen unterlag, genoss die deutsche nationale Minderheit in der Vojvodina eine gewisse Förderung, da in der Vojvodina die rechtliche Eindämmung der größten nationalen Minderheit, nämlich die der Ungarn, Hauptziel der jugoslawischen Regierung war.[668]

Die grundsätzlich negative Haltung der jugoslawischen Regierung gegenüber Rechten nationaler Minderheiten änderte sich erst, als das sozialistische Jugoslawien nach innen und außen als Fürsprecher nationaler Minderheiten auftrat. Nach dem Ende des zweiten Weltkrieges erkannte die Regierung unter Josip Broz Tito das Potential einer multiethnischen Gesellschaft. Die Quelle dieser Erkenntnis war im Wesentlichen die Tatsache, dass die kommunistischen Partisanen als einzige politische Macht alle ethnischen Gruppierungen unter ihrer Ideologie vereinigen konnten, während alle anderen Akteure weiterhin andere Ethnien ausschlossen.[669] Nicht zu vernachlässigen ist, dass gerade zum Ende des zweiten Weltkrieges Minderheiten, insbesondere die deutsche Minderheit in Slowenien, Kroatien und der Vojvodina, massenhaft vertrieben wurden.[670]

Mit den wachsenden ethnischen Spannungen innerhalb der jugoslawischen Völker zu Beginn der 1990er Jahre rückten auch die Rechte nationaler Minderheiten auf die internationale Agenda. Die Stellung der ursprünglichen Heimatstaaten auf Einhaltung von Minderheitenrechten übernahmen zu diesem Zeitpunkt internationale Organisationen. Die Europäische Gemeinschaft schaffte es wegen ihres politischen Machtpotenziales beitrittswillige Staaten zur Förderung von Minderheitenschutzstandards zu bewegen. Die Rolle der Organisation für Sicherheit und Zusammenarbeit in Europa beschränkte sich auf die Lösung von Minderheitenkonflikten im stillen und diplomatischen Umfeld. Der Europarat bewirkte mit der Verabschiedung des Rahmenübereinkommens ein umfassendes Abkommen für den Schutz nationaler Minderheiten.[671]

Die Minderheitenpolitik der Europäischen Union sah sich über eine lange Zeit hinweg Kritik ausgesetzt. Insbesondere verfestigte sich bei der Mehrheit der Beitrittskandidaten der Eindruck, dass die Achtung und der Schutz von

---

668 *Janjetović*, Deca careva [Kinder des Zaren], Seite 230f.

669 *Várady*, Minorities, Majorities, Law and Ethnicity, HRQ 19 (1997), 9 (18).

670 *Wehler*, Nationalitätenpolitik in Jugoslawien, Seite 86 f.

671 *Toggenburg/Rautz*, ABC des Minderheitenschutzes, Seite 181.

Minderheitenrechte als strikte Voraussetzung zum Beitritt in die Europäische Union galt, allerdings für die westeuropäischen Gründungsmitglieder noch nicht galten.[672] Als weiterer Mangel der Minderheitenpolitik der Europäischen Union steht der unscharf umrissene Gehalt der Minderheitenrechte. In jüngster Vergangenheit trat die Frage auf, ob die restriktive Asylpolitik von einigen Mitgliedssaaten der Europäischen Union in Bezug auf Mitglieder der Romaminderheit aus Serbien negative Auswirkungen auf das Minderheitenrecht in Serbien haben könnte. Indem Mitgliedsstaaten der Europäischen Union Asylersuchen aus Drittstaaten mit einer konkreten Beitrittsperspektive wie Serbien nahezu kategorisch verneinen, sah sich die serbische Regierung drastischen Ausreisebeschränkungen gegenüber Mitgliedern der Romaminderheit gezwungen. Inwieweit die Eindämmung der Ausreisefreiheit für Angehörige der Romaminderheit aus Serbien mit der Europäischen Menschenrechtskonvention im Einklang steht, bleibt abzuwarten. Die bereits ergangene Rechtsprechung des Europäischen Gerichtshofes für Menschenrechte zu Beschränkungen der Ausreisefreiheit von Staaten gegenüber eigenen Staatsangehörigen zur Vermeidung eines Imageschadens[673] spricht dafür, dass die zurzeit geltende Überprüfung von Ausreisen serbischer Staatsbürger mit Romahintergrund nicht mit Art. 2 Abs. 2 des 4. Zusatzprotokolls der Europäischen Menschenrechtskonvention vereinbar ist, der die Ausreisefreiheit sichert.

Während internationale Organisationen, die sich für den Schutz und die Rechte nationaler Minderheiten einsetzen, der serbischen Rechtsordnung die grundsätzliche Einhaltung von Minderheitenrechten bescheinigen,[674] sind politische Teilhaberechte nationaler Minderheiten in Serbien weiterhin ausbaufähig.

Internationale Standards sehen vor, untere Verwaltungseinheiten zu schaffen, damit Minderheitenrechte unmittelbarer auf die Bevölkerung wirken und sich kulturelle Eigenheiten nationaler Minderheiten am optimalsten verwirklichen lassen können. Zwar erkennt die serbische Verfassung, dass es die beiden Autonomen Provinzen Vojvodina sowie Kosovo und Metohija gibt. Jedoch ist der Bestand der Autonomen Provinzen nicht ausreichend verfassungsrechtlich verankert sowie die Aufgaben der Autonomen Provinzen nicht zufriedenstellend definiert.

Auf den ersten Blick scheint der Bestand der Autonomen Provinz Vojvodina im ausreichenden Maße gesichert zu sein, da die letztendliche Umstrukturierung der Autonomen Provinzen von einer Zweidrittelmehrheit im serbischen

---

672 *Toggenburg*, Minority Protection in a Supernational Context, in: Toggenburg (Hrsg.), Minority Protection and the Enlarged EU, 3 (7).

673 EGMR, Appl. No. 29713/05, Stamose v. Bulgaria, Urteil vom 27.11.2012.

674 Europäische Kommission, Fortschrittsbericht Serbien 2014 vom 08.10.2014, Seite 49.

Parlament abhängig ist. Die Gefahr besteht jedoch vielmehr darin, dass der einfache Gesetzgeber den territorialen Zuschnitt einer Autonomen Provinz bestimmen kann. Dabei wäre nicht ausgeschlossen, dass der territoriale Gehalt einer Autonomen Provinz derart verringert wird dem eine Aufhebung einer Autonomen Provinz gleichkäme.

Die für die Autonomen Provinzen essentielle Frage, für welche Politikbereiche sie zuständig ist, ist aus der serbischen Verfassung heraus nicht eindeutig feststellbar. Insbesondere die Frage, ob der einfache Gesetzgeber bestimmen kann, was Fragen mit Provinzialcharakter sind oder ob die Verfassungsgeber selbst schon einen Katalog herausgearbeitet haben, führte zu rechtlicher Unsicherheit. Die Rechtsprechung des serbischen Verfassungsgerichtes tendiert zu einer verstärkt restriktiven Auslegung der verfassungsrechtlichen Bestimmungen, die zu einer Verkürzung von Minderheitenrechten führen kann, da die Provinz Vojvodina für den Schutz nationaler Minderheiten wichtige Gesetzgebungskompetenzen einbüßen musste. Laut der Rechtsprechung des serbischen Verfassungsgerichtes ist es beispielsweise der Autonomen Provinz Vojvodina verwehrt, den öffentlichen Gebrauch von Minderheitensprachen zu regulieren.[675] Das enge Verständnis des höchsten serbischen Gerichtes bezüglich der Zuständigkeit der Autonomen Provinz Vojvodina kann schon deshalb als Rückschlag empfunden werden, da die Autonome Provinz Vojvodina regelmäßig von internationalen Organisationen bescheinigt bekommt, dass ihr Minderheitenschutzstandard über den ansonsten geltenden landesweiten Durchschnitt liege und damit eine landesweite Vorreiterstellung einnimmt.[676]

Die Ankündigung zur Schaffung einer neuen Verfassung im Rahmen einer Annäherung Serbiens an die Europäische Union bis Ende des Jahres 2017[677] kann als Chance gesehen werden, die oftmals verworrenen Kompetenzverteilungen zwischen Gesamtstaat und Autonomen Provinzen grundlegend neu zu definieren. Wünschenswert wäre hierbei eine genauer Katalog, der die Aufgaben der Autonomen Provinzen bestimmt. Dabei sollte ein besonderes Augenmerk auf betont minderheitenrechtliche Politikfelder, wie den öffentlichen Gebrauch von Minderheitensprachen und die Bildung in den Minderheitensprachen gelegt

675 Serbisches Verfassungsgericht, Urteil vom 10.07.2012, Az.: IUz-353/09.

676 Beratender Ausschuss, 2. Stellungnahme zu Serbien, ACFC/OP/II(2009)001, Rn. 1; ebenso: Beratender Ausschuss, 3. Stellungnahme zu Serbien, ACFC/OP/III(2013)006, Rn. 88.

677 Serbisches Justizministerium, Action plan for chapter 23, September 2015, Seite 6, abrufbar unter: http://www.mpravde.gov.rs/files/Action%20plan%20Ch%2023%20Third%20draft%20-%20final1a.pdf.

werden. Um ein höheres Maß an Kontrolldichte für nationale Minderheiten zu garantieren, wäre es wünschenswert, den im Parlament vertretenen nationalen Minderheiten ein exklusives Vetorecht einzuräumen, um Änderungen im Bereich der Kompetenzverteilung effektiv einzudämmen.

Schlüsselpositionen im Bereich der Förderung von politischen Teilhaberechten in einem Staat nehmen traditionell das Parteien- und Wahlgesetz ein. Die serbische Parteienlandschaft ist nicht durch das Gebot ethnischer Neutralität von politischen Parteien oder von Verbotsverfahren gegen Parteien nationaler Minderheiten geprägt. Rechtliche Probleme ergeben sich aus der Vielzahl von Privilegien, die die serbische Rechtsordnung für Minderheitenparteien kennt und somit auch für politische Akteure der Mehrheitsgesellschaft attraktiv sind. Wie der Fall von NOPO zeigt, einer Partei die betont mehrheitsrechtliche Themenfelder aufgreift und von Mitgliedern der Mehrheitsgesellschaft dominiert ist, sich jedoch als Minderheitenpartei registrieren ließ, ist eine genauere Kontrolle darüber notwendig, welche Partei als Partei einer nationalen Minderheit gelten soll. Dabei sollte ausschlaggebend sein, dass ein politisches Programm besteht, das minderheitenpolitische Themen in den Vordergrund rückt. Weiterhin sollte der Bestand der Parteimitglieder vornehmlich aus Angehörigen der betreffenden Minderheitengesellschaft bestehen.

Im Bereich des Wahlrechts kennt das serbische Wahlgesetz die Befreiung von der 5%-Hürde für Parteien nationaler Minderheiten. Weitere Mechanismen zur Förderung der nationalen Minderheitenparteien sind dem serbischen Wahlsystem weitestgehend unbekannt. Die Ergebnisse der vergangenen Parlamentswahlen haben durchweg gezeigt, dass weitere Fördermaßnahmen notwendig sind, um Vertretern nationaler Minderheiten die Wahl in das serbische Parlament zu erleichtern.

In einem ersten Schritt sollte der serbische Gesetzgeber das Privileg aus dem serbischen Parteiengesetz, dass die herabgesetzte Zahl der Unterschriften zur Gründung einer politischen Partei von 10.000 Unterschriften auf 1.000 Unterschriften in das Wahlgesetz übernehmen.[678] Denn nach Artikel 43 Abs. 1 des serbischen Wahlgesetzes ist ausnahmslos für jede Wahlliste eine bestätigende Unterschriftenliste von mindestens 10.000 Wahlberechtigten notwendig. Es ist

678 Beratender Ausschuss, 2. Stellungnahme zu Serbien, ACFC/OP/II(2009)001, Rn. 23; ebenso: *Lončar*; Izborna formula i reprezentacija manjina [Wahlformel und Repräsentation von Minderheiten], in: Stojiljković/Spasojević, (Hrsg.), Preporuke za izmenu izbornog zakonodavstva u Srbiji [Vorschläge zur Änderung der Wahlgesetzgebung in Serbien], 137 (146).

offensichtlich, dass das Wahlgesetz an das Parteiengesetz angeglichen werden muss, um einen Leerlauf des Parteiengesetzes zu verhindern.

Der Vorschlag zur Einführung von Wahlkreisen samt Einführung eines Wahlsystems nach deutschen Vorbild dient vornehmlich denjenigen nationalen Minderheiten die geballt in Gemeindebezirken leben. Die Einführung von Wahlkreisen hätte nicht nur positive Auswirkungen auf die politische Teilhabe von nationalen Minderheiten, sondern auch auf die territorial gleichmäßige politische Vertretung des ganzen Landes im Parlament. Für nationale Minderheiten stiege in Wahlkreisen, in denen vornehmlich Mitglieder einer nationalen Minderheit leben, die Möglichkeit einen Vertreter ihrer nationalen Minderheit für das Direktmandat unmittelbar zu bestimmen. Ebenso wäre der Nebeneffekt zu erwarten, dass politische Parteien der Mehrheitsgesellschaft sich verstärkt um Politiker der Minderheitsgesellschaft als potentielle Mandatsträger bemühen würden, um die Chance auf den Erhalt des Direktmandates zu erhöhen.

Der Vorschlag auf Einführung von Wahlkreisen und Elementen des Mehrheitswahlrechts nützt naturgemäß nur denjenigen nationalen Minderheiten, die einerseits geschlossen in einem Wahlkreis leben und andererseits eine ausreichende Größe besitzen, um eine Mehrheit in dem betroffenen Wahlkreis erringen könnten.

Für zahlenmäßig kleine nationale Minderheiten, die unter 1% der gesamten Bevölkerung ausmachen, sind andere rechtliche Konstruktionen notwendig, um ihnen ausreichende Mitsprache in demokratischen Entscheidungsprozessen zu gewähren. Die in Mittel- und Südosteuropa etablierte Praxis der reservierten Sitze für Angehörige nationaler Minderheiten könnte in Serbien Chancen ermöglichen, das Stimmgewicht nationaler Minderheiten bei politischen Entscheidungsprozessen einzuführen.

In Anlehnung an das slowenische, kroatische und rumänische Minderheitenwahlrecht wäre eine Reform des serbischen Wahlrechts nach eigener Art in Form der doppelten reservierten Sitze wünschenswert. Zwar scheint auf den ersten Blick die rumänische Regelung, die jeder anerkannten nationalen Minderheit einen Sitz in dem Parlament zusichert, die weitreichendste Etablierung nationaler Minderheitenrechte zu sein. Gegen die Zusicherung eines garantierten Sitzes für eine nationale Minderheit spricht, dass in Serbien mindestens 20 Sitze von 120 Sitzen an Vertreter nationaler Minderheiten vergeben werden müssten. Das demokratische Ergebnis der Wahlen wäre damit einem unerträglichen Maße verfälscht.

Zum anderen zeigt das Beispiel Rumäniens, dass die nationalen Minderheiten, die ihren garantierten Sitz im Parlament erhalten, regelmäßig als

Mehrheitsbeschaffer für die Koalitionen agieren, die die meisten Chance haben eine regierungsfähige Mehrheit hinter sich zu versammeln.[679]

Daher wäre es ratsam, denjenigen nationalen Minderheiten, die wegen ihres geringen Bevölkerungsanteiles keine Aussicht auf Erhalt eines Mandatssitzes haben, besondere Wahllisten zu schaffen. Insgesamt sollten zwei Wahllisten aufgestellt werden. Die Aufteilung der jeweiligen nationalen Minderheiten in die jeweilige Wahlliste erfolgt daran, dass jede Wahlliste letztendlich circa 2% der Gesamtbevölkerung ausmachen soll. Innerhalb jeder Wahlliste sind zwei Mandate zu verteilen. Um den gemeinsamen Charakter einer Wahlliste zu unterstreichen, wäre es angebracht, eine Rotation unter den verschiedenen nationalen Minderheiten festzulegen. Die Vorteile der doppelten reservierten Sitze liegt einerseits darin, dass das demokratische Ergebnis einer Wahl nicht zu sehr verfälscht wird, da der Stimmenanteil von circa 2% einer Bevölkerung ungefähr zwei Sitzen im Parlament entspricht. Andererseits wäre durch die Rotation innerhalb der Wahlliste eine gemeinsame Politik der reservierten Sitze möglich.

Als zukünftige Herausforderung im Feld der serbischen Minderheitenpolitik steht die Reform des Gesetzes über die nationalen Minderheitenräte an. Da die bisherigen Gesetzesreformen sich lediglich auf die Wahl der nationalen Minderheitenräte beschränkten, ist die Regelung der Aufgaben und Zuständigkeiten der nationalen Minderheitenräte dringend.

---

679 *Constantin*, Assessing the efficiency of EU conditionality in the area of minority protection, Europa Ethnica 64 (2007), 81 (83).

www.ingramcontent.com/pod-product-compliance
Ingram Content Group UK Ltd.
Pitfield, Milton Keynes, MK11 3LW, UK
UKHW021937290926
8980IPUK00016B/1664

9 783631 767702